中学校 高等学校 国語科指導法

益地憲一 編著

鳴島　甫・岩間正則・植西浩一
遠藤瑛子・宗我部義則・小川雅子
長崎秀昭・米田　猛・細川　恒
足立幸子・澤本和子・小嵜麻由
渡辺通子・松下　寿・森　顕子 共著

建帛社
KENPAKUSHA

はしがき

本書は、中学校・高等学校における国語科教育の目標・内容・指導方法等を、具体的実践に即して平明にまとめ、中学校・高等学校の国語科教師を目指す学習者のためのテキストとして編集したものである。

近年、ＯＥＣＤの学力調査における我が国児童生徒の読解力（いわゆる「ＰＩＳＡ型読解力」）の低さなどが問題となり、「言葉の力」の育成を重視する学習指導要領が告示されるなど、国語科教育の必要性が改めて認識されている。しかし、言葉によって認識し思考し、お互いの考えや感情などを伝え合って暮らしていく人間にとって、言葉は生活に不可欠のものであり、その教育は最も重要なものの一つであることは今も昔も変わらない。時代や社会の要請に対応した言葉の教育を実現するとともに、人間存在の根幹に通じる不易の言葉の教育の実現に資する教育力養成の一助となってほしい、という思いを込めて本書を編集した。それゆえ、本書は、既に述べたように、直接的には大学及び短期大学における教員養成課程における「国語科教育法」のテキストとして企画・編集されているが、大学院生や若い教師が国語科教育を広く深く考えていく際の手がかりや手助けにもなる内容にもなっている。

各章やコラム等は、それぞれの分野や実践の場で活躍し成果を上げている気鋭の研究者・実践家によって分担執筆した。執筆者各人の姿勢や文体等に特徴は見られるが、若い人たちが自らの手でそれぞれの確かで新しい国語教育を切り開いてくれることを願う思いは同じであり、あえて統一は図らなかった。読者諸氏がそうした個性豊かな姿勢や表現等からも国語教育の可能性を見いだし、自らの主体的な授業実践・授業研究の指針としてくれることを願っている。

なお、中学校・高等学校の国語科教育の基盤となる小学校における国語科教育のあり方を理解するためには、本書の姉妹編である『小学校国語科の指導』を併せて読むことをお勧めする。小中高を通した国語科教育の系統的理解の上に立って中学校や高等学校での国語科教育を考えるとき、生徒に寄り添った授業実践や授業研究の新たな視野が開けるであろう。

本書では、国語教育をはじめとする関連領域の先行研究・実践等を参照させていただいたが、その紹介に当たっては敬称を省略させていただいた。ここに、失礼をお詫びするとともに、お許しを乞う次第である。

また、本書が成るにあたっては、いくつかの教科書教材に負う所が大きい。その引用・転載に当たっては、温かいご理解をいただいた。ここに改めて感謝の意を表したい。さらに、本書の刊行に当たっては、執筆者各位と建帛社根津龍平氏のご尽力をいただいた。併せてここに、お礼を申し上げる。

二〇〇九年三月

編　識　者

目次

●付録

●コラム（執筆者は巻末執筆者一覧参照）

第一章　国語教育と国語科教育

一　国語教育と国語科教育

国語の学習は言葉の学習である。人は生まれ落ちて以来、言葉を学び、言葉によって生活をしている。そして、その言葉の役割は意思の相互交流と思考・認識の進化、文化の継承・創造にあるといわれている。

生徒は、誕生以来家庭や社会における生活の中で様々な言語生活を経験するとともに、小学校における意図的・計画的な言葉（国語）の教育を受けながら言葉の言語能力を身に付けてきている。中学校・高等学校においては小学生までに習得した基礎的・基本的な言語能力をふまえながら、国語教育の究極の目的である自立した言語生活者の育成を目指してより高度で複雑な言語能力の習得を心がけることになる。それは誕生以来生徒が繰り返してきた言葉の学習の方法や蓄積されてきた言語能力を踏襲しつつ、中学生・高校生としての発達段階に即した、より複雑で高度な学びであり、量的・質的に拡充、深化させながら継続していくことである。そのように考えればその学習は、学校教育の「国語」という限られた科目の中でだけ行われるのではなく、家庭を含む日常の社会生活の中でも行われるものであること、学校教育における学習においても実際の言語生活を視野に収めたものでなければならないということは忘れてはいけないであろう。そして何よりも言語教育が人間形成に資するためのものであることを忘れてはならないであろう。

学校・家庭・社会というあらゆる生活の場で言葉（国語）の学習は行われているが、学校教育における意図的・計画的な教育を「**国語科教育**」と言い、それをも含んだあらゆる機会における言葉（国語）の教育を「国語教育」と言って区別することがある。本書では中学校・高等学校における「国語科教育」を中心に取り上げるが、それ以外の学校生活や家庭生活・社会生活における言葉にかかわる学びも大切にしたいものである。

「国語教育」も、その一部としての「国語科教育」も、話す・聞く・書く・読むという四種類の言語活動を対象として行われる。下図に示すように、「話す」と「聞く」は音声言語を、「書く」と「読む」は文字言語をそれぞれ媒体として行われ、言語機能の表れからいえば「話す」と「書く」は表現、「聞く」と「読む」は理解としてまとめられる。言葉（国語）の教育の充実のためには、教師自身が言葉の働きを十分に理解し、話す・聞く・書く・読むという言語活動に即した学習指導のあり方を求め続けていくことが重要である。

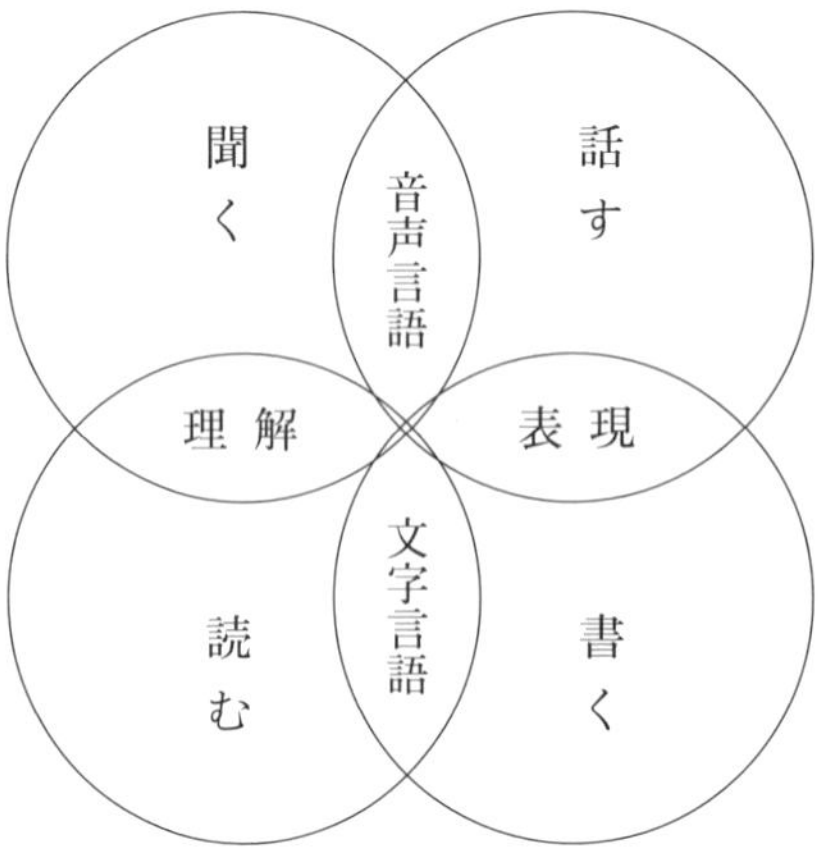

二　国語科教育の意義と位置づけ

学校教育の中で意図的・計画的に行われる国語科教育のねらいと意義はどこにあるのか。野地潤家は、O・F・ボルノーの言語による人

間形成の問題に対する考えを受けて、次のように述べている。(注1)

学習者（児童生徒）の国語学習が目ざすものは、単に理解や表現の手段としてのことばなのではない。単に通じあえばいいというコミュニケーションの技術の習得のみを目ざしているのでもない。すなわち、「人間自身もまた、言語によってはじめて人間本来の本質にまで展開する」「言語による人間自身の形成」（引用者注、「　」部は筆者が先に引用したボルノーの文言）の問題を考えると、国語科教育のもっとも重要な課題は、新奇なものを追い求めることではなく、この根本問題を凝視し、そこから国語を真にだいじにする国語愛を、また、ひとりひとりの人間をだいじにしていく人間愛を育てていくことに見いだされるであろう。

ここには、言葉を理解・表現やコミュニケーションの手段や道具と考え、その知識や技術を習得させることが国語科教育のねらいであるとする狭い考えではなく、**人間形成**に資するものであるとの考え方が示されている。「読み・書き・そろばん」という言葉があるように、言葉は社会生活を送っていくうえで、なくてはならない実用的な道具であり、それを獲得させることが国語科教育の目的であると考えられた時代もあった。しかし、今日では言葉の獲得を基盤として、思考力やコミュニケーション能力の育成を図ること、自己形成や他者理解、さらには国語やそれを用いる人間の愛の涵養も大切な目的として認識されている。こうした国語科教育の目的を十分に理解し、「平明で、的確で、美しく、豊かである」(注2)日本語の使い手を育てるようにしなければならない。

右に述べたような目的を持つ国語科教育は、学校教育の目的や目標を達成するために、教育の内容を生徒の心身の発達に応じて総合的に組織した学校の教育計画、すなわち教育課程の中に教科の一つとして位置づけられている。したがって、国語科教育はそれだけで孤立することなく、他の教科や教科以外の諸活動（道徳、特別活動）を含む学校生活全体を見通し、言語環境を整え、言葉（国語）の教育を通した人間形成を充実していくようにしなければならない。そして教育課程中、最大の時間数が配当され、言語力育成の中核を担うことを期待されている教科として、その責任に応じた人間形成の役割を果たさなければならないであろう。

次項では、平成二十年版中学校学習指導要領（国語）を中心に、国語科教育の目標・内容等をみてみよう。

三　中学校・高等学校国語科の目標・構造・内容

国語科教育が人間形成で担うのは、主体的な言語生活者の育成である。その達成のためには、国の定めた学習指導要領に依拠し、教科の目標・構造・内容を見すえて、意図的・計画的な教育を行わなければならない。

平成十年版中学校学習指導要領（国語）を踏襲した平成二十年版中学校学習指導要領（国語）には、中学校における国語の指導目標が「第1　目標」として次のように示されている。

国語を適切に表現し正確に理解する能力を育成し、伝え合う力を高めるとともに、思考力や想像力を養い言語感覚を豊かにし、国語に対する認識を深め国語を尊重する態度を育てる。

ここには、中学校三カ年の国語科学習指導を通して、生徒一人ひとりに身に付けさせるべき能力が示されている。前段の「国語を適切に表現し正確に理解する能力を育成し、伝え合う力を高めるとともに」には、言語の教育としての立場を尊重し、国語（日本語）による「**表現力**」と「**理解力**」の育成と、それを基盤とした相互尊重の考え方に基づく人間関係力としての「**伝え合う力**」の向上を図ることが国語科の基本的なねらいであると示されている。後段「思考力や想像力を養い言語感覚を豊かにし」には、まず、言語と不可分な関係にあり、課題発見や解決に働く「**思考力や想像力**」を養うこと、言語活動・言語生活の充実や個性化に役立つ「**言語感覚**」の育成が必要であることが示されている。これらは、いずれも言語を通して社会をよりよく生きていくために必要な能力である。ついで、「国語に対する認識を深め国語を尊重する態度を育てる」という国語科教育のねらいとする態度の育成が求められている。すなわち、人間形成の根幹となる言語（国語）に対する関心と自覚を深め、文化の継承や発展などに寄与するとともに言語生活を充実させていこうとする態度の形成が期待されている。

こうした中学校国語の全体目標を受け、「第2　各学年の目標及び内容」では、各学年ごとに生徒の発達段階に即した具体的な指導目標と指導内容がそれぞれ「A　話すこと・聞くこと」「B　書くこと」「C　読むこと」という三つの言語活動領域ごとに示されており、「2　内容」においてはさらに〔**伝統的な言語文化と国語の特質に関する事項**〕が加わっている。こうした指導内容の組み立ては、国語の教科構造に即したものであり、「**三領域一事項**」といわれる。三領域一事項それぞれの指導内容等は、実践編の各章に詳しいので、ここでは省くが、平成二十年版中学校学習指導要領（国語）の主な特徴を箇条書きで示しておく。全体目標や各学年の目標・内容だけでなく、「第3　指導計画の作成と内容の取扱い」などにも目を通し、その内容を確認をしておこう。

- 言語能力本位の考え方に立っている。
- 言語力育成の中核を担う教科としてその具体例を指導内容に示し、「言語活動」の充実を図っている。
- 各領域の指導事項を整え、それぞれの指導のプロセスを明確化している。
- 〔伝統的な言語文化と国語の特質に関する事項〕を新設し、古典に関する指導の充実が目指されている。
- 文字に関する事項では、漢字の読み書き指導の充実が求められるとともに、ローマ字の学習が第3学年に移行されている。

なお、高等学校については、平成二十年版高等学校学習指導要領（国語）には、高等学校における国語の指導目標が「第1　目標」として次のように示されている。

国語を適切に表現し的確に理解する能力を育成し、伝え合う力を高めるとともに、思考力や想像力を伸ばし、心情を豊かにし、言語感覚を磨き、言語文化に対する関心を深め、国語を尊重してその向上を図る態度を育てる。

傍線を付した部分は中学校とは異なっているが、その目指すところ、基本理念は共通している。高等学校における国語科学習指導の特徴ある指導や留意すべき点については第十一章に詳しく述べられているので、ここでは学習指導要領に「各科目」として示された科目名とその目標のみを示しておく。

国語総合…国語を適切に表現し的確に理解する能力を育成し、伝え合う力を高めるとともに、思考力や想像力を伸ばし、心情を豊かにし、言語感覚を磨き、言語文化に対する関心を深め、国語を尊重してその向上を図る態度を育てる。

国語表現…国語で適切かつ効果的に表現する能力を育成し、伝え合う力を高めるとともに、思考力や想像力を伸ばし、言語感覚を磨き、進んで表現することによって国語の向上や社会生活の充実を図る態度を育てる。

現代文A…近代以降の様々な文章を読むことによって、我が国の言語文化に対する理解を深め、生涯にわたって読書に親しみ、国語の向上や社会生活の充実を図る態度を育てる。

現代文B…近代以降の様々な文章を的確に理解し、適切に表現する能力を高めるとともに、ものの見方、感じ方、考え方を深め、進んで読書することによって、国語の向上を図り人生を豊かにする態度を育てる。

古典A…古典としての古文と漢文、古典に関連する文章を読むことによって、我が国の伝統と文化に対する理解を深め、生涯にわたって古典に親しむ態度を育てる。

古典B…古典としての古文と漢文を読む能力を養うとともに、ものの見方、感じ方、考え方を広くし、古典についての理解や関心を深めることによって人生を豊かにする態度を育てる。

四　国語学力

「学力」とは、一般に、学校教育において意図的・計画的な教育課程に基づき、生徒が学習することにより獲得する（獲得した）能力と考えられている。むろん生徒には可能性としての素質や潜在的能力も備わっており、実生活において獲得する能力もあるが、学力という場合、それらと区別することが一般的である。すなわち、教科の学習（指導）によって獲得される能力という狭義の意味で用いられる。こうした考え方に立てば、「国語学力」とは、国語科教育によって目指され、形成される能力ということができる。

「国語学力」の内実をどうとらえるかについては、様々な提言がなされているが、飛田多喜雄は、国語学力の構成因子について、「ア」を「通念的な」国語学力観として基本にすえる次のような整理を行っている。（注3）

ア　i　言語知識に係わる「知的能力」（①記号体系の知識〈音声、文字、語句、文法、表記などの言語知識〉、②記号運用の知識〈言語記号を適用したり、知識を獲得したりする仕方の知識〉、③記号運用所産の知識〈言語記号を活用して作り出された談話、文章等の形態、形式、特色その他の知識〉）

ii　表現・理解の技能に係わる「技能能力」（①実践的な機会や場面で言語行動の型を選ぶ能力、②既得の知識にしたがって行動する能力、③個別的な知識・技能を総括していく能力）

iii　国語に関する知的能力や技能能力等の個々の能力の習得や発動に際しての動機づけや学習活動、実践化をみちびく情意的な力としての「態度能力」（「わかりやすく表現しようとする態度」「内容を整理しながら表現しようとする態度」「批判的に読もうとする態度」「自他共に向上しようとする態度」の如く、各領域における言語行動の発動をみちびいたり持続したりする心的傾向、心がまえ、意志など）

イ　アに国語学力としての思考力を加える考え方

ウ　内容的価値の獲得に係わる素地能力の働き、認識力を国語学力（能力）とする考え方

野地潤家は、言語体系（記号体系）の習得にかかわる能力と各言語活動領域行為における次のような十八項目の主要能力をあげ、それらが思考作用（思考力）と密接にかかわるとする考え方を示している。（注4）

【言語体系（記号体系）の習得にかかわる能力】　語彙力、文法力、発音力、文字力、表記力

【聞くこと・話すことの言語活動領域】　対話力（問答力）、会話力（討議力）、独話力（討論力）

【書くことの言語活動領域】　取材力、構想力、記述力、推考力、評価力

【読むことの言語活動領域】　要約力、検証力、洞察力、分析力、選択力

このほか、ブルームらの目標分類学（タキソノミー）の考え方を受け、能力を認知能力と情意能力に分け、それらをさらに下位項目に分けていく考え方などもある。多様な側面からのアプローチによって国語学力像が次第に精密に描き出されつつある。

なお、こうした従来からの学力観をふまえながら、いわゆる「PISA型読解力」に代表されるような、新たな視点からの能力も国語学力として位置づけられはじめている。「PISA型読解力」の調査では「読解のプロセス」を、〈a．情報の取り出し→b．解釈→c．熟考・評価〉とし、読解対象も「非連続型テキスト」と呼ばれる文章以外の形式も含まれている。プロセスのbやc、対象には従来の「読解」の範疇を越えるものがみられ

る。「生きる力」の知的側面である「確かな学力」、すなわち「自分で課題を見付け、自ら学び、主体的に判断し、行動し、よりよく問題を解決する資質や能力」を支える要素の一つとして国語学力を位置づける際にも、これまでより、他教科などとのかかわりを視野に入れた広く柔軟な学力観を持つことが必要であろう。

五　不易と流行

国語科教育は何を目指していくか、どのような指導方法を取っていくのか、といった国語科教育にかかわるねらいや方法、そしてあり方など、時代によってその考えは大きく揺れ動いてきた。経験主義に立つ国語教育か能力主義に立つ国語教育かといった戦後の代表的な論争から日常的な指導の方法まで、国語科教育のあり方をめぐっては論議や主張が振り子のように揺れ動いている。こうした例は、音声言語か文字言語か、一斉授業か小集団学習か、自己表出の作文かコミュニケーション作文か、内容か形式か、個別化か同一化か、多読か精読か、等々思いつくまま列挙しても数多くあげられる。

こうした論議や揺れが国語科教育の進展にとって重要な役割を担ってきたことは間違いのないことであるが、直接生徒に接し、日々国語科の学習指導を実践する教師にとって大切なことは、目の前の生徒にとって言葉の力や学びとして何が必要か、どれが最適かを見抜き、そのことを授業に生かしていくことである。先に揺れの例としてあげたものも白黒の決着をつけるようなものではなく、その場や時の状況に応じて適不適が入れ替わったり、両者が止揚されて新たなものが生みだされたものも多い。過度の偏りや目先の対応の仕方ではなく、広い視野と授業第一の考えに立って、多様な考え方を摂取し関連づけ、生徒にとって最適の授業を構築していくことが肝要である。

しかし、このことは何もかもを受け入れ、折衷案的に処理することではない。また、教師の独自性や新しい考え方を否定するものでもない。最善のものを見定めるということである。

国語科教育の遺産としての主張や方法が蓄積されてきた一方で、社会の変化に伴い、国語科教育に求められるものが変化してきたことも事実である。膨大な情報がもたらされるようになった今日、情報処理能力やメディアリテラシー能力といったものが求められるようになってきた。また、教育学や教育心理学など周辺諸科学の内外の成果を積極的に取り入れ、国語科教育の現代化を促進することも行われるようになってきた（第十五章参照）。急激な時代変動の中、様々な考え方の存在する国語科教育の世界で、それらに翻弄されずに確かな国語科教育の道を歩むためには、一人ひとりの教師が国語科教育の本質を見極め、時代に左右されない主体的な言語生活者の育成という**不易**のねらいと、時代に適応する**流行**の部分を明確に自覚し、教育に取り組むよう努めなければならないであろう。

（注1）野地潤家『国語科授業論』共文社、一二頁、一九七六

（注2）一九七二年の第十期国語審議会「国語教育の振興について」の前文に述べられた言葉

（注3）国語教育研究所編『国語教育研究大辞典』明治図書、「国語学力」の項、三〇五頁、一九八八

（注4）野地潤家『国語教育原論』共文社、「六　国語教育と思考力」より抜粋、一九七五

第二章　授業とは

一　授業こそ命

学生諸君に理想の教師像を語ってもらうと、多様な教師像が語られる。生徒を尊重する教師、人間として信頼できる教師、学び続ける教師・豊かな知識や技能を持った教師、等々その具体像が語られる。そうした理想の教師像は大きく二つに分けられる。一つは教師の人間性にかかわるもの、他の一つは教育、とくに授業の姿勢や実力にかかわるものである。人と人とのふれあいの中で行われる教育において前者のような人間味あふれる教師像が求められるのはもっともなことである。後者の授業にかかわる教師像も、専門職として専門的力量が求められるのは当然のことである。授業力なくして教師とはいえないであろう。教師にとって授業は命といえよう。

近年、「授業崩壊」という言葉が日常的に使われるようになってしまった。その原因は様々に考えられるが、原因の一つは教師の授業を行う能力の低下にあると考えられる。授業崩壊と対極にある生徒と教師が一体となったさわやかで充実した授業を参観した後など、とくに教師の授業能力の重要性を強く感じさせられる。充実した一時間の授業の背後には、教師の様々な努力や工夫の積み重ねがあることはいうまでもない。生徒とともに授業を創り上げていく教師の営みが不断に続けられていることを忘れてはならないであろう。

授業を行う能力は零から授業を創り上げていくという意味で「**授業構築力**」と言い換えられるが、それは、**授業構想力**、**授業実践力**、**授業反省力**に分けることができる。

授業構想力は生徒の実態をとらえ、カリキュラムをもとに学習指導の目標を定め、教材研究を生かした展開や指導内容・方法の見通しを立てる能力である。授業実践力は文字通り授業を実際に行う能力であるが、その内実は生徒の学習実態をとらえる力、助言や支援する力、生徒と対話する力、板書にまとめる力等々、教師の授業中に発揮すべき多岐にわたる能力である。授業反省力は、自らの学習指導のあり方をふり返り評価する能力であり、授業改善につなげていく能力である。授業を成立させ、後述するような「すぐれた授業」を実現するためには、これら授業構想力、授業実践力、授業反省力からなる「授業構築力」の向上に努めなければならないであろう。

二　授業の三要素

授業が成立するためには、**生徒（学習者）・教師・教材（学習材）**がそれぞれの役割を十分に果たすことが必要である。この三者を**授業の三要素**という。三要素という言い方からも分かるように、三者のそれぞれが自立したものであり、互いに響き合う関係でなければならない。そしてそのためには、それら三者がそれぞれの役割に応じた必要条件を備えていることが不可欠である。その条件を端的にいえば、生徒は学び手としての**主体性**、教師は授業者としての**指導性**、教材は学習指導を意味あるものとするための**教材性（教材価値）**といえる。

生徒が主体性を持つということは、学び手としての自覚を持ち、自ら進んで学習に取り組んでいくことである。

そのためには、学習の目当てと見通しをしっかりと持ち、学ぶ方法を理解して学習に取り組み、学習の歩みと成果を確かめることが必要である。そうした学びによって、学ぶことの喜び、達成感、成長を実感することができる。教師が指導性を持つということは、教育における指導者としての自覚を持ち、学習指導全般に責任を持つことである。意図的・計画的な教育を実現するためには、何のために、何を、どのような方法で生徒に学ばせるかということを明確に見すえたうえで、ナビゲーターやコーディネーターなどの役割を果たさなければならない。

大村はまは、教師の役割を「仏様の指」にたとえている。荷車が進まず難渋しているとき、それを見ていた仏様がそっと指で押してやると荷車は前へ進んだ。荷車の男はそれとも知らず、自力で進んだものと思い、車を引いていく、という話である。教師の役割を巧みに表している。「支援」「援助」といった言葉の表面にだけとらわれ、生徒のなすがままに任せるようなことではなく、子どもが気付く気付かないは別として、責任ある学習の「支援」「援助」を確実に行い、確かな学びの成果を上げさせることが教師に求められる指導性である。

生徒と教師は、実際に学習・指導の活動を行う人間である。生徒と教師、生徒と生徒の間、個としての生徒の中で学習・指導は展開される。教材はそうした生徒と教師の間にあって学習・指導目標を達成するために用いられる媒材である。例えば、読むことの教材として選ばれる作品は、作品そのものの価値だけで判断されるのではなく、教師の考える生徒につけたい能力、生徒の既得の能力や興味・関心などと照らし合わせて適否が判断されなければならない。つまり、教育的価値が重視されることになる。生徒と教師は授業（学習指導）を通して、何らかの変容が期待されるが、教材そのものは授業（学習指導）ののちも、それ自体は何の変化もない。教材は、いわば、化学変化をもたらし、促進する触媒と同じような働きをするものである。

授業の三要素としての生徒・教師・教材のそれぞれの具備すべき要件について述べてきたが、先に「響き合う関係」と書いたように、それら相互のかかわりについても留意することが大切である。生徒と教師の関係については「仏様の指」の話を引いたが、生徒が教師の指示や助言などから影響を受け、学びを進めるように、教師もまた生徒の反応や気付きに敏感に反応し、指導法に対する気付きや反省を中心に学ぶことは多い。また、生徒相互においても学び合うことは多くある。こうした生徒と教師、生徒間の相互交流を円滑に行うためには、その前提として教室の人間関係が重要になってくるのはいうまでもない。学習指導環境としての相互理解と信頼感とに裏付けられた人間関係の構築が不可欠である。

次に、教師と教材の関係についていえば、教師が指導目標に基づいて教材を分析し理解するといった一方向のかかわりだけでなく、教材そのものの持つ力に触発されて新たな目標や指導方法、見方などを獲得することも多い。日頃から教材発掘を心がけて作品や資料を収集しておくことは、そうした教材からの働きかけを大切にするという考え方の延長線上にあるといえよう。また、生徒と教材の関係も双方向のものである。形の上では生徒が教材に働きかけるが、繰り返し読む、深く考えながら読むといったことを行う中で、教材から多くのことに気付かされ、新たな学習活動を始める姿などはよく目にするところである。

三　よい授業とは

すぐれた授業とはどのような授業であろうか。簡潔に言えば、「二」で述べたように授業の三要素が響き合う関係にある授業ということになるが、先達の教えをもとに、もう少し具体的にその要件・要素をあげてみよう。

①全員の参加と共存感　②学習への集中　③学習指導の充実感　④学習の累積　⑤学習指導の生動性と柔軟

性　⑥学習の独自性・個別性　⑦学習指導の構造化　⑧学習指導の自己評価　⑨価値ある学習材（学習指導のねらいに合致し、生徒はその学習材との出会いによって得るものがある。）

教師の立場からいえば、周到な計画と見通しを持って授業に臨み、生き生きとした学習活動を行わせ、結果として一人ひとりの生徒に確かな国語の力をつけていく授業ということになろう。

我が国のこれまでの教育は、しばしば教師中心の一斉授業であったと批判される。近年学習者尊重という耳に快い言葉に浮かされて、生徒の興味の赴くままに行方定めぬ授業、何でもいいと認める授業をしばしば目にする。教師の指導性、責任感のない授業である。生徒尊重はよいが、教師もその役割を果たす授業でなければならない。

芦田恵之助は大正十四年に書かれた『第二読み方教授』の中で、「**師弟共流**」の考え方を述べている。

読者諸君は、必ず私が児童中心の読み方教授に反旗をうちたてる者のやうにお感じになりませう。私は教師中心の読み方教授の中で育つて、その欠点を自覚し、徐々に殻をぬいで来たものです。さうして所謂児童中心のずばぬけた読み方教授を行つてみたことのないものです。その真味はわからないのですけれども、虚心坦懐に見てゐて、児童を解放したやうな長所の裏面に、前に述べたやうな如何はしいふしも見えます。もし私に児童中心の読み方教授に理解がないやうに見えましたら、それは実験を持たない私の経歴が然らしめてゐるので、自分の昧愚をかなしむと共に、御寛恕を請ふ外はありません。たゞ児童中心の読み方教授研究者が、かつて教師中心の読み方教授に欠点を発見されましたやうに、児童中心の読み方教授にも本質的に欠点があるやうに見えます。引ずつても、教師の思ふ所に児童を引ぱつて行かうといふ、教師中心に欠点があるとしたら、児童の行くがまゝに、教師がついて行かうといふ、児童中心にも欠点がありませう。引くにも罪があれば、押すにも罪がありさうです。教育はそんなに引いたり、押したりしないで師弟共に向上の一路をたどるべきものではないでせうか。而もその間には、打てば火の出るやうな緊張が持続せられ、謙虚・満足・感謝の心持に運ばれるものではないでせうか。

教師中心の読み方教授を図解すれば、矢の方向は、

となりませう。児童中心の読み方教授では、

教師はむしろ受身でせう。そこで問題は当然流れて

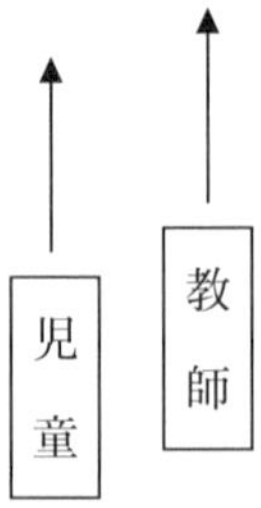

かうした図のやうな教授がありさうに思はれます。これは論理的にせめあげたのではなくて、私が教師中心の読み方教授に没頭していた頃にゑがいてゐた理想であつたと、この頃やうやく気がついたのです。

教師は児童を教育することによつて、自己を向上させるのです。師弟の間におかれる教材は、共に研究し、鑑賞し、批評する事によつて、双方発達の機縁となり、師弟相共に触れる環境の一切は、師弟共に自己啓培の糧となるのです。私は師弟共に自然の大法を仰いで、自己究明の道にいそしむ底の教授がなければならないと思います。(『第二読み方教授』、四五～四八頁)

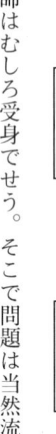

右の文章は、文章中からも想像がつくと思われるが、明治期以来の教師中心の授業と、それを批判して大正期に生まれてきた児童（生徒）中心の授業をふまえて、芦田が教師と児童（生徒）の関係・授業のあり方について自身の考え方を述べたものである。説明の文言だけでなく、最後の図に、授業における教師と児童（生徒）の関係が見事に表されている。すなわち、教師と児童（生徒）が同じ目当てに向かいつつ、教師がわずかに前にでているところが肝要である。共に流れつつ、教師は指導性を保っていることが示されている。生徒は、何もかも自力で完全にできる存在ではないという現実、生徒の意欲や主体性を尊重しなければならないという理想、この二つの間で授業を構築しなければならないことを考えれば、今日の中学校・高等学校においてもこの考え方は大いに参考になろう。

生徒・教師・教材の三要素が互いにそれぞれの要件を堅持し、有機的にかかわっていくことがすぐれた授業づくりには必要であるということを述べてきたが、具体的にはどのような授業がすぐれているのであろうか。先のすぐれた授業の要件をふまえながら、教師の立場に立ってまとめてみよう。

①「生徒と共に創り上げる授業」　②「柔軟な授業」　③「流れと節目のある授業」　④「目当てと見通しの明瞭な授業」　⑤「〈実の場〉に即した授業」

①の「生徒と共に創り上げる授業」は、最も基本的な理念として心がけるべきことであろう。それは先の「師弟共流」の考え方を言い換えたものといえる。教師と生徒は授業創造の協力者であることを忘れてはならない。②の「柔軟な授業」も実現が案外に難しい。教壇に立つと、どうしてもあらかじめ準備した計画に縛られ、指導案通りに展開しようとしがちである。どれだけ工夫し考え抜いた指導案であっても、生徒の反応や学習の実態に即して臨機応変に対応する柔軟な姿勢が必要である。よい指導案をよい授業につなげるためには、時にはそれを捨てる勇気を持つことが必要である。③の「流れと節目のある授業」は、学習・指導のねらいに向かって一筋の

流れがあり、無意味な行きつ戻りつのない、活動や思考に確かな歩みの感じられる授業である。だらだらと続くのではなく、思考の拡散と収束、適切な確かめやふり返り（評価）が要所要所に位置づけられた授業である。④の「目当てと見通しの明瞭な授業」は、②のような柔軟な授業であっても、何をすればよいか（何ができればよいか）、どのような手立てと手順で進めていけばよいのかが確かに見通せる授業である。教師にとってはたとえ当初の指導計画を変更しても、最終の指導目標を見すえ、それに向かって新たな指導法や指導過程が生みだせる授業であり、生徒にとっては個々様々に活動しつつも、次になすべきこととたどり着くべき到達点がはっきりと見えている授業である。⑤の「〈実の場〉に即した授業」は、実際の言語活動・言語生活に生きる授業である。わざとらしい作り事の言語事例や、生徒の生活や必要からかけ離れた内容ではない授業である。これには教材（学習材）の選定が大きくかかわってこよう。こうした①〜⑤で示した授業の実現に努めることが、「教師が指導性を保ちつつ、生徒が主体的に取り組み、教材性を生かす授業」の実現につながっていく。

四　授業に学ぶ

学生諸君に、各自の小・中学校時代をふり返って、よくなかったと感じる国語の授業をあげてもらうと、次のような授業をあげることが多い。

①変化のない、同じことが繰り返される退屈な授業　②個々の解釈や想像によって答えが定まらない授業
③教師の答え（考え）に収束される授業

①は、型はまりの授業といってもよい。物語や説明文など同じ種類の文章がどの学年でも繰り返し教材として

取り上げられるのが国語科の学習指導の特徴の一つである。これは、そうした授業の展開の仕方がいつも同じであるということだ。例えば説明文なら、まず通読、次に新出漢字の学習と語句調べ、そして段落ごとの要点の把握、最後に全体の要旨をとらえるといったふうに、学習指導のねらいや学習者の実態・必要性などとかかわりなく、いつも同じように展開される授業である。**国語の学力はスパイラルな構造**を持っているといわれるが、教材や指導内容も少しずつ量的・質的拡充を伴いながら反復的に提示・指導されることが多い。そうしたことから、工夫のない型はまりの授業に陥りやすくなる。

②は、国語の授業を考えるうえで、大切な課題を含んでいる。学生諸君に国語の授業の難しさを尋ねると、「国語に正解はない」「国語の答えは一つではない」という理由をあげる人が多い。確かに文学教材を読めば十人十色の受け止め方が返ってくる。作文も同じテーマであっても、書かれる内容・表現は一人ひとり異なっている。こうしたことを考えると、十人一色の受け止め方や表現を要求するのは無理があるし、不必要なことでもある。では、国語の学習指導には、いわゆる「正解」や「答え」はないのであろうか。もしそうだとすれば、教師は何を指導し、生徒にどんな能力をつけさせることができるのだろうか。生徒の思うまま感じるままに任せるだけであれば、極言すれば教師はいらないことになる。

教師は学習指導を通して、生徒が二つの側面で成長していくよう支援・指導することが求められる。一つは同一化であり、他の一つは個別化・個性化である。同一化とは、すべての生徒が言語生活者として社会で生きていくために必要な言語の能力や態度などの情意能力を身に付けていくことを指す。個別化・個性化とは、個々の生徒がそれぞれにそのよさやその子らしさを伸ばしていくことを指す。ものの見方・考え方、感性、価値観といった、生活の中で主体性を持って生きる、個性的に生きるといった側面での成長である。こうした二つの側面における教師の働き、すなわち、教育の働きを視野に入れるとき、「国語に正解はない」と簡単に切り捨ててしまうことはできない。何を学習指導の目標にするのか、どこまで到達することを求めるのか、どんな問い方をするのか等によって、「正解」や「答え」の内容も変わってくる。そして、それは授業のあり方・内容・方法等にもかかわってくる。このことは、国語教師が、言葉を大切にする授業の構築にあたって、常に考えなければならない問題である。教師の責任放棄としての「答えの定まらない授業」は避けなければならない。

③は②とかかわってくる。教師はしばしば「自由に考えてよい」「思った通り書け」「いろんな解釈があっていい」といった言葉を口にする。それ自体も問題ではあるが、日頃そのように生徒の多様な見方や受け止め方を奨励しておきながら、テストになると教師の考える答え以外は誤答としたり、授業中になされた多方面に広がる思考を無理やり教師の意図する一方向に収束してしまうことはもっと問題である。国語の授業は「考えさせる授業」でありたいが、それをどう収束するのかを見通した指導でなければ混乱を招くだけである。

①〜③は、学生諸君が学習者として受けてきた国語の授業を批判的にふり返ったものである。授業構築力を高め、自分らしい国語の授業を生みだしていくためには、そうした自らが受けた国語の授業をふり返ってみることが大切である。しかし、批評家のように、批判的なふり返りだけでは進歩は期待できない。不十分に見える授業にも教師の工夫や努力の跡は見いだせるはずである。たとえ結果としてはうまくいかなかったものであっても、そのねらいを探り、不首尾の原因を探ること、また、自分ならどのように指導するかを考えてみることなどが自らの力量形成に役立つのである。さらに学習者としての体験をふり返るだけでなく、授業者としての自分をふり返ってみることも重要である。教育実習での授業、教師になってからの授業など、必ず記録を残し、その授業をふり返ってみることも、国語科教師としての専門的力量の向上につながるのは言うまでもないことである。

第三章　国語科における教材・学習材

一　教材・学習材とは

本章においては、国語科における教材・学習材について考える。それを考えるにあたって、まずは前章の復習である次の課題を行ってほしい。

【課題1】授業の三要素をあげ、それらの関係について簡潔に答えなさい。

前章の「二　**授業の三要素**」でみたとおり、生徒（学習者）・教師・教材（学習材）を授業の三要素といい、これらはそれぞれ他に従属することなく自立した関係、互いに響き合う関係（相互作用により、互いに活性化する関係）でなければならない。つまり、授業は生徒（学習者）と教える人（指導者・教師）がいるだけでは成立しない。学習者に国語の力をつけるという国語科教育の目標を達成するのに必要な材料（資料）が欠かせない。この材料を教師の側からみると教えるための材料、すなわち教材となり、学習者の側からみると学習するための材料、すなわち**学習材**となる。これを長い間教師の側からの「教材」という呼び方で代表させてきた。「地方教育行政の組織及び運営に関する法律」などにも「教科書その他の教材に関すること」という言い方がされているが、学習指導要領を含めて法令等の文言には「学習材」という語は用いられていない。ただ、近年「教材研究」にかわって「**学習材研究**」という言い方がなされるようになり、「学習材」という呼び方が重要視されるようになった。これについては「四　教材から学習材へ」で解説することとする。

二　国語科における教材の種類

国語科における教材は、国語科の教育目標を達成するために学習者に供する材料であるから、当然、学習指導要領の目標や内容に沿ったものとなる。本書においても、第七章から第十章の各章で教材についふれられているように、「話すこと・聞くこと」「書くこと」「読むこと」「伝統的な言語文化と国語の特質に関する事項」の三領域一事項それぞれに教材があることになる。ここではその概略を説明する。

まず、**メディア**（情報を伝える媒体、広く情報伝達を仲立ちするもの）の側面からみると、国語科の場合は「文字、文、文章」によるものが圧倒的に多い。しかし、これだけではなく、音声、画像（映像）などの通称視聴覚教材と呼ばれるものや図表などもある。

また、教える順序の側面からは、入門期教材、発展教材といった区分もなされる。

次に、否応なく教科指導の中核となる、文字媒体の教材を集め編纂した教科書を中心としての教材の種類をみておく。大きくは、古典教材（古文教材、漢文教材）、現代文教材という種類分けがなされる。また、文章の形態によって次のように分けての呼称がしばしば用いられている。

・文学的文章……物語・小説教材、詩歌教材、随筆教材、戯曲教材など
・論理的文章……説明文教材、論説教材、評論教材など
・実用的な文章教材……記録、報告、報道、通信、手紙など

教材の種類については以上のようであるが、例えば「物語・小説」であればどのようなものであってもよいというわけではない。学習指導要領には**教材を選定するにあたっての配慮事項**が示されていて、中学校では次のようなことが書かれている。

・公正かつ適切に判断する能力や創造的精神を養うのに役立つこと。
・人生について考えを深め、豊かな人間性を養い、たくましく生きる意志を育てるのに役立つこと。
・人間、社会、自然などについての考えを深めるのに役立つこと。

この他五項目が示されているので、詳しくは付録「中学校学習指導要領（国語）」中の「第3　指導計画の作成と内容の取扱い」の3の「(2)教材は、次のような観点に配慮して取り上げること。」を見てほしい。

しかし、教材は教科書だけではない。同学習指導要領第2学年の「B　書くこと」には「オ　書いた文章を互いに読み合い、文章の構成や材料の活用の仕方などについて意見を述べたり助言をしたりして、自分の考えを広げること。」とある。ここでは、生徒が書いた文章が学習の材料になっている（この種のものだけを「学習材」と呼ぶ場合もある）。これだけではない。同じく第2学年の「A　話すこと・聞くこと」⑵には「ア　調べて分かったことや考えたことなどに基づいて説明や発表をしたり、それらを聞いて意見を述べたりすること。」とある。生徒が調べて分かったことや考えたことなどに基づいて説明や発表をすること、その仕方も教材となっている。また、それは聞くことの教材となり、さらには自分の意見を述べたりする際の格好の教材ともなる。すなわ

ち、様々な言語活動すべてが教材となるといえるのである。これが国語科の特性であって、教材を広くとらえておくことも忘れてはならない。

三　教材の発掘

教科書に載っている教材以外いっさい扱わない指導を指して「教科書べったりの指導」と言うことがある。このような場合は、教材の発掘などということは教科書の編集者まかせで、自分にはいっさい関係がないということになってしまう。しかし、教科書というものは広く一般性を持たせて作ってあるので、地域性やその時々の話題などには対応できていない。ましてや、個々の学校、学級への配慮などはなされてはいない。それは個々の学校、学級の担当教員がなすべきことなのである。

中学校学習指導要領総則の「第2　内容の取扱いに関する共通的事項」の「5」には、「各学校においては、選択教科を開設し、生徒に履修させることができる。その場合にあっては、地域や学校、生徒の実態を考慮し、すべての生徒に指導すべき内容との関連を図りつつ、選択教科の授業時数及び内容を適切に定め選択教科の指導計画を作成するものとする。」とあるほど「地域や学校、生徒の実態を考慮し」ということが重視されているのである（この点に関して、高等学校においてはさらに重視されている）。新たに「地域科」のような選択教科を開設するには及ばないが、地域とかかわる言語文化を教材としてみようといった地域教材の発掘、開発などは全国各地で活発に行われ、すぐれた副教材が編まれているほどである。しかし、こういった規模の大きなことだけではない。いま教えている生徒の実態をみて、そのつどの教材を用意することも発掘である。

例えば、漢字学習の必要性が十分理解されないまま、学習が惰性に流れ、機械的になってしまって生徒の学ぶ意欲が低下している、この状態を改めるにはただ「漢字は大事だからしっかりおぼえろ」と言うくらいでは回復しないだろうと判断したとする。そのとき生徒に、どのようにして漢字学習の必要性を再確認させようか、そのためにはどういう教材を用意したらいいだろうか、などと考える。これが教材の発掘の原点である。そして、今回は試みに他教科の漢字使用状況を確認するということをさせてみる。例えば、理科の教科書では、「光がはね返る現象を光の反射といい、反射する前の光を入射光、反射した後の光を反射光という。入射光や反射光が、鏡の面に垂直な線との間につくる角度を、それぞれ入射角、反射角という。」といった文章が見つかる。この文章では、重要語句として、「反射」「入射光」「反射光」「入射角」「反射角」が太字になっており、そのほか「現象」「垂直」など理科を学習していくうえで重要な語句が漢語になっていることが分かる。つまり、学習用語のほとんどが漢語なのである。このように、いろいろな教科の学習を進めていくうえで「漢語」が大きな働きをしていること、それを理解していくためにも漢字の学習をきちんとやっておくことが欠かせないといった形で「漢字の学習の大切さ」を再確認させる。これが、教材の発掘の原点である。ちなみに、平成二十年版中学校学習指導要領では「言語活動」が重視され、全教科にわたってそれが行われることになっている。国語科はその要となる教科で、その点でも各教科の学習用語を形成している漢語への目配りも必要なのである。

四　教材から学習材へ

学習者の実態に合わせた「教材の発掘」がなされなければならない、と述べたが、このような考え方の基盤には、「授業は学習者のためにある」という考えがある。授業は、教える人（教師）がいて、教えるべきもの（教材）があって、生徒はただそれを受け入れるだけ、といった教師主導の授業観とはまるで違うものである。「授業は学習者のためにある」と考えると、指導者は「学習者が何らかの学習目標を実現・達成するために支援・指導する人」ということになる。当然、教材も「学習者が何らかの学習目標を実現・達成するための材料」、つまり「学習材」ということになる。これが「教材から学習材へ」ということである。

ところで、学習者が何らかの学習目標を実現・達成する（学習が成立する）と言ったときの学習者とは、学習集団を指すときもあるが、学習者一人ひとりを指していると考えるのが基本である。したがって、学習材も生徒一人ひとりに合わせた学習材という方向へと進むことになるが、だからといって学習をすべて個別化すればよいというものでもない。「国語科における教材の種類」でみたとおり、話し合ったり、議論をしたり、集団で学習することは言葉の学習において欠くことができない。**学習者集団**での学習を行いつつ、目標が実現できなかった生徒など、学習者一人ひとりへの配慮をもって学習材を用意していくことが指導者の役割となるのである。

五　教材研究のあり方

【課題2】前章「二　授業の三要素」と本章「一」～「四」を読み返して、「教材研究」において欠かせない用件を考えてみよう。

「授業の三要素」には、「授業が成立するためには、生徒（学習者）・教師・教材（学習材）がそれぞれの役割を十分に果たすことが必要である。この三者を授業の三要素という。三要素という言い方からも分かるように、三者のそれぞれが自立したものであり、互いに響き合う関係でなければならない。すなわち、教材研究においても「学習者」の実態をふまえ「互いに響き合う関係」にしなければならない、ということである。これについては、「一」～「四」まででもふれたが、「学習者研究」が欠かせない。これに関しては学習者を発達の側面から広くとらえる第五章と、学習者それぞれにも目を向ける第六章中の「学習者研究」を参照してもらいたい。

以上のことをふまえるとともに、三要素の一角を担う「教材」としての「学習者に国語の力をつけるという国語科教育の目標を達成するために必要な材料」という側面を忘れてはならない。そもそも学校教育は、**教育基本法第一条「教育の目的」**に示された「教育は、人格の完成を目指し、平和で民主的な国家及び社会の形成者として必要な資質を備えた心身ともに健康な国民の育成を期して行われなければならない。」ものだ、という大きな目標のもとになされるものだからである。学習者に目を向けるとともに、その学習者にどういう国語の力をつけるのか、そのためにはどういう教材が最適であるのか、という視点が教材研究のあり方の根底にあるといえよう。

もう一つ補足として、行った**教材研究の相対的位置**を明らかにしておくことが大切だということを付け加えておく。平成二十年の学習指導要領の改訂では、指導過程がより明確に示された。例えば、「書くこと」の「内容」は「課題設定や取材」「構成」「記述」「推敲」「交流」といったプロセスが重視された形になっている。また、これらの「内容」は、学年が上がるとより高度な内容となるよう「内容」ごとの系統も考慮されている。したがって、自分がいま行っている教材研究が国語科の「内容」の中でどの位置にあるのかといった、相対的な位置を明確に自覚しておくことが研究をより確かなものとするからである。

六　教材研究の種類

（一）素材的研究

従来、教材研究といえば教科書に取り上げられた「読むこと」の力をつけるための教材（文学教材、説明文教材など）の研究を指すことが多かったし、現在でもその意味で使われる場合がある。教科書教材は、自分で発掘した教材ではないのでまずはこれを正しく理解しておく必要がある。これが**素材的研究**である。もちろん自分で選んだ自主教材でもこのことはいえる。

特に、文学作品の場合は文学研究としての**作品研究**と重なる部分が多いので、これをそのまま作品研究と呼ぶときもある。この場合は、国語科を支える近隣諸科学の一つ文学研究の成果への目配りが必要である。最近は、例えば『羅生門』など、それに関しての研究をまとめた書物も出ているので研究状況の把握もしやすくなっている。ただ、文学研究が作者研究中心であるため、国語科教育により必要である表現研究が不足しがちである。ＰＩＳＡ型読解能力の育成が言われる今日、この面からの研究をさらに推し進めていくことを心がけたい。

次に、説明文教材、論説文教材などいわゆる論理的文章教材に関しての素材的研究について考えておこう。これらの教材は、理科的であったり、社会科的であったり、保健体育的であったり、様々な分野とかかわり合う場合がある。しかし、要は「論理的文章」と言われるように、どのような論理展開がなされているかを明確にすることである。そのために**段落相互の関係**をおさえての文章研究が必須のこととなる。ただ、多種の分野にわたるため、自分の苦手な分野での文章を扱わなければならないこともある。その際はその分野の関係書物を読んで自分の視野を広げておく手間を惜しまないことである。それが、結局は教師としての力を高めることになるからである。

（二）指導的研究

素材的研究は生徒を抜きにした、あくまでも素材そのものを対象とした研究であるが、**指導的研究**は「なぜそのようなものを生徒に指導する必要があるのか。それを扱ってどのような指導が行えるのか」といった観点からの研究であるといえる。

指導の必要性は必ず**指導の目標**となって示される。この指導の目標は国語科の「内容」と緊密なつながりがある。例えば、中学校学習指導要領第1学年の「C　読むこと」に「オ　文章に表れているものの見方や考え方をとらえ、自分のものの見方や考え方を広くすること。」とあるからこのような目標を実現するにふさわしい教材はないかと考えて、ヘルマン・ヘッセの『少年の日の思い出』を選んだとする。そして、それがなぜ適切だと考えるのか、それをどのように扱ってどのような指導をすればよいのかなどについて考えるのが指導的研究である。

また、論理的な文章教材の場合も同様である。同じく中学校第1学年の「C　読むこと」に「イ　文章の中心的な部分と付加的な部分、事実と意見などとを読み分け、目的や必要に応じて要約したり要旨をとらえたりすること。」とある。こういう力をつけたいという目標を立て、それにふさわしい教材をさがす。その教材が目標を実現するのになぜ適切だと考えるのか、そのためにはその教材をどのように扱って指導していけばよいのかを考えるのが指導的研究である。

「教科書を教える」といった状態では教科書中の**教材の適否**は不問にふされがちだが、指導的研究の場合は指導目標が優先されるのでその目標に沿って教材の適否が選択されるということになる。教科書採択は、中学校では広域採択で各学校には選択権がないが、高等学校の場合は各学校に選択権があるので生徒の実態に合わせた教材の載っている教科書を選ぶことができる。そのためにも、指導的研究は重要なものとなっている。

(三) 反省的研究

人が目標を持って何事かをなそうとするとき、まずは計画を立て、次にそれを実行する。そしてそれがうまくいったかどうかを確かめ、さらに改善すべきことはないかを考える。教育においてこのことが最も強く言われているのは、「指導と評価の一体化」においてである。これに関しては第四章や第十四章に詳しい解説があるので、それを参考にしてほしい。しかし、何事においてもこのことはあてはまり、教材研究にもあてはまる。目標に照らして教材が適切であったのか、全面的に改めなければならないのか、一部を改めることで改善できるのか、こういった反省は「評価」と同様、終わった時点のみならず授業の途中でも絶えず行われ、改善が図られるものである。こういう反省をふまえての教材研究を**反省的研究**という。特に、**自主教材**の場合はこの視点が欠かせないものとなる。

七　教材研究のもたらすもの

一昔前までは、教師は教材解釈(研究)が命である、それがきちんとしてさえしていれば後はどのようにでも工夫ができる、と言われたものである。特に、高等学校は古典を含め言語文化の指導が本格化するからこの言も説得力を持っていた。もちろん、これは今でも重要なことではある。しかし、これまでみてきたように、学習者を視野に入れない教材研究は**授業の空洞化**に対応できない。学習者を中心とした学習指導の目標設定を明確にしての教材研究がなされなければならない状況になっているのである。再三繰り返すが、このような教材研究が行われてこそはじめて、教材は授業の三要素として確たるものとなり、教材研究もその重要度を増すということになる。一言で言うならば、教材研究は教師の力量を高め、授業の活性化をもたらすものなのである。

参考文献

・古田拡『国語科教材研究』法政大学出版局、一九九五
・松山羊一『中学校国語科教育法』日本図書文化協会、一九八一
・井上尚美・田近洵一・根本正義編『国語科の教材研究』教育出版、一九八二
・浜本純逸『国語科教育論』渓水社、一九九六
・安居總子『授業づくりの構造』大修館書店、一九九六

コラム　身近な古典教材（教材発掘）

身近な地域には、多くの文化遺産が残されている。建造物はもちろん、豊かな自然のほか、地域を舞台にした文学作品が忘れかけられたように残されていることもある。その作品に触れることは自分の住んでいる地域の豊かさを再発見する機会になる。日頃目にしながら気にもとめなかった風景に光が当たり、学習の意欲や関心を喚起することもある。古典は、その地域の風土と結びつき、生徒たちの血肉となるような人間性の奥深いところを豊かにはぐくんでくれるように思う。以下、長野を例にとって紹介しよう。

漢詩や俳句、短歌などは苔むしたまま石碑として残っているものがある。小林一茶の「是がまあ終の棲家か雪五尺」の句は、その生家の脇にあるからこそ意味や背景が浮かび上がり、一茶の生い立ちに興味を持たせてくれる。

また、松尾芭蕉の「桟や命をからむ蔦葛」の句碑は、急峻な山並みに挟まれた木曽川沿いの街道脇にある。現在はその狭い所に山を穿ち鉄道と国道が平行に走っている。その場所を知ることができるからこそ、「命をからむ」の意味が迫ってくる。そして、「奥の細道」の補充や発展ばかりでなく、その教材を入れ替えてでも「更級紀行」の学習を展開することができるのである。平家物語でも、木曽義仲にかかわる地に住む生徒とは、「木曽最期」をやはり読みたいと思う。

漢詩は李白・杜甫・王維・孟浩然などの中国の作しかないような印象を持ちがちだが、地域には思いのほか、漢詩教材が眠っていることがある。山村蘇門、石作駒石の二人は、木曽谷漢文学の黄金時代を作ったといわれる。駒石の七言絶句に、「駒岳夕照」がある。

四十八峰埋雪寒（四十八峰雪に埋もれて寒し）
白駒将躍白銀鞍（白駒まさに躍らんとす白銀の鞍）
雪晴返景遥相照（雪晴れて返景遥かに相照らす）
不誤呉門匹練看（誤またず呉門匹練の看に）

「駒岳夕照に描かれた情景」について考えていった生徒たちは、「相」について、「夕焼けが遠くから照らしている」、「題からも駒ヶ岳を照らしている」や「相は互いとか一緒ということだと駒ヶ岳と周りの山々が一緒に照らされている」、「相は語調を整えるものとも考えられる」など意見を出した。そして生徒たちは夕焼けに染まる駒ヶ岳や周りの山々を想起しながら、「白い雪を被った駒ヶ岳や夕日に照らされた駒ヶ岳の景色が蘇州の白馬の眺めと一緒なんだ」、「石作駒石は、駒ヶ岳を愛していたんだと思った」と語っていった。今後も生徒にとって心の故郷となる地域教材を開発していきたい。

第四章　国語科教師の役割

一　国語科教師の資質と能力

(一) 今の時代の教師を取り巻く環境

現在、日本の社会は、グローバル化、高度の情報化、少子高齢化、都会と地方の格差の広がり、産業構造の転換等、社会構造の大きな変動の時期を迎えている。こうした変化の激しい社会において、教育も強く影響を受けている。例えば、少子化による学校の統廃合や学区の自由化、学力低下に関する議論、いじめや不登校、学級崩壊、保護者による学校への過度の要求等、教育に関する問題はますます増加する傾向にあり、同時に教師の役割も重要さが増してきている。

こうした中にあって、約六十年ぶりに教育基本法が改正され、平成十八年十二月二十二日に公布・施行された。それに伴い学校教育法、教育職員免許法及び教育公務員特例法、地方教育行政の組織及び運営に関する法律の改正が行われた。

このような教育情勢の中で、教員に求められる資質能力に関して、平成十八年七月に中央教育審議会より「今後の教員養成・免許制度の在り方について」という答申が出された。この答申では、変化の激しい時代における教員に求められる資質能力を身に付けるための具体的な方策として教職員大学院の設置、教育職員免許法の改正等が述べられている。

この答申の中で、「いつの時代にも求められる資質能力」「今後特に求められる資質能力」「得意分野を持つ個性豊かな教員」ということが、平成九年の教育職員養成審議会の第一次答申における教員の資質能力について、継続して述べられている。(注1) この三つの観点は、今後教育に関してのどのようなパラダイム変換があっても、常に有効な観点だと考えられる。

(二) 国語科教師の資質と能力

先にあげた三つの観点をもとに国語科教師の資質と能力について考えてみたい。

第一に、「いつの時代にも求められる資質能力」についてである。これを国語科として考えてみると、国語を尊重する態度、言葉に対する知識・理解や言葉を通して的確に理解したり表現したりする能力、我が国の言語文化に対しての理解や親しむ態度等をあげることができるだろう。こうした言葉に関する専門知識や読書を通して広がる豊かな教養は、特に国語科教師には欠かすことのできないものであり、大学においてはそれらを身に付けることが、今後、国語科教師として続けていくうえで大事である。

第二に、「今後特に求められる資質能力」としては、特に国語科教師としては、「変化の時代を生きる社会人に求められる資質能力」として、社会生活に必要な国語の知識・技能を習得させ、それらを活用する力を身に付けていくことを考えていかなくてはならない。そのためには、自分たちが受けてきた教育に関しての原体験をもとに国語科の授業を構想するのでなく、次のパラダイムを意識して新たな国語科の授業を創造していくことが求められている。

第三に、「得意分野を持つ個性豊かな教員」についてであるが、教師としては様々なことが得意分野として考えられるが、国語科教師としては、やはり言葉の教育という面において得意分野を持ちたい。そのきっかけの一つが、大学における授業、卒業論文で取り上げたテーマや作品、調べた資料が該当するだろう。よく大学で勉強したことが、教育現場で役立たないということを言う教師がいるが、それは違う。教材研究をする際にも授業の中で話をする際にも、大学で勉強したことが国語科教師としての支えとなっている。特に古典、近代文学や評論、言葉に関する研究書などの様々なテキストを読んだ経験は、国語科教師としての重要な能力であるテキストの読み方を身に付けることにつながっている。大学ではそのことを意識して勉強したい。言葉の教育に関する得意分野を持つことは、国語科教師としてさらなる広がりや深まりをもたらしていく。

以上のようにみてくると国語科教師の資質や能力は、「いつの時代にも求められる資質能力」はあるものの、それさえも**時代の変化とともに変化してきている**。現代のように変化の激しい時代において、豊かな言葉の力を生徒たちに身に付けさせていくことを考えたとき、自分たちが受けてきた教育における国語科教師をモデルとするだけでは十分ではない。国語科における**確かな学力**を身に付けていくことができる教師としての自分を構築していくことが求められているのである。

【課題１】国語科教師として身に付けておきたい知識や技能を具体的にあげてみよう。

国語科教師の役割について、授業との関連でもう少し具体的にみていくことにする。

二　国語科教師の役割

（一）授業者としての役割

授業者としての国語科教師の役割というのは、一時間の授業時間の中で生徒に教えるということだけではない。まず、授業研究を行うことで一人ひとりの生徒に言葉についてのどのような力を身に付けさせるかということを**計画**（Plan）して、生徒とのコミュニケーションを取りながら**授業を行う**（Do）。そして生徒ならびに授業についての**評価**（Check）を行うことで、さらに生徒の学力の伸長や**授業改善**（Action）へとつなげていく。こうした一連の授業計画から改善までのサイクル（計画・実行・評価・改善の英語の頭の文字をとって**ＰＤＣＡサイクル**という）の中で、授業を考えていくことが求められている。つまり、一こまの授業として切り離された存在ではなく、一連のサイクルの中に位置づけられていることを授業者としては理解しておく必要がある。ところで、こうした考え方は**カリキュラム・マネジメント**（注２）という言葉との関連で説明されることが多くなり、授業改善や学校改善には欠かせない発想となっていることも押さえておきたい。

①　授業構想の基本的な考え方を押さえる

国語科の授業においては、教科書の教材をもとに授業を行うということが一般的に行われる。そのために教科書の教材から、授業研究が始まるようについ考えてしまう。しかし、学校教育において国語科の授業を構想するにあたってまず押さえておかなくてはならないものに、**学習指導要領**がある。

各教科の学習指導要領には、その教科の目標及び内容、各学年における指導事項、指導計画の作成と内容の取扱い等のことが示されている。各学校において国語科の授業を構想する際に一番の基本となるものである。学習指導要領の記述の意味や解釈などについて説明するために、文部科学省では解説書（中学校国語科の場合は『中学校学習指導要領解説書　国語編』となる）を作成している。

これまでは国語科の授業を構想するにあたり、まず教科書の教材があり、それを生徒にどのように教えていくかということを考えてから、それが学習指導要領のどの指導事項に該当するのかを確認していたようなところがあった。しかし、平成十四年度より、相対評価から**目標に準拠した評価**へと評価の仕方が変わったあたりから、まず学習指導要領の目標や指導事項をもとに、生徒にどのような言語能力を身に付けさせていくかということが、授業を構想する際に考えなくてはならないことになってきた。そして、生徒の学習状況をふまえ、教材として何を取り上げたらいいのかということを考え、教科書の教材、本や新聞や雑誌、テレビやビデオ等の様々な教材から適切なものを選択しながら、授業研究をするといった流れが一般的になってきた。

これからの国語科教師として授業を構想していくにあたっては、学習指導要領について十分に理解し、生徒に対してどのような言語能力を身に付けたり、言葉に対してどのような態度を養ったりしていったらよいかについて押さえておかなくてはならない。

②　授業を構想して計画を立てる

授業を行うためには、**身に付けたい言語能力**をもとに、生徒の学習状況をふまえ、教材を選択し、教材研究を行い、授業を構想して、学習計画を立てることが必要になる。このように授業計画を立てるための過程を説明すると、教師が事前に準備した指導計画をもとに、予定調和的に生徒の学習を導いていくように思われがちであるが、そうではない。現在国語科の授業では、単なる知識を教授するといったことから、生徒に「確かな学力」としての言語能力を身に付けたり、言葉に関しての関心や意欲をもたせたりすることを重視するようになってきている。同時に、教師とのかかわりや生徒同士の相互交流を通して、自らの学習について意味づけすることを図っていくことも求められている。(注3)そのため、授業を構想して計画を立てるにあたっては、学習集団としての生徒だけを考えるのでなく、学習者としての生徒の学びを一人ひとり創造するという意識を持つことが必要となってきている。

国語科の教材研究については、「指導者と学習者の相互作用によって生みだされる国語科授業において、その学習活動の対象となる言語文化（音声言語、文字言語）について、それが内在する学習価値（学習内容と方法）を透視したり、創出したりする研究活動である(注4)」と、一般的に押さえることができる。教材研究とは、単に教材についての研究が中心のように思われがちであるが、どのように学習活動を展開するかということについても研究していく。しかし、教材研究という言葉からは、学習者としての生徒の学びをどのように創造するかという視点が見えにくいこともあり、広い意味で使われてきた授業研究という言い方を、授業構想の段階においても使うことも多くなってきている。

ところで、授業を構想するにあたりもう一つ押さえておかなくてはならないものがある。それは平成十九年六月改正・公布された**学校教育法の第三十条第二項**の次の部分である（第四十九条で中学校に準用、第六十二条で高等学校に準用）。

「前項の場合においては、生涯にわたり学習する基盤が培われるよう、基礎的な知識及び技能を習得させるとともに、これらを活用して課題を解決するために必要な思考力、判断力、表現力その他の能力をはぐくみ、主体的に学習に取り組む態度を養うことに、特に意を用いなければならない。」

つまり、「基礎的な知識及び技能を習得させる」ことと、「これらを活用して課題を解決するために必要な思考力、判断力、表現力その他の能力をはぐくむ」ことは法律として規定され、日本の教育の根幹に位置づけられた学力といえる。授業を構想する際には、**「基礎的・基本的な知識や技能」**の**「習得」**と**「活用」**ということを考慮しなくてはならない。

③　授業を行う

授業では、学習目標や教材が同じであっても、学習者である生徒が違うので、授業は一つとして同じものはない。単元や教材が違っていれば、さらに様々な授業が展開される。そうした様々な授業ということを考えたとき、学習者である生徒が言語能力を身に付け、自らの学びを創造していくためには、授業の中における国語科教師としての役割も多様なものになってくるのはいうまでもない。特に現在では、教師と生徒との関係が、教師が一方的に知識や技術を教え込むといったものから、生徒の学習へのモチベーションを高め、生徒自らの学習が成立するように支援するといった関係を重視するようになってきている。そう考えると次のような役割が考えられる。

第一に、モデルとしての役割である。国語科のように言葉についての知識や技能を身に付けるためには、そのモデルとしての役割は大きい。教師の話し方、言葉の使い方、文字の書き方等、授業の中で生徒の言語能力の獲得に大きな影響がある。

第二に、学習の場をコーディネートする役割である。コーディネートとは、各部分の調整を図って、全体がうまくいくように調整していくことである。生徒の意欲を高め、効果的な学習場面を作り出すということを意図しながら授業を進めていくことが大事である。

第三に、生徒同士のコミュニケーションを活性化するようなファシリテーションを行う役割である。これは、生徒同士の発言を促したり話の流れを整理したりすることで、生徒同士の合意形成を行ったり学習活動における協同意識を高めたりすることである。

第四に、コーチとしての役割である。先にあげた役割が主として集団ということを意識していたものであったが、一人ひとりの生徒を伸ばすということを考えたとき、個人に目を向けた支援が必要になる。スポーツでは当たり前の用語になっているが、教育においても一人ひとりの生徒が、主体的に自らの課題を解決していくようにしていくためには今後さらに重視されていく役割といえる。

他にも、様々な役割はあるが、大事なのは学習者である生徒に言語能力を身に付け、自らの学びを成立させることで、成長させることである。そのことを意識して授業を行う国語科教師でありたい。

④　授業における評価

授業における評価は何のために行われるか。これは言うまでもなく生徒の成長に寄与するために行われるものである。そこで、生徒の学習状況を評価することで一人ひとりの生徒を伸ばしていこうとするものと、授業について評価して授業改善をしていこうとするものとに大きく二つに分けて考えてみたい。

まず、生徒の学習状況を評価することについては、これまでは成績をつけるために行われるものと考えられてきたところがあった。しかし、平成十四年度から目標に準拠した評価が学校現場に取り入れられることになり、特に中学校においては授業の計画、指導のあり方等に大きな変革をもたらしたが、現在では生徒を伸ばすための評価ということで定着してきている。

目標に準拠した評価は、学習指導要領の教科の目標ならびに指導事項をもとに**評価規準**を作成して評価するもので、着実に「確かな学力」を身に付けていくことを目指している。これまでの評価は成績をつけるという面が強く、試験や提出物の回数を総合的にとらえた量的なものが重視されていた。目標に準拠した評価では、国語科では、「国語への関心・意欲・態度」「話す・聞く能力」「書く能力」「読む能力」「言語についての知識・理解・技能」といったそれぞれの観点について、評価規準をもとに質的なものを重視して生徒の国語の能力を評価するものとなっている。そのため、授業の計画を立てる際には、身に付けたい言語能力との関係で評価規準を設定し、それを具体的にどのように評価していくかという評価時期や評価方法についても決めておくことが行われるようになってきた。

ところで、授業の中の評価には、教師が行う評価だけでなく、自己評価や相互評価といった学習者である生徒が行う評価がある。こうした評価は学習活動の一つとして行われるのだが、生徒自身が学習の軌跡を辿り自分の学びを意味づけるには欠かせない活動となっている。特に自己評価を工夫することで**メタ認知能力**を身に付けていくことが重視されてきている。

次に、授業への評価についてであるが、一人ひとりの生徒の学習状況の評価をもとに、生徒に言語能力を的確に身に付けさせる授業であったのかを評価し、その評価を次の授業改善につなげていくことが重要となる。先にカリキュラム・マネジメントということについてふれたが、まさに評価がその鍵を握っているのである。そのため**指導と評価の一体化**ということが授業改善には欠かせない。

指導と評価の一体化とは、一時間の授業の中でも普通に行われていることであるが、大事なのは一つの単元を通して生徒にどのような言語能力が身に付いたかを評価して、年間指導計画をもとに授業改善を行っていくことである。それを生徒の成長につなげていくことが求められている。

⑤　カリキュラム作成について

ここまで述べてきた授業者としての教師は、一つの単元の授業から一時間の授業をどのように作っていくかということを中心にしたものであった。しかし、国語科教師として授業を作っていくには、それだけでは十分ではない。その学校における国語科の**カリキュラム**を作成するということが授業を作るための一番の土台にあるからだ。国語科としてのカリキュラムがあるからこそ、一時間ごとの授業を構想していくことが初めて可能となるのである。

こうしたカリキュラム作成にあたっては、学校教育目標や学校行事、生徒の学習状況、学習指導要領の目標や指導事項、教科書等の様々なものを配慮しつつ、中学校であれば三年間の生徒の言語能力の伸長等を考えながら行われる。そのためには、ある程度の経験が必要となってくる。教育実習では、既に作成されている一年間のカリキュラムをもとに、教材が選ばれているが、こうしたカリキュラムを作成することができる国語科教師を目指すことで、教師としての資質能力の向上を図りたい。

【課題2】二校の中学校の年間指導計画を比較して、気が付いたことをあげてみよう。

(二)　校内の言語環境の整備者として

国語科教師は、授業を通して生徒に言語能力を身に付けることが大事な役割であるが、生徒の言語生活を豊かなものにしていく役割も同時に担っている。生徒たちが言葉を適切に使うことで、日常生活を豊かにしたり温かい人間関係を築いたりしていくためには、授業だけでなく、校内における様々な言語生活の場面において、言葉の使い方を指導していくことが大事である。

例えば、教室の掲示物、学級新聞をはじめとする広報紙、校内放送、会話などについて、生徒に意識させることで、生徒自身がよりよいものへと変えていくように指導していくことが大事である。校内の言語環境を整えていくためには、国語科教師として言葉に対しての知識を豊富なものにすることと、語感を磨いていくことが必要になってくる。

【課題3】 日常生活の中から、言葉の使い方として不適切だと思われるものを探してみよう。

（三）学校図書館の運営者として

国語科と読書とは切り離せない。読書は生涯にわたって学び続けたり、人生を豊かにしたりするためには欠かせないものである。また、読書活動によって、言語能力が高まる、様々な知識が増える、考えが深まるといったことも期待される。そうした本との出会いの場が学校図書館である。司書が配置され、生徒を読書に誘う様々な工夫がされている学校もあるが、多くの学校では、そうした役割を国語科教師が担っていく必要がある。読書離れが進んでいる中学生・高校生を読書に向かわせるには、国語科の授業と関連させて本を揃えていったり、図書館を活用した授業をしたりすることが考えられる。

ところで、中学校国語科の学習指導要領では、各学年の「C　読むこと」の目標に、読書に関する態度を養うことが述べられているが、平成二十年版学習指導要領においては、「C　読むこと」に読書と情報活用に関する指導事項が新たに取り入れられた。これまで以上に図書館の活用を、国語科教師が工夫していくことが求められているのである。

三　国語科教師の専門性を高める

先に国語科教師の資質として三つの観点から述べたが、それをまとめて言うと特に中学校の場合は、国語科教師としての**専門性を高める**ということが重要である。そのためには、言葉に関しての研究、カリキュラム作成や指導方法についての研究、新しい教育事情についての研究等、様々なことについて自分から研究を続けることが必要である。こうした専門家としの国語科教師のあり方について、大村はまは次のように述べている。(注5)

いっしょに遊んでやれば、子どもと同じ世界におられるなんて考えるのは、あまりに安易にすぎませんか。そうじゃないんです。もっとも大事なことは、研究をしていて、勉強の苦しみと喜びとをひしひしと、日に日に感じること、そして伸びたい希望が胸にあふれていることです。私は、これこそ教師の資格だと思うんです。

大村はまの国語教室には、今もなお参考にしたい様々な実践の知恵がある。生徒を伸ばすためには、国語科教師として**日々研究**を積み重ねていく姿勢が何より大切である。

【課題4】大村はまをはじめ、すぐれた国語科教師について調べ、その著作を読んでみよう。

（注1）　宮崎和夫「求められている教員の資質」、宮崎和夫編著『教職論～教員を志すすべてのひとへ』ミネルヴァ書房、二十一二四頁、二〇〇四に、平成九年の教育職員養成審議会の第一次答申をもとに教員の資質・能力について分析的に整理されている。

（注2）「教育課程行政の裁量拡大を前提に、各学校が教育目標の具現化のために、内容、方法とそれを支える条件整備との対応関係を確保しながら、ポジティブな学校文化を媒介として、カリキュラムを作り、動かし、これを変えていく動態的な営みである」と中留武昭は「カリキュラム・マネジメントによる学校改善」、田中統治編集『確かな学力を育てるカリキュラム・マネジメント』（教職研修6月増刊）教育開発研究所、五三頁、二〇〇五で定義づけをしている。

（注3）髙木展郎「第四章　国語科教師の役割」、益地憲一編著『小学校国語科指導の研究』建帛社、三六・三七頁、二〇〇二

（注4）日本国語教育学会編『国語教育辞典』朝倉書店、二〇〇一

（注5）大村はま『教えるということ』共文社、二二頁、一九七三

コラム　教師の成長

　テレビ番組の中には、教師が子どもたちと格闘しながら視聴者に共感と反感を覚えさせながらも感動を引き出すドラマがある。そして、子どもたちにそんなに簡単に効果を引き出せるものではない、子どもはそんなに単純に反応しない、などと教師に思わせる。現実はさらに多様で、生徒の抱える背景は複雑である。生徒の言動には、必ずそれを起こすべき背景があり、複雑に絡み合った文脈がある。そうした関係に気付くのも教師の経験がものをいうだろう。

　教師は経験を積みながら成長する。それでも教師を目指そうとする人はまず教師への憧れを持つことが大切だろう。それが目標になって努力することができるからである。教育実習で子どもたちとのふれあいの中で感じた感動をぜひ持ち続けてほしい。子どもの成長が自分自身の成長と重なってくるだろうし、そこに教師のささやかな幸せもある。教師は経験を重ねるごとに国語科教師という側面ばかりでなく校務としての役割が増大し、「主任」と呼ばれる仕事を担うことも多くなってくる。教科指導や学級経営、生徒指導、対外的な活動など教師としての専門知識や実践力の向上が必要となり、教師としての力量が問われてくる。

　その中でいつも意識しなければならないことは、教師の子どもに与える影響は、はかりしれないということである。子どもたちは、教師の願いに応えるように日々成長していく。子どもを見る目が成長するとともに教師の願いは多様化し、その実現のために多面的な方策も可能になってくる。個々の生徒に応じて打つ手は増していくし、その教師ならではの黄金律も生まれてくる。逆にこのことが指導手順としてマンネリ化しないようにしなければならない。今、共に学ぶ生徒は昨日学んできた生徒ではない。生徒の歩みが鈍くなるときもあるが、思いがけないほどの伸びを示すこともある。学校現場は、毎日がドラマの連続である。そこに喜びを感じることができれば、教師の資質もあるといえるだろう。

　言葉を通して学び、言葉そのものを学ぶ国語科教師は、言葉に敏感でなければならない。様々な言葉の情報の受け止め方やその変化への対応も変わってくるだろう。それは、自己の研鑽の中からはぐくまれた、教材をとらえる目が成長し、それとともに指導法が成長していくことでもあるだろう。

　大村はまの『教えるということ』（共文社、一九七三）はいつも新鮮な自戒をもたらしてくれる。学び続ける教師が学び続ける生徒をはぐくみ、自分を広げ、深めていく教師が生徒の豊かな人間性を培うことができるのだろう。常に生徒と共にある国語科教師でありたい。

第五章　発達段階からみた中学生・高校生

一　発達段階からみた中学生

（一）思春期の特性

「分かってる。」、「別に。」

母の問いかけや呼びかけに対して、こう答えることが多くなった。前は、かまってほしかったはずなのに。最近は、干渉されるごとにイライラする。それなのに、「今すぐやりなさいよ。」とか、「別にってことはないでしょ。」なんて余計に干渉してくるものだから。「ほっといてよ。」とくらい言ってもいいんじゃないだろうか。

ある中学校の生徒が書いた文章である。

中学生という時期は、まさに**思春期**のまっただ中にある。子どもから大人へという過程にあって、体も心も大きく成長する。性的成熟も著しく、二次的性徴がはっきりと現れる。親子関係も小学校時代とは大きく変化し、多くの子どもが親への反発を感じ、それを具体的な行動として表す者も多くなる。いわゆる反抗期の始まりである。教師に対しても親と同様に批判的な目で見、行動に移すようになる。周囲の大人は、そのような子どもたちの成長を温かく見守りながら、迎合することなく、時には壁となって立ちはだかることによって、彼らの成長を支えることが大切である。

　思春期という時期は、また、**知的な成熟**の面でも、人間の発達においてきわめて重要な意味を持つ。ヴィゴツキーは『思春期の心理学』で、思春期の知的な発達を「複合的思考から概念的思考へ」の「移行」ととらえ、「概念形成と概念の操作は、この時代において獲得される本質的に新しいもの」であるとしている。(注1)

　ここでヴィゴツキーのいう「概念」は、「科学的概念」に対応している。これは、「複合」に対応する「生活的概念」と異なり、学校における科学的知識の習得を通して発達する。体系性と随意性を持つ点に特色があり、抽象的な思考操作を可能にする。(注2)

　このような**概念**が発達する思春期の持つ意味を、前掲『思春期の心理学』の訳者の一人である中村和夫は、次のように説明している。(注3)

> 真の概念に媒介された概念的思考は、その体系性ゆえに心理過程そのものの自覚性と随意性をもたらすことから、思春期の青少年は自分自身の内面過程を自覚し、反省が可能になり、自己意識を分化させていく。自己意識の分化は、はるかに深い他者理解をもたらし、この社会的発達がさらに人格の形成を促していくのである。こうして、思春期において、青少年は次第に人格と世界観の高次な基礎を築いていくのである。

後に述べるように中学生たちの言葉にかかわる実態をみると、ヴィゴツキーの指摘するような精神的発達を感じさせる点が多い。国語科の授業においても、このような思春期の知的発達や心理的特性を考慮して、指導にあたることが大切である。

（二）中学二年生を境にした変化

劇的な変化をとげる思春期にあっても、とりわけ中学二年生は、大きな分岐点にあたる。この時期を境に、子どもたちは大きく変化する。

体の成長についていえば、女子は身長の伸びが一段落するのに対し、男子はまだ急激な伸びを続け、体格面での男女差が明確になる。ボディイメージもこの頃に形成されるといわれる。女子の多くが自分の体に対する不満傾向を示し、これは自尊感情の形成にも、大きな影響力を持つ（注4）。

急激な体の成長と呼応するかのように、生徒たちは、精神的にも大きく変化し成長する。中学二年生の夏休みを境にした、それ以前と以後の変化はことに顕著である。親をはじめとする周囲の大人への反発をはっきりと形に表す生徒が目立つようになるのも、この頃である。「何のために勉強するのか」、「学校の勉強は役に立つのだろうか」、このような疑問を抱く生徒も増える。

授業中の挙手が目立って減るのも、この時期の特徴である。また、作文に書く内容に顕著な変化が表れる生徒も多い。読むことの学習においても、より深い精緻な読みができるようになる。目先の成績のためだけではない学ぶことの意味を理解させるとともに、学びがいのある授業を創ることも指導者に求められる。

以下で国語科の各領域における中学生のたちの傾向をとらえるにあたっても、中学二年生という時期にはとりわけ注意をはらっておきたい。

（三）中学生の聞くこと・話すこと

中学生の聞くこと・話すことは、一見、小学生に比べて退行したかのようにみえることがある。授業中の挙手は少なくなり、活発な意見交換が組織しにくくなる。音読・朗読の声も、小さくなることが多い。

そこには、中学生特有の**心理的抵抗**がある。中学二年生のある生徒は、自分から手を挙げられない理由について次のように述べている。

わたし自身、ほとんど授業中、手を挙げません。それは、みんなが挙げないということもあるし、間違えるのがこわいからです。間違えるのは、恥ずかしいことではないと言うけれど、やっぱりわたしにとっては恥ずかしいし、嫌です。それに、手を挙げて発言すると、今のクラスだと優等生みたいになって、一人だけ浮いている感じがします。

間違えるのがこわいというのは、**自己意識**が強くなる中学生以後に顕著にみられる感情である。間違いをおそれず、「はい、はい」と手を挙げていた小学校時代とは異なるのである。「優等生みたい」になることを嫌うのも、中学生特有の感情といえよう。

また、集団の中で自ら口火を切ることに抵抗を感じる生徒も多い。

自分が手を挙げなくても、だれかが挙げてくれるだろう、時間が経っても挙げる人がいなかったら、先生がだれかをあてるだろう、何かでしゃばっているようで、まちがえたり、失敗したりしたら嫌だ、などなど、クラスのだれでも一つぐらいはあてはまるだろう。自分は、だれかが手を挙げてくれるだろうと思って、なかなか手を挙げる勇気が出ない。でも、みんなが手を挙げると自分も挙げると思う。

出る杭は打たれるといった感覚が、彼らを強く支配している。

しかし、このような我が国の教室は、外国から来た人たちには奇異に映るようである。中国から来た一人の留学生は、交流会の席で生徒からの問いかけに答えて次のように述べている。

日本の学生さんは、おとなしすぎると思います。大学生でも、中学生でも、日本の人はおとなしすぎて、なかなか話せません。中国の学生は、もっと積極的で、言いたいことをはっきり言います。―中略―

日本人は、言いたいことをはっきり言わない。中国では、知りたいことを直接聞くのは、いいことになっていて、授業でも、知りたいことがあれば、自分からどんどん聞きます。中国でも、今の子どもは、少しおとなしくなったようですが、それでも、自分からもっとよくしゃべります。

中学校でも、知りたいことがあれば自分から手を挙げます。

この発言は、生徒たちの心にも響くものがあったようで、彼らは、「日本には、なにか重い壁みたいなのがあるんじゃないかなと思いました」、「わたしは、相手（周りの目）をすごく気にして手を挙げないタイプの人間だと思う。わたしの目から見たら、中国の人はのびのびとしていていい」、「わたしたちが普通だと思っていたことが、外国の人から見るとおかしいということにびっくりしたし、そういうことを知ることができて、よかったと思います」などの感想を述べている。

生徒たちは、手を挙げにくい自分たちの教室の**閉鎖性**や重苦しさ、自由な発言を圧迫する集団の圧力等について考えさせられたようである。

国際化が進展するこれからの時代を生きる子どもたちには、手を挙げにくい状況を克服し、たとえ周囲が尻込みしていても堂々と手を挙げて発言できる力を、育てる必要がある。そのためのスピーチやディベート、パネルディスカッション等の言語活動の工夫に取り組むとともに、日常の教室の中での話合いが活性化するように、指導を進めることが大切である。聞き合える学習集団の育成に努めることも求められる。

中学生の心理的特性を考慮しつつも、聞くこと・話すことにかかわる日本の中学生の現状をこのままにしておいてはならないだろう。**国際化社会**に通用する聞く・話す力の育成が、私たち国語科教師に求められている。

（四）中学生の書くこと

左のグラフは、かつて筆者が、中学一年生から三年生までの男女生徒四三九名の自由作文の題材を調査した結果である（注5）。これをみると、中学一年生では、約半数の生徒が学校生活を題材にしているのに対し、二年生では三割、三年生では二割に減少している。これとは逆に、その他に分類されるものは、一年生が約二割、二年生が約三割、三年生が約半数となっている。また、自分自身について書いた生徒が二年生に多く、約四分の一を占めているのも興味深い。家庭生活について書いた生徒はいずれも一割に満たないが、三年生で減少しているのが目を引く。

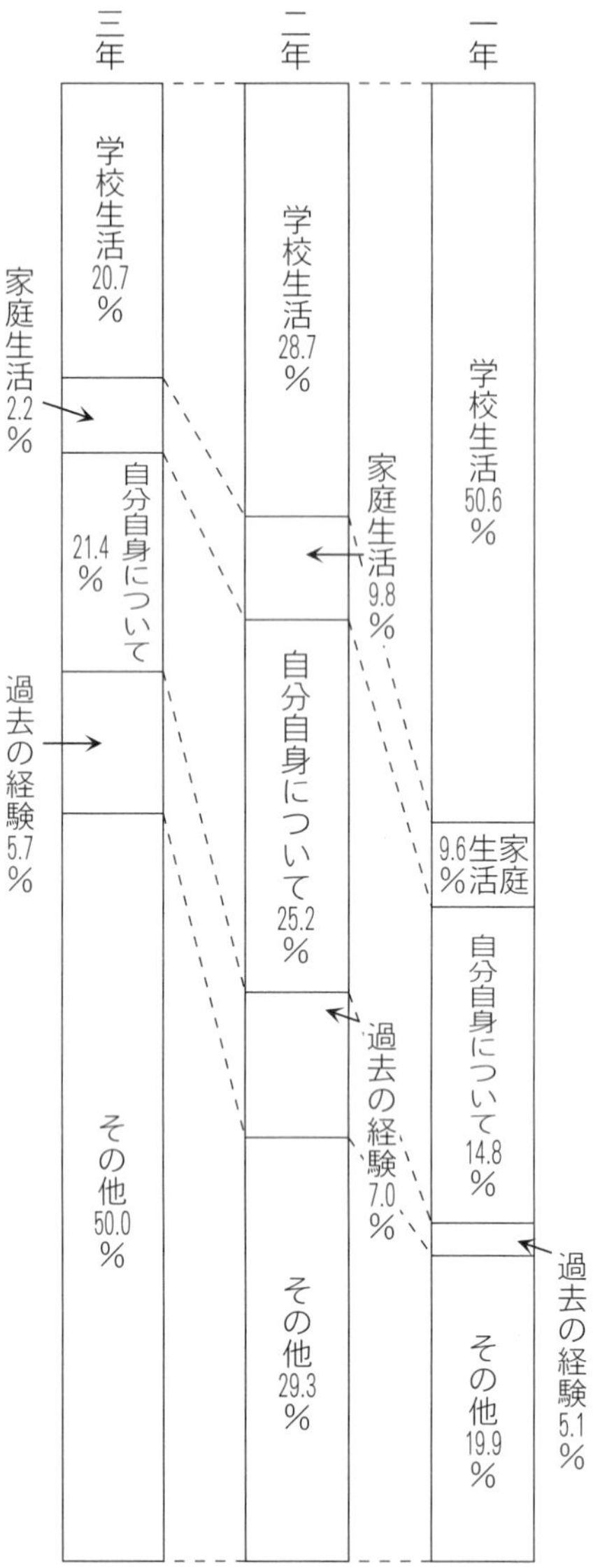

一年生では、多くの生徒が学校生活等の身近なところに題材を求めているのに対し、二年生、三年生と学年が進むにつれて視野が広がっていく様子がうかがえる。その他の項目の内訳を示したものが、次のグラフである。

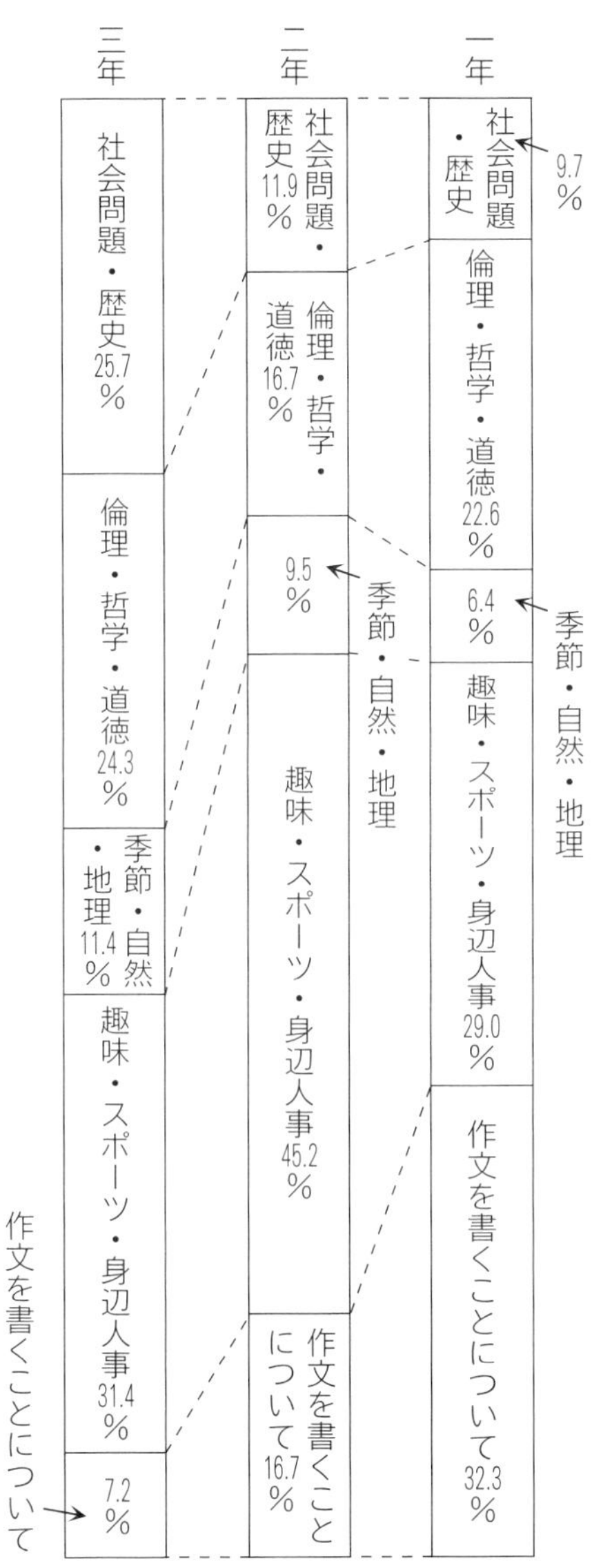

その他の項目の内訳をみると、どの学年においても趣味・スポーツ・身辺人事に関するものが多いが、社会問題や歴史を題材にしたものが、学年を追うにしたがって増えている。三年生では、これと倫理・哲学・道徳を題材にしたものを合わせると約半数に達する。**抽象的な思考能力**の発達と内省力の高まりがうかがえるデータである。ヴィゴツキーの指摘にあるような概念的思考への移行の様子がみてとれる。

また、作文を書くことそのものを題材にした作文が一年生に多いが、その多くが、題が決められていないことへの不満を含め、書くことができないという窮状を訴えたものである。これをみると、これまでいい古されたことではあるが、書けない理由は、

①　書くことがない。

②　どう書いたらよいか分からない。

に二分される。やはり中学校においても、作文指導のあり方を考えるうえでの原点になろうか。

中学生になると、先にも述べたように、抽象的な思考力が飛躍的に高まる。社会的な視野も大きく広がる、また、論理や倫理的事柄等に対する知的関心も高まる。その様子は、この調査からもうかがえる。

それだけに、このような中学生という時期にぜひとも指導しておきたいのが、説明文や意見・論説文である。小学生の作文では、身近な生活の具体的な出来事に題材をとった生活作文の比重が大きいが、中学生では、抽象的な思考を要する題材や、データを調べる必要がある題材について説明させたり、考えを書かせたりすることで、思考力を鍛えたい。このような作文は、自由に書かせるのではなく、適切な**課題条件**を設定し、目的や相手、立場を明確にし、それに沿った指導と評価を行うことで、記述力を伸ばすことができる。

また、人格形成の進むこの時期には、自己を見つめる内省的な作文も書かせておきたい。

（五）中学生の読むこと

中学生の読書離れは、近年、著しく進んでいる。それは、文学作品の楽しみ読みにおいても、説明的文章の調べ読みにおいても、同様である。伝記や哲学的文章を読んで生き方を考える機会も、少なくなっている。これまでに読んだ本の中で心に残った本をあげさせると、小学校の教科書に掲載されていた作品をあげる生徒が少なか

らず存在する。これは、裏を返すと教科書以外の本は読んでいないという生徒たちがいるという実態につながる。

これまではスタンダードの教養として読まれてきたいわゆる名作文学を読まなくなったというのも、顕著な傾向としてあげられる。芥川龍之介や夏目漱石、森鴎外は、生徒たちの読書生活からかなり遠い存在になっている。これらにかわってよく読まれる作品は、「ハリーポッターシリーズ」や「バッテリー」等のベストセラー作品で、彼らの読んでいる作品の多くは映画化やテレビ化されたものである。ここにも**映像化時代**の反映をみることができる。いわゆるケータイ小説などのライトノベルズも、中学生の読書生活に入りつつある。

不読者の増加、名作離れ、読まれる本の偏りと集中化、ライトノベルズへの傾斜を、中学生たちの読書傾向としてみてとることができる。

これに対して、映像に接する機会や電子メディアを使う機会は大きく増えている。

筆者が平成二十年十一月に中学二年生一四四名を対象に行った調査によれば、家でまったく読書をしない生徒が、二四・三パーセント、三〇分以内にとどまっている生徒が三八・二パーセントで、全体の六割を超えるという数字が出ている（三〇分から一時間の者は、二七・一パーセント、一時間から二時間の者は六・二パーセント、二時間を超える者は四・二パーセントである）。調査対象としたのは、授業前の十分間読書や国語科の読書指導により図書室の貸出冊数の増加などの効果が上がっている学年であり、中学生の読書離れは、一般的にみてこれ以上に進んでいるように思われる。

読書時間の短さに比べると、テレビの視聴時間は予想に違わず長い。一時間から二時間の生徒が三四・〇パーセント、二時間以上の者が一八・一パーセントで、五割を超える数字である。

また、コンピュータや携帯電話等でインターネットやメールに接する時間は、一時間から二時間の者が二七・

一パーセント、二時間以上が一六・〇パーセントとなっており、両者を合わせると四割を超えている。部活動や塾等でも忙しい中学生たちの生活を考えると、かなり高い数字であると言わねばならない。電子メディアが深く子どもたちの生活に浸透していることがうかがえる。調べ学習の課題を出すと、多くの生徒が文献資料にあたることなしに、ネット資料を提出するという状況も、このような生活を背景に持っている。そこでは、簡単に手に入れた情報を真偽の吟味もないまま無批判に用いるケースも少なくない。ネット検索の方法よりもむしろ、安易にネットを使わず文献資料等にあたることの大切さとその方法を指導する必要がある。また、あふれる情報を取捨選択、吟味し、いかに主体的に活用するかを教える**メディア・リテラシー**の授業も、読むことの指導に組み入れる必要がある。

読むことにかかわる環境は、急激に変化している。このことをふまえて、中学校における読むことの指導は進められる必要がある。

【課題1】中学時代の印象に残る授業をふり返り、指導に生かせそうなことを書き出してみよう。

二　発達段階からみた高校生

（一）内面的な個人差の拡大と社会への鋭い視線

高校生は、思春期からやがて青年期へと成長の階段を上る時期である。この時期の大きな特色として、内面的な個人差の拡大がある。この点について落合良行は、次のように述べる。(注6)

高校生になると、外見的にみられる早熟、晩熟による差はほとんどなくなる。たとえば、小学四〜五年生くらいから早熟な子は急に身長が伸び始める。一方晩熟の子は小さいままである。中学一年生では、クラスのなかに身長の高い大人のような生徒、背の低い子どものような生徒が混在している。中学三年になると、その差はかなりなくなる。―中略―しかしその一方で、内面生活での個人差は大きくなってくる。対人関係の面でも、また自分自身についての内省という面でも、個人差が大きくみられるようになる。

高校生に対する指導では、このような個人差への配慮がきわめて重要になる。

いま一つ、高校生という時期の特色に、社会に対する鋭い見方ができるようになり、批判的な目が育つことがあげられる。これについて伊藤美奈子は、次のように述べる。(注7)

中学を卒業する頃、親との確執がピークを越え、高校時代を送るうちにようやく落ち着きをみせ始める。その一方で台頭してくるのが、社会に対する疑問である。高校にあがる頃には親という身近な大人だけでなく、大人社会全体に対する辛辣な批判を、言葉を通してやや冷静にできるようになってくる。大人たちの悪行を正面から暴き立てるだけの眼力と知力とが備わってきつつあるだけに、その攻撃の矢は鋭い。そしてこの大人社会への対抗は、それまで従順に身につけてきた子ども時代の価値観を見直し、自分なりの価値体系をつくるきっかけとなる。

このような社会に対する意識の変化を視野に入れることも、高校生の指導においては、欠かせない事柄である。

(二)　高校生に対する国語科の学習指導

高校生に対する国語科の学習指導においても、このような内面生活の**個人差の拡大と社会に対する見方の変化**を十分考慮し、そのような時期に応じた学習指導を施す必要がある。

読書の量や傾向についても個人差が大きくなり、感銘を受ける作品とその程度も大きく異なってくる。また、社会への関心が高まりつつある時期だけに、ルポルタージュや社会に目を向けた論説文などに取り組ませることで、認識を深め、思考力を鍛えることができる格好の時期でもある。同時に生涯の座右の書ともなるべき書物と出会わせることも重要なことである。名作離れが進む中でも、夏目漱石の『心』などは、授業に触発されて全編を読む生徒も少なくない。矛盾に満ちた社会の中で一人の人間としてどう生きるかを模索する時期だけに、一冊の本との出会いが高校生の心の財産となることも多い。それだけに、一人ひとりの学習者を作品や自己と対峙させるために、教材の選定と課題設定を工夫するとともに、じっくりと考える場や書く活動を設定することはきわめて重要である。また、それらを交流し合うことで高校生らしい深まりのある学び合いを組織することも可能になる。課題によっては、普段の授業ではほとんど発言しない生徒が堰を切ったように自らの考えを滔々と述べるということもある。

書くことの学習指導においても、**社会性**のある題材に向かわせるとともに、個人差に配慮し、個に寄り添ったきめ細かな指導を施すことが求められよう。個人差は、話すこと・聞くことの学習の組織においても考慮すべき大きな要素となるが、先に述べた中学生の場合と同様に、これからの国際化社会を生き抜く力を育てるためには、自分の意見を明確に述べる力を育成することは喫緊の課題である。書くこと同様に、高校生たちの発言意欲を喚起できるような社会性のある題材を選び、ディベートやパネルディスカッションなどの活動形態を工夫することで、高校生らしい広がりと深まりのある学習を組織することが可能になる。国際化の急激に進展する二十一世紀をたくましく生き抜く主権者を育てるための音声言語授業を、構築したい。

【課題2】 高校時代をふり返り、学びにかかわる特徴を考えてみよう。

（注1）ヴィゴツキー、柴田義松・森岡修一・中村和夫訳『思春期の心理学』新読書社、七二頁、二〇〇四
（注2）ヴィゴツキー、柴田義松訳『思考と言語　新訳版』新読書社、二〇〇一
（注3）中村和夫「解説　ヴィゴツキーの文化—歴史的理論における思春期の位置」、前掲『思春期の心理学』三三〇頁
（注4）齋藤誠一「からだとの対話」、落合良行編『中学一年生の心理　自分との出会い』大日本図書、一三—三二頁、一九九八
（注5）「自由選題作文の題材調査とその考察」、『奈良教育大学教育学部附属中学校研究集録　第一三集』、一—一二頁、一九八三。ここには、中学生の書くことの一つの傾向が出ており、昨今の中学生たちの書くことにかかわる傾向にもあてはまるところが多い。少し古いデータではあるが、中学生の書くことにかかわる一つの実態としてみておきたい。
（注6）落合良行「高校生活の意味　高校時代とはどんな時期か」、高木秀明編『高校生の心理2　深まる自己』大日本図書、一五九—一六〇頁、一九九九
（注7）伊藤美奈子「社会に対する意識」、佐藤有耕編『高校生の心理1　広がる世界』大日本図書、一五二頁、一九九九

コラム　前に出る指導・受け止める指導

授業の中で、教師が立ち止まる瞬間がある。それは、生徒の実態をとらえた教師が、即座に評価し、次の展開を選択し指導に生かしていく場面でもある。そのときの教師の選択は、前に出るのか受け止めるのか大きくはこの二方向に分かれる。

前に出る指導は、教師が積極的に生徒の思考や作業に指導を加えていくものである。課題把握、追究場面、課題解決の終末場面、それぞれの場面で教師が指導すべきことがある。もちろん生徒一人ひとりの反応に対して支援していくわけだから、それもまた「前に出る指導」ともいえる。毎時間の目標に照らして、生徒に理解を促すために指導すべきことがある。それが、本時の到達目標に応じた評価規準をおいた指導場面でもある。

受け止める指導は、教師が、生徒の思考を自由に広げたり、深めたりするときに行うことが多い。到達目標に照らして、各自の解釈が許容され、首尾一貫して理由が立つ、読みの成立を促す指導は、受け止める指導になるだろう。また個々のやり口があり、生徒の追究を見守る支援が必要なときも、「受け止める指導」といえるだろう。

益地憲一は、実践的見地に立った理想的な授業構造として、「教師の確かな視座と方向づけ、そしてしなやかな対応に支えられ、学習者個々が自由な視点からそれぞれの方向に学びの経験を広げ分化していく場と、互いにそれまでの学びやこれからの課題と方向性を確かめ合うといった統合する場とを交互に組み込んだ授業」であると述べている。それを「竹のような構造をもった授業」であり、「節目のある授業」とも述べている。（益地憲一『国語科指導と評価の探究』溪水社、二〇〇二）このことから考えていくと、「前に出る指導」は「統合」していくことであり、「受け止める指導」は「分化」していくことと考えることができる。

教師は毎時間の中で、学習内容と生徒の実態の把握を行き来しながら、発想を広げさせたり、思考を促したりしながら「受け止める指導」を行っている。それは、学習者個々が、主体的に学習を進めていく「分化」の契機である。そしてまた、教師が積極的に生徒の思考や作業を支援し、思考の整理を行い、追究の方向性を明示し、正しく読み取ることを促す「前に出る指導」を行っている。それは、教師が主となって積極的に授業を展開する「統合」の契機である。これは、「読み」の授業ばかりでなく、「書く」ことでも「話す・聞く」でもどの領域でも行っていくべきことであろう。

第六章　国語の授業づくり

一　授業力とは

国語科教育法を受講し、中学校・高等学校の教師を目指す学生にその理由を尋ねると、多くはよき教師との出会いをあげる。また、印象に残っている国語の授業については朗読、暗唱、討論（話合い、ディベート等）など、学習者が主体的に行う言語活動をあげる。よき教師とは、生徒の身になって考え、信頼できる魅力ある教師であろう。人間的にも教科指導上でも尊敬される教師であり、授業が楽しく、学習者自身、力のついたことが実感できる授業を展開したのに違いない。指導案を書いたり、模擬授業を行ったりすると、授業のむずかしさや苦労が初めて分かり、指導を受けた教師への文句に恥じ入る学生もいる。さて、この**授業をする力**（**授業力**）とは何なのだろうか。

国語教育学者の野地潤家は(注1)「国語科授業力をどう身につけるか」の論文の中で、附属小学校に長く勤めた実践者青木幹勇の国語科授業への抱負を紹介しているが、その第六は昔も今も変わらぬ教師の切実な願いが表れている。

なんとかして、子どもたちも喜び、真剣になり、自分も楽しくてたまらないというような、そんな授業を、毎日、毎時間やってみたい。─中略─子どもたちと雲に乗って飛んで行っているような、とほうもなく愉快な授業、そんな授業が、いつになったらできるのだろう。（「雪の夜の話」一六四頁）

小学生と中学生は発達段階で大いに異なるけれど、学習者がわくわくし、指導者である教師も楽しくてたまらない授業。それは静かであっても、心が通い合い、心地よい緊張感のある国語教室を彷彿《ほうふつ》させてくれる。

筆者が教壇に立ち始めた二年目のことである。「今日はうまくいって、楽しくできました」と職員室に戻って話すと、年輩の国語教師が「私なんか一年に数回あるかないかよ」と言われた。今から思えば、授業の達成目標が全然違っていたのである。これはという心に残る貴重な授業は、日常のたゆまない努力の中でこそ生まれるもので、突発的に生まれるものではない。この「たゆまない努力」をするかしないかで、国語教室の活力が違ってくる。では、どうすれば活力ある充実した授業、国語教室がつくれるだろうか。先の野地潤家は同じ論文で、

授業者には、自己が担当する国語科授業の「構造」がしっかり把握されていなければならない。与えられた、あるいは自ら選んだ、国語科教科書の既成の単元（教材群）を受動的に授業化していくだけでは、自主的で清新な充実した授業を生み出すことはできない。担当している学級・学習者に最も望ましい国語科授業を、どのように計画し、実践し、その成果を、どのように評価していくか。めざす目標と共に、目標達成のための授業仮説をどのように立て、独自の国語科授業たらしめるか。国語授業者としては、このことが問われてくる。

と述べている。そして、国語科授業力の根幹を「**授業構想力**」とし、授業構造〔授業目標⇅授業内容⇅授業方法⇅授業評価〕に即して、授業を組み立てる力としている。野地潤家に指導を受けた益地憲一は、本書「**第二章一**」で「授業を行う能力は零から授業を創り上げていくという意味で「**授業構築力**」といい換えられるが、そ

れは、授業構想力、授業実践力、授業反省力に分けることができる。」とした。それでは、授業を構想するとき教師がまず頭に浮かべるのは何だろうか。一つは教える子どもたちの姿であり、もう一つは教材（学習材）である。たとえ、教科書を中心に展開している場合であっても、国語教室でいきいきと学んでいる各クラスの子どもたちの姿を思い浮かべ、どのように組み立てていくかを考えるのが通例である。

二　教室をいきいきとさせるために

（一）子どもを知るということ

中学校の三年間で子どもは、子どもから大人へと体格が著しく変貌する。入学当初、ずいぶん背の低かった男子生徒も教師を追い越すぐらいになる。しかも、エネルギーに満ちあふれている。女子生徒は精神面で、男子より発達していることが顕著で、国語のような教科の平均点は、はるかに高いのが一般的である。女子生徒は目立つ行動はしなくなるので、反対に、表面に出ない心の変化を見抜く力が教師に必要となる。

子どもを知るということ、子ども自身よりも深く知るということ、親をも越えて子どもを知るということ、これが教師として第一のことでしょう。子どもを愛すること、子どもを信頼することを第一に挙げる方もありますが、それも「知る」ということとともにあることと思います。

これは、単元学習の第一人者大村はまの言葉である。(注2)この「子どもを知る」チャンスをとらえて、大村は授業に生かしていった。では私たちにはどんなチャンスがあるだろうか。廊下で空を一緒に見ながら、校庭のベンチに座って、また、ホームルームが始まる前のわずかな休息の時間に自然と子どもは口を開くようになる。とりとめもない話から始まり、他の時間に叱られたことや夢中になって読んでいる本、○○さんの気がかりなこと等をあれこれと話し始める。そんなときが今の授業への興味や関心を尋ねるチャンスである。時には、朝の電車に乗り合わせて、次の単元に使用したいと考えている教材について、それとなく反応を確かめることもできる。また、アンケート（事前調査）によって、一人ひとりの単元に向かう興味・関心・意欲や希望を図ることも有効である。記述式の項には、授業に反映できる内容が書かれていることも多く、実際の単元づくりでは口答で聞いた内容と併用すると、より質的に高い構想を生みだすことができる。後述の単元「生きることの意味」で示したい。

次に、大切なのは国語教室づくりである。子どもに力をつけ、伸ばすことを本気で考え取り組むためには、授業における約束（学習規律）をしつけるとともに教師自身も戒めねばならないことがある。それが継続して行えるようになると、工夫した授業が展開でき、学習者の国語の力を高め、約束が浸透していく。

（二）国語教室づくりに必要なこと

教師が面白い冗談を言い、教室を沸かせると、はじめのうちは面白がって飛びついてくる。しかし、そのうちに尊敬できる力量があるか、本気で育てようとしているのかを、生徒たちは見抜いていくものである。確かな力、例えば、自分にも分からなかった書く力や読む楽しさを実感できたとき、ほんとうの国語教室が生まれる。

子どもは雰囲気が固い教室もたるんだ気分も嫌いである。前者では質問もできず、黙って我慢している。後者では、すきをねらって私語をし始めるようになる。心地よい緊張感のある教室こそ学習者一人ひとりが大切にされ、真剣に課題に取り組んでいけるのである。そうなるには、授業開きであるいは機会をとらえて、的確に学びの質を高める教師の願いを示すのがよい。次に示す①〜⑥は、筆者自身が心がけたことである。

グループ代表による討論

①友だちをばかにすることがない教室をつくる

国語は一つの答えに収束する教科ではない。一人ひとりの考えの違い、微妙な表現の違いに面白さが潜んでいる。ばかにする言葉をつぶやいているのを耳にしたとき、即座にたしなめる。みんなの力によって、学びの質が高まるのを学習者に実感させるような教室の雰囲気づくりを、常に心がけたい。

②話し手はいつも一人

これは、教師が話しているときだけでなく、学級全体の話合いやグループの話合いにも適用する。グループの話合いがうまく機能しないので、グループ学習を取り入れるのをためらう教師もいるが、この約束を指導できていないことが多い。

③一度で伝え、一度で聞き取る

聞く力を育てることは、非常に重要である。聞き取る、聞き分けるだけでなく沈黙も聞く力に含めたい。一度聞き取る力が育てば、聞き損なって聞き直すことも、要点を聞き落とすこともなくなる。ただし、そのためには、指導者も学習者も教室全体に届く声量で話す必要がある。生徒はいつも前を向いて発表するのでなく、友だちに聞いてもらうという意識を育て、「向き」を教える。よく教師が発言内容を繰り返したり、まとめたりして次につないでいる場面を見ることがあるが、それをしては学習者の話す力も聞く力も育たない。「○○さんの発言はよく分からなかったけれど、また言ってくれる」と無意識に判断して聞くようになるだろう。また、「声が小さい、聞こえない」という言葉を言わないで学習者を育てたい。

一つの試みを紹介しよう。子どもは夢が好きである。夢ノートに実現したい夢（希望）を五つか六つ一行ずつ書かせ、一つだけ発表させる。聞き手は友だちの夢を正確に書きとめる。「一度で伝え、一度で聞き取る」の練習である。いつもするのでなく、期間を置き、夢ノートの時間を設けて、話し方・聞き方を鍛える。実現していれば実現マークをつける。この夢ノートに夢を書いたおかげで医者になった生徒や外国に行って新聞に載り、テレビに出た生徒までいる。思いつきで始めたことだが、夢の実現というわくわく感が加わり効果が上がった。

④ 教師は「ほかに」「分かりましたか」を言わない

勇気を出して発言したのに、教師が何げなく「ほかに」と言うことで、発言内容の重みが消え、発言者の人間性まで軽んじてしまう。そのために子どもは心に小さな傷を持つ。発言者を尊敬しつつ、発言を促し誘う言葉を使いたいものである。教師は専門性の高い職業である。学習者のつぶやきをとらえる耳を鍛え、表情や目の訴えに敏感になり、「分かりましたか」を言わないで理解の度合いを判断したいものである。

⑤ 友だち感覚のくだけすぎた言葉を使わないようにする

子どもと友だち感覚で付き合うのがことのほかよいように思われ、節度のない教育現場の一因を招いたのではないだろうか。国語教育に携わる以上、学習者の言語生活の責任を持つ立場であることを胆に銘じ、自分の言葉遣いに注意を払いたいものである。また、話す声にも心を配りたい。子どもにとっては、低い方が子どもの耳によく入り、疲れにくいものである。静かで強い声。明瞭で、文末まできちんと言い、適当な速さを心がける必要がある。一つの習練の方法として、話す言葉を自分の耳で聞き取ると、無駄な言葉が少なく、さらに、句読点をつけて話すと適切な間がとれるようである。

⑥ 機会をとらえて雰囲気を引き締める（注3）

プリントの配り方一つとっても、黙って後ろまで早く渡せるかどうかということで、そのあとの授業の雰囲気は違ってくる。集めるときも同じである。「黙って」ができなければ、初めからもう一度やり直しである。ここで妥協はしない。それが教室をしつけるということである。「いっさいの騒々しいこと、子どもっぽいこと、そういうことをしないように、と初めから気をつけました」と大村はまは述べている。特に、一人ひとり違った課題やグループで取り組むことをする単元学習の場合、教室をがさつかせないことが重要である。納得させるいろいろな方法や場をつくり、引き締まった教室に育て上げたい。

しかし、ときにはホッとする場（時）をつくることが大切で、それが引き締めることにつながる場合もある。夏の暑い日や体育のあと、汗を沈めるためのちょっとした雑談が子どもを落ち着かせる。書く活動は時に疲れるが、早くできた学習者に、ごほうびの読書をさせることは効果があった。次に、学習者について考えてみよう。

三　授業の主体は学習者

すでに何度も学習者という言葉を使っているが、これは指導者（教師）に対応する言葉である。教師中心の一斉授業から、授業の主体は学習者であるという考えに移り、グループ（小集団）学習が取り入れられ、一人ひとりをいかに伸ばすかという意識が高まった。また、相互交流によって人間性をどう培うかも視野に入ってきている。学習者がどのように意欲的にかつ主体的に学習活動に取り組み、力をつけ伸びているかを議論の柱とするようになると、授業研究というよりむしろ**学習者研究**というほうがふさわしくなる。それは、指導者が学習者をいかに伸ばすかという、今まで以上に創造的な授業を構想し、構築せねばならないからである。

筆者はそれに合うのは単元学習であると考え、**総合単元学習**を立ち上げ実践してきた一人であるが、それは将来にわたって価値ある目標を設定し、言語能力を総合的に駆使した言語活動を組織化するものをいう。ここでは、想像力、思考力、判断力、表現力、創作力、企画力等が育っていくうえに学び方も身に付いていく。この学習では、学習者の一人ひとりを柔軟にとらえ、決めつけないことが重要である。なぜなら、そのときの精神状態や背景、単元（もしくは学習材）に対する興味・関心、理解度のみならず友人関係まで学習に反映してくるからである。私たちは未来に生きる子どもたちを育てているという喜びを持ち続けたいものである。

この学習者研究は次のように三段階に分けられる。(注4)

Ⅰ　授業の構想段階における学習者研究

今から始めようとする単元（学習材）は一人ひとりの学習者にとって、学習する価値があるのかどうか検討する。学習者一人ひとりが主体的に取り組み、価値ある学習を構想しようとすると、一斉授業の形態から脱皮しなければならない。単元目標は同じでも、個々の学習目標は異なるし、学習材も複数もしくは人数分用意し、学習過程は当然複数になってくる。

Ⅱ　授業の展開段階における学習者研究

学習過程で、学習者のつまずきや意欲、学力の習得等について把握し、適切な助言を与え、手引きを行う。例えば、作文で立ち止まってしまった学習者に、考えを引き出す質問をし、続く言葉の提示をする等である。

Ⅲ　授業の評価段階における学習者研究と評価の処理

学習者一人ひとりの到達状況を把握する方法には、テスト法や文章化法、アンケート調査法、面接法等があるが、毎時間、「学習記録」を書かせることによって、長期的な範囲でとらえる方法もある。配布したプリントや二百字作文や単元終了後のふり返り等はポートフォリオ評価として、学習者自身が自己評価をすることができる。また、指導者である教師自身の授業の反省とともに指導上の課題を発見したり、次の単元づくりのヒントを得たりして、大いに授業実践に生かすことができる。学習者同士の相互評価、保護者からの評価も有効である。

特に、毎時間、ふり返りの習慣をつけることは、学習指導と評価の一体化が図れる。例えば、三行作文にすると点検がしやすいので、評価の処理が早くできる。書かせる内容は授業の感想、発見や驚き、意欲、発表した友だちに贈る一言等である。それらは次時の学習材や学習の手引にもなる。友だちから学ぶことは刺激であり、学級全体の学習効果が高まるだけでなく、学習者と指導者それぞれの人間交流を図ることができる。

では、実際に学習指導計画を考えてみよう。

四　学習指導計画を考える―単元構成をどのようにするか、総合単元学習の方法で―

教科書に掲載されている予定学習材である場合を含めて、学習指導計画を立てる際に必要なことをあげよう。

①　教材研究（学習材研究）に力を注ぐ

担当している学級の生徒の顔を思い浮かべながら、何度も繰り返して読み込む。そうすると、学習者の立場に視点が移り、発見があり疑問も出てくる。最初読んだときに気付かなかった見方が生まれてくる。授業は創造である。毎時は、教師にとっても学習者にとっても楽しい学びのひとときである。そのための教材研究である。教材の価値を見つけると、どのように指導するか、どんな力をつけるか、展開はどうするか等を考える。

②単元展開の目やすになる事前調査をとってみる

アンケートという子どもは軽く考えるようで、事前調査とするほうがよい。単元に対する関心・意欲や知識・理解の程度、希望等を調べることは、自分たちの希望が入った、先生と一緒につくる単元という意識が生まれる。何に力を入れ指導すべきかも見えてくる。

③単元の目標を設定する

単元目標は一般的に指導目標となるが、授業の主体は学習者であることを考えると、到達目標として行動目標的に表現し、学習者に提示するのがよいと思われる。学習指導要領に考慮して作るのがよい。

④育てたい言語能力を考え、言語活動を組織化し、指導の手だてを考える

学習指導要領に提示されている思考力・判断力・表現力も視野に入れ、指導の手だて（指導観）を考える。

⑤学習形態を考える

一斉学習が有効か、個別学習か。一斉学習の中で、どの場面で個別学習を入れ、小集団学習を取り入れるかを考える。また、ペア学習で迫るのが効果的か、単元目標に沿って考える。

⑥単元の展開（流れ）を考える

単元の導入と終末を考え、時間数と展開の仕方を一時間ごとに見定める。言わば計画カリキュラムを作ることになる。終末に、発表（報告）、新聞づくり、意見文、テスト等によってかける時間が変わってくる。

⑦ 評　価

単元目標達成のために、どのような評価方法をとるか決める。⑥と関連づけ、評価基準、つまりどこまで達成できればよいかを具体的に持つようにする。もちろん、評価は単元末だけでなく、毎時の目標に合わせて、適切に言葉で示すことが重要である。

では、次に実践例で、今、述べたことを示そう。中学一年生を対象にした単元(注5)「生きることの意味」は、二学期に読書を取り入れてほしいという生徒の希望を実現したものである。

単元名「生きることの意味」

(1) 使用した学習材

・「大人になれなかった弟たちに…」(米倉斉加年)、「父の列車」(吉村康)(以上教科書所収)
・『テレジンの小さな画家たち』(野村路子、偕成社)
・VTR「テレジンの小さな画家たち」(サンテレビ)
・新聞記事(「希望」大石芳野、朝日新聞)

(2) 単元設定の理由(教材観)

この単元では読書への意欲を育てるとともに、戦争に対する問題意識を持った意見、生きることへの希望、感動等を文章に表現して

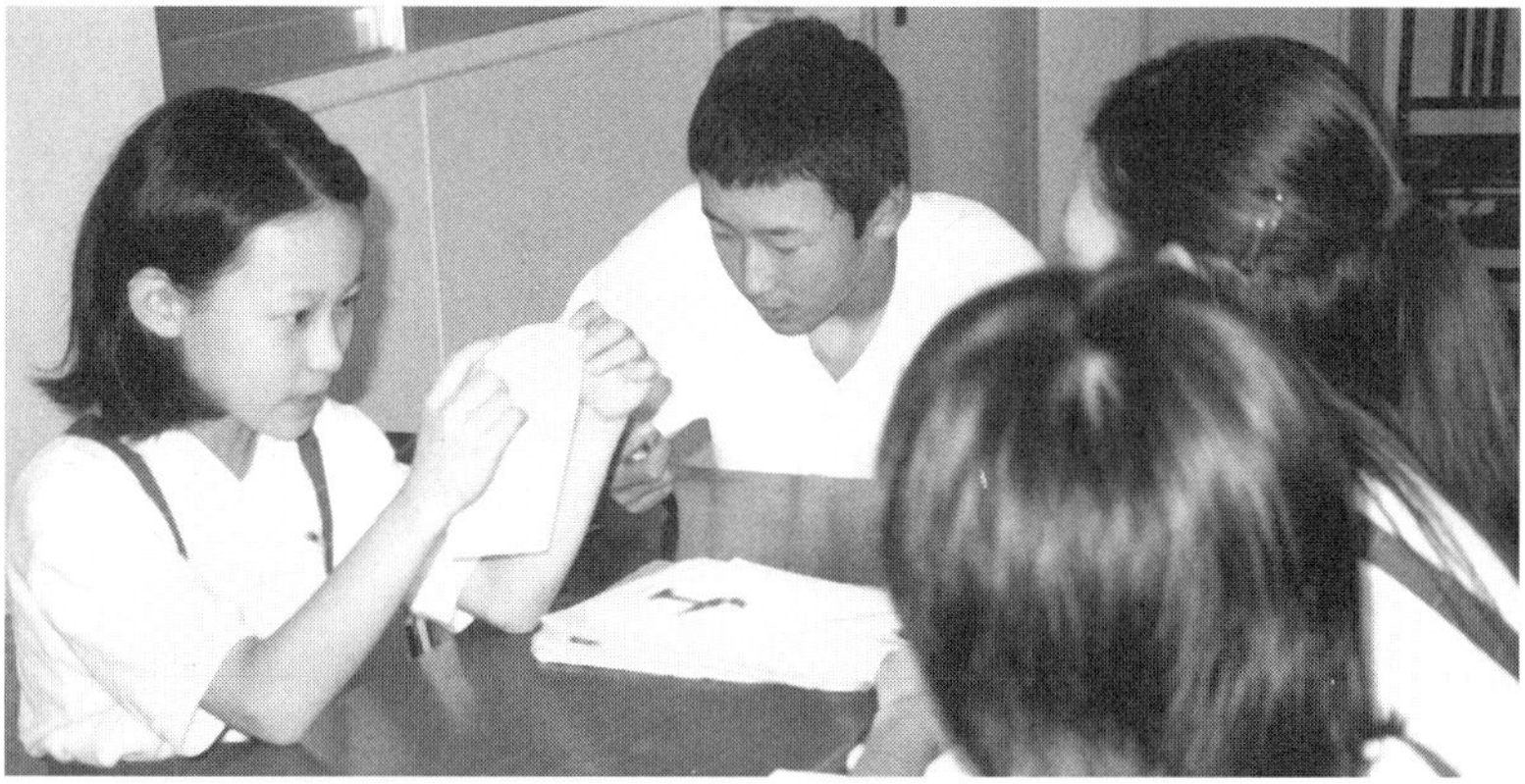

グループ学習での交流

往復感想で発表するという伝え合う力を育てることをねらいとする。

「大人になれなかった弟たちに…」は、太平洋戦争中、栄養失調で死んだ弟ヒロユキを通して、平和への願いが「僕はひもじかったことと、弟の死は一生忘れません。」に凝縮されている。弟に与えるべきミルクをひもじさのためにこっそり飲んだことで、弟の死に自分も加担したのではというその自責の念に胸打たれ、戦争のもたらした悲劇を考えさせる学習材である。

『テレジンの小さな画家たち』はノンフィクションの本で、読書用に使用する。第二次世界大戦中、チェコスロバキアのテレジン収容所にいた一万五千人のユダヤ人の子どもたちが描いた四千枚の絵の話である。空腹と厳しい労働に疲れ果てた子どもたちに、生きる希望を持たせ、楽しい思い出を絵に描かせたフリードル・ディッカー先生の思いや、生存できた百人のうち消息の分かった五人を捜し当て、インタビューした野村路子さんの思いが読み手の心をとらえる。だから、日本の子どもたちに絵のこと、テレジンのこと、生き残った人の思いを知ってほしいという著者の願いが、ＶＴＲの視聴を通して強く伝わってくる。

いずれの作品にも、一番弱い子どもたちの、戦争による犠牲者の姿が描かれている。読み手である一年生は、自分の弟や妹と重ね合わせ、語り手（書き手）に共感を覚え、生きるとはどういうことか考えるに違いない。

(3)　単元の目標

①　『テレジンの小さな画家たち』に関心を持ち、すすんで読書をしようとする。
②　伝えたい相手を意識して、作品や本の印象に残った言葉や表現を入れた感想・意見を書くことができる。
③　表現された情景描写や作者の思いを読み取り、作者の心に寄りそった朗読ができる。
④　書き上げた感想・意見を読み返し、表記や表現について推敲することができる。

(4)　この単元で育てたい主たる言語能力

ア　読むこと

・先を予想しながら、どんどん読み進める。

・文章の展開を把握して、著者の伝えたい事柄をとらえ自分の考えを持つ。

イ　書くこと

・相手を意識して、印象に残った箇所を指摘した文章を書く。

・伝えたい事柄、自分の考えを明確にしてまとめる。

(5)　事前調査（生徒の実態）（平成十一年九月十四日実施　対象一年生四十名）（一部設問回答省略　※数字は人数）

①　読書は好きですか。　a．好き25　b．嫌い3　c．どちらでもない12

②　アンネ・フランクを知っていますか。　a．知っている31　b．知らない9

③　前の単元では詩や絵本の創作をしましたが、あなたは「書くこと」に対して次のどれですか。

a．前よりも好きになった19　b．前よりもすらすら書ける12　c．やはり苦手である9

④　夢や希望がありますか。　a．ある31　b．ない9

⑤　あなたは「生きること」について考えたことがありますか。　a．ある16　b．ない24

(6)　単元の展開と評価、評価の処理

次頁のように三次に分けて単元を展開した。『テレジンの小さな画家たち』の往復感想後、杉原千畝やシンドラーのリストに関するＶＴＲを生徒が持ってきたので、実際には時間数は13時間を超えた。授業の主体は学習者

単元の展開と評価

時	流れ図（学習主題・評価）	目　　標	評価の観点 国1	国2	国3	国4	国5
〔1次〕1時	始 〔学習内容とその意義〕単元の学習を始めるにあたって	1．この単元で学習する内容に意義を感じ、興味・関心を持つことができる。	○				
		2．「私たちと先生の年表」を書き込み、本や作品の作者の生きた時代を説明することができる。	○	○	○	○	○
〔2次〕1時	〔作品を読む〕子どもたちの戦場	1．「大人になれなかった弟たち…」をつまらずに読み、小集団による朗読会を行うことができる。	○	○		○	
		2．『テレジンの小さな画家たち』の5分間読書後に、3行の読書日記が書ける。					
2時	「大人になれなかった弟たちに…」(1)	1．「大人になれなかった弟たちに…」の題名の意味を説明することができる。	○	○		○	○
		2．内容を表現する読み方ができる。				○	
		3．相手を決めて、焦点をしぼった感想（読書日記）が3行で書ける。			○	○	○
3時	「大人になれなかった弟たちに…」(2)	1．友だちの3行感想によって、とらえ方や感じ方が様々であることが説明できる。	○	○		○	
		2．当時の様子について、質問することができる。	○	○			
		3．「ひとり学び」1枚ぐらいの長さで、読み手を意識した焦点のしぼった感想が書ける。	○	○	○		
4時	往復感想	1．友だちから届いた感想を読んで、2つの条件（印象に残った文章や表現・自分のはっきりした考え）を入れた感想が書ける。	○		○	○	○
〔3次〕1時	〔『テレジンの小さな画家たち』VTR「テレジンの小さな画家たち」〕	1．VTRを見て、チェコやテレジンの様子と野村路子さんの思いを説明することができる。	○	○	○	○	
		2．印象深い言葉をノートに書き抜き、3行感想で説明することができる。		○	○	○	
2時〜5時	〔『テレジンの小さな画家たち』〕感想の伝え合い	1．印象に残った表現を入れて、ディッカー先生やラーヤに焦点をしぼった感想が述べられる。	○		○	○	○
		2．考えをはっきりと示すために、段落を意識した文章が書ける。			○		○
		3．友だちの感想に、2つの条件を入れた返事が書ける。				○	○
		4．ペアの往復感想が発表できる。	○	○			
		5．読み直して、文のねじれや表記の誤りを修正できる。					○
		6．新聞記事「希望」を読んで、希望の大きな力の意義が説明できる。		○		○	
6時	「父の列車」	1．役割を決めて、小集団内で音読することができる。	○			○	
7時	まとめ	2．言葉を意識した読みができる。					○
8時（計13時間）	終	1．戦争、家族、希望等をテーマに考えをまとめ、生きることの意義を話し合うことができる。	○	○			

〔評価の観点〕国1：国語への関心・意欲・態度
国2：話すこと・聞くこと　　国3：書くこと
国4：読むこと　　国5：言語についての知識・理解・技能

であることの一例となるだろう。毎時の目標も学習者に提示しているが、手引はいろいろな形で用意をした。

評価の処理は、この単元の場合、往復感想の作文を選んで書き方の手引きに活用し、書くことの成績に入れた。また、先に述べた「学習記録」としてふり返りの「あとがき」（ノート一頁分程度）を付けた綴り（冊子）と「あとがき」に記録された単元を通して考えた内容によって、評価点を付けた。

単元によっては、一枚のＢ４のシートに内容をまとめさせ、廊下に掲示することもあった。これは一枚の白紙にまとめるというレイアウトの力が育つうえに、指導者側にとっては一目瞭然で処理がしやすく、友だちから学ぶという刺激が大いに有効だった。からだ言葉の慣用句作文や聞き書きは全員分を一冊にまとめることもした。

いずれも、記録に残し、学習のふり返りとともに意欲づけに活用したが、計画的に行うことが重要である。

〔課題〕単元「生きることの意味」を参考にして、複数の学習材を使用した単元を構想してみよう。

（注1）野地潤家「国語科授業力をどう身につけるか―まず、国語科授業力をとらえつつ　国語科授業者としての抱負を確かに」教育科学国語教育、六四三号、一二七―一三一頁、二〇〇四

（注2）苅谷夏子『優劣のかなたに　大村はま60のことば』筑摩書房、四〇頁、二〇〇七

（注3）大村はま『教室をいきいきと1』筑摩書房、二八頁、一九八六

（注4）日本国語教育学会編『国語教育辞典』朝倉書店、四七頁、二〇〇一（趣旨を尊重し、書き直している）

（注5）遠藤瑛子『人を育てることばの力』渓水社、一一五―一二〇頁、二〇〇三

参考文献

安居總子『授業づくりの構造』大修館書店、一九九六
浜本純逸『国語科新単元学習論』渓水社、一九九七

コラム　板書の役割

板書は、児童生徒の学習の効率を高めるために、基本的には教師が学習の内容を示していくものである。そこには、まず単元名と本時の課題が記される。続いて、学習の展開に沿って、学習事項が書かれ、課題に対する学習のまとめが最後に記される。そして、授業が終了するときには、本時の学習の流れを一望することができる。これが板書の一般的な役割といえるだろう。

通常の一斉指導の場合、生徒が教師と正対して、その背後には常に黒板が正面にある。そこに記されることを理解していくことが、生徒にとって一時間の学びのあとを示し、自分自身の成長の印でもあってほしい。板書されることは生徒にとって新しい知識であったり、友の考えであったり、教師の解説であったり様々な場合があるだろうが、生徒にとって理解を促し、学習意欲を持続させる、学習材の中心であることが多いだろう。だからこそ、板書は意図を持ってその機能を考えながら、計画的に記していきたい。

黒板の上下左右にどのような意味をもたらすかや、チョークの色にどのような意味をもたらすかも、毎回、教師の思いつきで変えられていては、生徒にとっては迷惑だろう。

板書は、生徒の思考の跡であり、学習の交流の場であり、学習の契機になるものである。ノートに写していくことで学習の記録にもなっていくものであろうし、読みの学習であれば、板書は作品の分析であり、考察であり、批評や共感の跡でもある。個人の考えがノートにとどまることがあるのに対し、板書されたことは集団の思考として、個人の考えを牽引していくものである。

板書を教師のメモ代わりにするのではなく、学習の構造を示す記録にしたい。しかし、板書は、黒板とチョークだけで成立するものではなく、色チョークよりさらに強調させるためにフラッシュカードもあれば、教材文を拡大して示したり、画像を提示したりすることもある。

また黒板をスクリーンとして視聴覚機器を用いて学習を広め、深めていくための映像を示すこともあれば、黒板脇にそれらを設置することもある。コンピュータなどの情報機器の発展が、生徒の正面にあった黒板と板書の働きを変えていく可能性もあるだろうし、既にそうした現象は、どの教科でも起こっているともいえる。

大切なことは、生徒にとって学習効果を最も上げるための提示や記録などの方法は何かを考えて、機器を活用していくことだろう。それでも、教師が黒板に記していくチョークの文字は、どの国語教室でも生徒にとって最も大切な教室環境であることには変わらないだろう。

第七章　「話すこと・聞くこと」の指導

一　「話すこと・聞くこと」の学習指導の目標

二十一世紀は「知識基盤社会」の時代といわれている。(注1)知識基盤社会はまた変化の激しい社会でもあり、そうした時代を生きる子どもたちには、常に新しい知識・情報・技術を学び活用しつつ、自己実現を果たしたり他者と協働して目標を達成したりする力が必要になる。平成二十年三月の学習指導要領の改訂では、こうした力の中核として言語力の育成が掲げられた。音声言語の力はその基盤であり、とりわけ対話能力の育成への要請はこれまで以上に高まっているといえよう。

国語科ではすでに平成元年度の学習指導要領改訂で「音声言語指導の重視」を打ち出し、また平成十年度の改訂では「伝え合う力の育成」を掲げて、「生きる力」の基盤としてのコミュニケーション能力の育成を重点としてきた。平成二十年の改訂ではこうした考えを引き継ぎつつ、実生活で活用し得る実践的な力として育てていくことをより一層重視する立場から、「A　話すこと・聞くこと」の指導の目標を次頁の表のように示している。

「A　話すこと・聞くこと」の目標

	学年	各学年の目標
小学校	第１学年及び第２学年	(1)相手に応じ，身近なことなどについて，事柄の順序を考えながら話す能力，大事なことを落とさないように聞く能力，話題に沿って話し合う能力を身に付けさせるとともに，進んで話したり聞いたりしようとする態度を育てる。
小学校	第３学年及び第４学年	(1)相手や目的に応じ，調べたことなどについて，筋道を立てて話す能力，話の中心に気を付けて聞く能力，進行に沿って話し合う能力を身に付けさせるとともに，工夫をしながら話したり聞いたりしようとする態度を育てる。
小学校	第５学年及び第６学年	(1)目的や意図に応じ，考えたことや伝えたいことなどについて，的確に話す能力，相手の意図をつかみながら聞く能力，計画的に話し合う能力を身に付けさせるとともに，適切に話したり聞いたりしようとする態度を育てる。
中学校	第１学年	(1)目的や場面に応じ，日常生活にかかわることなどについて構成を工夫して話す能力，話し手の意図を考えながら聞く能力，話題や方向をとらえて話し合う能力を身に付けさせるとともに，話したり聞いたりして考えをまとめようとする態度を育てる。
中学校	第２学年	(1)目的や場面に応じ，社会生活にかかわることなどについて立場や考えの違いを踏まえて話す能力，考えを比べながら聞く能力，相手の立場を尊重して話し合う能力を身に付けさせるとともに，話したり聞いたりして考えを広げようとする態度を育てる。
中学校	第３学年	(1)目的や場面に応じ，社会生活にかかわることなどについて相手や場に応じて話す能力，表現の工夫を評価して聞く能力，課題の解決に向けて話し合う能力を身に付けさせるとともに，話したり聞いたりして考えを深めようとする態度を育てる。

※高等学校については領域ごとの目標は示されていない。
目標だけでなく，小・中・高それぞれの指導事項を比較して，発達に応じた重点や指導のあり方を検討してみよう。

これら指導の目標およびそれぞれの学年における指導事項を通覧すると、「A　話すこと・聞くこと」の指導においては、次の三点を特に重点として目指していくべきことが求められているといえよう。

① 実生活や他教科等の学習の基本となる話す能力・聞く能力の育成

ＯＥＣＤの「Key Competencies」(注2)の考え方にもみられることだが、子どもたちにとって大切なのは、単に知識や技能を学ぶだけでなく、それを実際の場で活用していけるように身に付けていくことである。表の各学年の目標の冒頭で、「相手・目的・意図・場面に応じ」とあるのも、より実践的な力として身に付くように指導していくことを示しているのである。平成二十年改訂では各教科等を通じた言語力の育成が重視されているが、「話すこと・聞くこと」の学習は、実際に話し、聞き、話し合う中でこそ成立する。子どもたちが本気で対話し合う「言語活動」の場をいかに工夫するかに、「話すこと・聞くこと」の学習の成否はかかっているといえよう。

② 課題の解決に向けて話し合う力・態度の育成

当面する様々な課題を解決したり一定の合意を形成しようとするときには、「論理的に話す能力、立場や考えの違いを踏まえ場に応じて話す能力・態度」「話し手の意図を考えつつ論理的・批判的に聞き、判断する能力」「話題や方向をとらえ、互いの立場を尊重しつつ課題解決を目指す能力・態度」などの各能力・態度とともに、「自分たちの話合いを俯瞰的に見つめ、課題の解決に向けて話合いを運ぶ能力や態度」が必要になる。

③ 望ましい人間関係を形成できる力・態度の育成

こうした話合いを成立させていくうえでも、また対話という行為の本質的な目的の面からも、対話し話し合うことを通して人間関係を適切につくっていけることを大切にしつつ学習づくりを工夫したい。その第一歩は、相手の話に真摯に耳を傾けることであり、話合いにおいて他の立場や考えを尊重し合うことである。

【課題1】 七八頁の表の各学年の目標や、小・中・高それぞれの「指導事項」を比べて、①各学年の目標で何が重点になっているか、②指導事項が児童生徒の発達に応じてどう配置されているか、話し合おう。

二　対話能力をどうとらえるか（対話能力の育成を目指すうえで）

「話すこと・聞くこと」の学習指導の目標を一言でいえば、「自己実現を果たしたり他者と協働して目標を達成したりしていくための言葉の力、その中核としての対話の力を育てること」となろう。まず「対話」という言葉だが、西尾実は、話し手と聞き手の交替性と聞き手の数から独話・対話・会話を区別した。（注3）本稿ではこれを視野に入れつつ、対話を形式や人数にかかわらず言語コミュニケーションの基本的なやりとりとしてとらえる。それは、形式上話し手と聞き手が固定されている場面（西尾の言う独話）においても、話し手と聞き手は相互に影響し合い、本質的に対話性・協働性をもっているからである。

（一）コミュニケーション・モデルの転換

中学校国語科全体の目標には「適切に表現し正確に理解する能力を育成し」とある。「正確に理解する」とは、国語で表現された内容や事柄を正確に理解することである。ここで注意すべきは、正確に理解し得るのは言葉で表現された内容・事柄であり、それ以外に表現されなかった（表現し得なかった）内容や事柄があることだ。つまり、正確に聞き取れても、話し手が伝えたいこと・伝えたい思いそのものを理解することは決して容易ではないということである。私たちの伝え合いの様子をふり返れば、次のそれぞれの経験が想起されよう。

○伝えた。だから伝わった。　○伝えた。しかし伝わらなかった。
○伝えなかった。だから伝わらなかった。　○伝えなかった。しかし伝わった。

言葉では伝えきれないことを、表情や声の調子や身振りなど、様々な周辺言語要素（パラ・ランゲージ）で伝え得ることもある。[注4] また、話し手の表現以上に聞き手がくみ取ってくれることもあるだろう。逆に、言いたいことがうまく言えなかった、言い尽くせなかったという経験も誰もが持っているはずだ。さらに、何度も読み返せる書き言葉と違って、話し言葉は何度も反芻して聞くことは難しい。だからこそ理解し合うために対話を重ねるのであり、少しでも伝わりやすく話したり、少しでも理解できるようにと聞き方を高めていく必要があるのだ。

「話すこと・聞くこと」の指導にあたっては、「上手に適切に話せば伝わるはず」という伝達型のモデルから、「伝わりにくいからこそ対話によって理解を深め合っていく」という協働型のモデルへと転換していくことが大切になる。

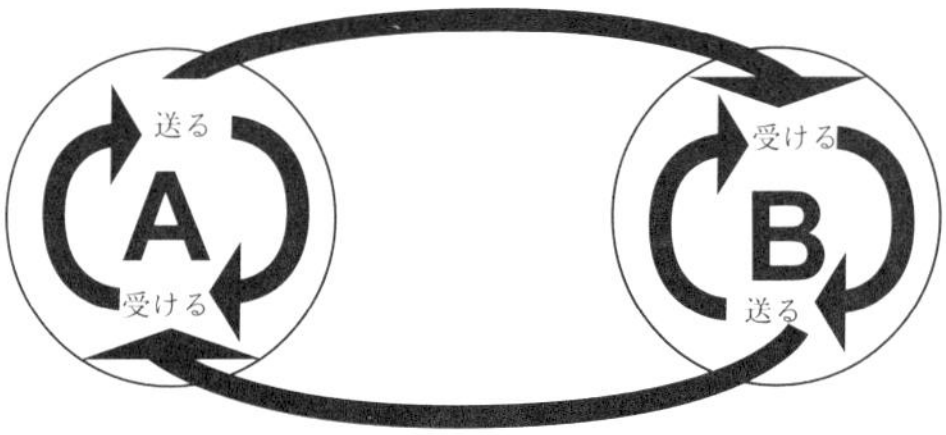

協働型モデル（Willam S. Howell, 1992）

伝達型のモデルでは、伝達を阻害する要因を改善すれば――例えば話し手の技能や態度を高めたり、メッセージの構造や配列を工夫したりすれば――伝達の精度は高まることになる。そこで指導にあたっては、伝えたい内容をいかに組み立て、どのような話し方で伝えるのが効果的かを工夫して周到に準備する形になる。しかし、伝わるはずの話が伝わらないのは、伝え方に問題があるから……と考えることにもなるため、話すことが非常に難しいものになってしまいやすい。

これに対して、W・S・ハウエル（William S. Howell, 1992）は、コミュニケーションは「自分と相手との間で協力して作り上げる〝ジョイント・ベンチャー〟である」[注5]として協働型のモデルを提唱した（上図）。対話は一方が発信者、他方が受信者という固定的な役割の交換ではない。対話中のA・B両者は、相手の言葉を受けて自分の言葉を返す間に、互いに頭の中でモノローグ（自己内の対話・独りごと）を行い、また話したり聞いたりしながら両者は様々な身体反応を発信・受信し合ってもいる。次の発話はこうした相互的なやりとりの影響下で紡ぎ出される。また一方が対話を降りればとたんに対話は終わる。つまり、**対話は常に共同作業であり、単に意味を交換し合うのではなく、絶え間なく調整し合いながら協働して意味を生成し合う過程**なのだ。

このように協働的意味生成の過程として対話をとらえるとき、その指導では、的確に伝え理解する努力を重ねつつ、一度で伝えきることより、互いに質問し合ったり、話合いを重ねたりして、理解を深め合うことの意義が浮かび上がってくる。周到に話す準備をして実際に話すことで終わる学習から、準備をして対話の場に臨み、お互いの考えを聞き合った後の相互質問や話合いを大切にする協働型の学習へと転換に向かうのである。

(二)　対話能力をどうとらえるか

対話には必ず目的がある。村松賢一（二〇〇〇）は対話の目的性に着目して対話能力を次のように規定した。(注6)

対話能力は、「参加者が、言語及び非言語メッセージの交換により相互に影響し合い、情報や思想、感情などを共有しつつ目的を遂行する能力」と規定できよう。そして、目的により、それは、さらに三つに下位区分される。一つは、相互理解を目的にした受容的対話能力、二つめは、事柄の深い理解をめざす対論的対話能力、三つめは話合いによって問題の解決案をみつける協働的対話能力である。

指導にあたっては、様々な目的の対話を経験させる中で、これらの対話能力を育てていくように配慮したい。

中学校学習指導要領（国語）では、望ましい人間関係をつくりつつ課題を解決したり合意を形成したりできる力の育成を重点としている。まず「話し合うこと」では、各学年に「話合いの話題や方向をとらえて（一年）」、

「目的に沿って話し合い（二年）」、「話合いが効果的に展開するように進行の仕方を工夫し（三年）」など、対話の運びに関する内容を取り上げている。私たちは、他者と何か話し合うとき、話の内容を理解し自分の考えを的確に伝えるだけではなく、対話の目的や話の流れなどに照らして、話合いの向かうべき方向を考えたり、自分の次の発話を生みだしたりしながら話し合っていく。自分たちの対話を俯瞰し（対話をメタ的に見つめる力）、目的に沿って対話を展開していくこと（対話を運ぶ力）をどう指導していくのかが、授業づくりの大切な課題である。

次に、「話すこと・聞くこと」では、「事実と意見との関係（一年）」「論理的な構成や展開（二年）」など論理的に話すことや、「相手の反応を踏まえ（一年）」「異なる立場や考えを想定して（二年）」「場の状況や相手の様子に応じて（三年）」などの相手や場に応じて話すこと、及び「共通点や相違点を整理（一年）」「自分の考えと比較（二年）」「自分のものの見方や考え方を深めたり（三年）」など、比較・類別などの思考を働かせながら聞くことの指導が強調されている。これらは対話の協働性・創造性を発揮するための重要な事項といえよう。

これら育てたい対話能力を具体的に取り上げつつ、この単元・この一時間の学習の中でどんな技能や知識を身に付けさせるのかを明らかにして授業づくりを進めていくことが大切である。

【課題2】協働型モデルで「話すこと・聞くこと」の指導を考えるとき、例えばスピーチ学習や話合いの学習の指導では、どんなことを重視したり注意したりしていくとよいか。またどのような学習展開で単元を構成するとスピーチや話合いが協働的になるか考えてみよう。

三　「話すこと・聞くこと」の指導の実際と課題

（一）言語活動を通して経験し、ふり返って学ぶ

話し言葉の学習では、具体的な言語活動を経験する中で学ぶということが何よりも大切である。単に知識として学ぶだけでは、対話能力は身に付かない。中学校学習指導要領（国語）には次の「言語活動例」が示されている。

第1学年	第2学年	第3学年
ア　日常生活の中の話題について報告や紹介をしたり、それらを聞いて質問や助言をしたりすること。 イ　日常生活の中の話題について対話や討論などを行うこと。	ア　調べて分かったことや考えたことなどに基づいて説明や発表をしたり、それらを聞いて意見を述べたりすること。 イ　社会生活の中の話題について、司会や提案者などを立てて討論を行うこと。	ア　時間や場の条件に合わせてスピーチをしたり、それを聞いて自分の表現の参考にしたりすること。 イ　社会生活の中の話題について、相手を説得するために意見を述べ合うこと。

アは、話し手がある程度まとまった話をし、それを聞いて質疑応答や意見交換をする言語活動の例である。また、イは、互いの思いや考えなどを話し合って広げたり深めたりしていく対話や討論の言語活動例である。

言語活動が確かに実生活に生きる言葉の力を獲得する学習となるためには、生徒たちが本気になって話したい、他の考えを聞きたいと思って取り組めるように工夫していくことが大切になる。

（二）話すことの指導

① 発声の指導・発話を引き出す工夫

相手に届く声で話すことはコミュニケーションの土台である。しかし、中学生ともなると小学生の時のように は発言しなくなりがちである。**発話を引き出す鍵は、何よりもまず話したいこと・話す内容が生徒の中にあることだ。**話し合う前に自分の考えをまとめさせたり、言いたいことをメモさせることはその支援となる。一方でそうした準備をしつつ、さらに聞き手に対して心を開き、声を引き出すためのヒントとして次の三点がある。

ア　仲立ち（具体物、提示資料等）……スピーチの際に具体物や資料を見せながら話させると、それらが仲立ちして話し手と聞き手の関係が作られるので、話しやすくなる効果がある。

イ　ロール（role…役割・立場）……ディベートである立場から発言したり、パネル・ディスカッションで立場代表で話したりするなど、役割や立場の設定には発言への抵抗感を小さくする効果がある。

ウ　遊戯性（ゲーム性・楽しさ）……勝敗等を競い合うことも効果的だが、スピーチを聞いて題を当てるといったクイズ性や、ニュース番組風に報告するような〝設定の仕掛け〟も響く声を引き出す工夫になる。

特に中学校一年の時期や学年始めなどに、対話を楽しむ学習経験を作っていくことは声と発話を引き出す関係性を作る面で意義が大きい。また、発言の声量が十分でないときには、「大きな声で」と言うより「はっきり言おう」と指導した方が改善されやすい。声は出すものではなく、〝聞き手に届けるもの〟である。「はっきり」と指示することで「伝える・届ける」意識を引き出すことができるのである。

② 話すことの学習展開

音声言語学習が相互交流による協働的意味生成の場となるためには、スピーチやプレゼンテーションにおいても、話合いにおいても、基本的な学習の展開・指導の手順は次のようになる。

ⅰ　**自分の考え・報告する内容等を持つ。整理する。**

ⅱ　**話して伝える。伝え合う。**

ⅲ　**質疑応答や、聞き合った後での話合いの場を設定する。**

ⅰでは問題意識が共有され、対話が必然と感じられることが大切だ。その上で読むことや書くこととの関連を図りつつ、話す内容＝自分の考えを持たせることが有効になる。ⅱでは、話の組み立てを工夫したり、提示資料や情報機器を活用したりして、「分かりやすさ」を意識して工夫させることが肝要だ。ⅲは協働型学習への鍵である。少なくとも一往復半のやりとりがなされるようにしたい。一往復半とは、例えば「Aが話し、Bが質問し、再びAが応える」や、「まずAの話を聞き、Bが自分の意見を返し、Aの反論を聞く」等の展開を指す。

③　話すことの評価

指導の目標や重点に照らして次の二点から評価の観点を設定する。

ア　内容面（報告や意見等の内容に対する評価）

イ　表現面（声量や抑揚等の音声表現に対する評価、話の組み立てなど構成や展開に対する評価）

相互評価で行う場合、話し手の立場からは、聞き手に返してほしいのは内容に対する反応である。感想や助言など、具体的なコメントを返す形で評価し合うように指導することが望ましい。イについては、単にＡＢＣ等で評価し合うことから、最終的には、説得力や話し方の効果等へと評価の意識を高めていくことが大切である。

（三）聞くことの指導

①　指導の重点は何か

聞くことについて、高橋俊三（一九九三）[注7]は、次の五つの聞き方があることを指摘している。

○聞き取る　○聞き分ける　○聞き遂げる　○聞き入れる　○聞き浸る

聞くことの指導では、これまでともすると、メモの指導などを通して「要点を聞き取る」ことに指導が偏っていた。こうした聞くことの諸相を十分意識して、様々に聞く学習を開発していくことが必要である。

中学校学習指導要領（国語）では、主として次の各点が取り上げられている。

○必要に応じて質問しながら聞き取る（必要な情報を聞き出す。補足を得て理解を深める）……一年
○自分の考えとの共通点や相違点を整理する（要旨をつかむ。類別する）……一年
○論理的な構成や展開などに注意して聞き、自分の考えと比較する（論理の検討。賛否の判断）……二年
○内容や表現の仕方を評価する（聞き取った内容への評価、話し方への評価）……三年
○（聞いて）自分のものの見方や考え方を深める。表現に生かす（聞いたことの活用）……三年

重点になるのは、質問して**積極的・能動的に聞く技能・態度の育成**、根拠を確かめたり論理的な適否を判断して**論理的・批判的に聞く技能・態度の育成**、自分の認識の形成・深化あるいは自分の表現に**聞いたことを活用する技能・態度の育成**の三点である。大切なことは、単に要点を聞き取る指導から、吟味・判断しながら聞いたり、報告や発表、その後の討論の中で生かすなど、「聞いて○○する」という目的的な聞き方を育てることである。

②　聞くことの評価

聞くという行為は内面で行われるため、聞くことの学習状況の評価はこれを外から見える形にして行っていく

よう工夫しなければならない。そこで聞くことの評価は、次のような方法等によることになる。

○聞いている様子の観察評価（姿勢、表情や反応、態度等）

○聞き取りメモ等による評価（話の要点やコメント等の記述状況、目的に応じたメモの取り方）

○聞いたことによる考えの変容や聞いたことの活用の様子（ワークシートやノートの記述、聞いたことを生かした発表や再話の様子。学習のふり返りの記述等）

聞く力を確かに育てていくためには、言語活動の中で何ができれば聞けたことになるのか、対話の目的が果たせたことになるのかを検討し、評価方法とあわせてその指導・支援の仕方を工夫していくことである。

（四）話し合うことの指導

①　主体的な対話を引き出すために

ア　話し合う意欲をかき立てる話題・問題意識の共有

話合いは、話題に関心を持ち、問題意識を共有して「話し合ってみたい」と思うことで始まる。「読むこと」の学習と関連づけたり、生徒たちにとって関心の高い話題を取り上げるなどの工夫をしていくと効果的である。

イ　〝他者〟の発見……異質性から生まれる対話、相違を埋めようとする話合い（注8）

話合いの場で、自分とは全く異なった考えに出会うことがある。級友の中に〝他者性〟を見出したとき、その異質さを理解し合うために、あるいは相手を説得して意見の相違を埋めようとして、話合いは始まる。そして認識や考えの違いを整理して論点を焦点化し、検討対象がはっきりすることで、話合いの動機はさらに高まっていく。他者性の発見は、一人ひとりが自分の考えを持って臨むことが前提になるといえよう。

② 話合いの目標と進行を明確にする

話合いの達成目標と進め方を明示することは、自律的な話合いを育てる有効な手立てとなる。達成目標は、「A案とB案の一方を選択する」「○○について話し合い、自分の考えをまとめる」など、行動目標として具体的に示すことが肝要である。ゴールが分かれば、そこに至る道筋は自分たちで工夫できる。

話合いにあたっては、司会や記録など、役割を作っていくとよい。グループ討議では司会だけに進め方に関する細かい指示を伝えるのも有効だ。司会を全員が経験することで話合いを運ぶ力の育成につながっていく。

話合いの進め方は討論形式によっても異なるが、基本的には次の手順で進行するとよいだろう。

i　司会による目標や進め方の確認
ii　参加者（代表の場合も）の意見・考えの提示とそれぞれの発言への質疑応答
iii　目的に沿った討論
iv　司会や参加者による話合いの集約、あるいは話し合った結果の報告と共有

③ 話し合う〝場〟の設計（有効な話合いを生む人数、配置等の工夫）

一人ひとりの発言機会を増やすためにもグループでの話合いを計画的に取り入れたい。グループの人数は四人程度が望ましい。大人数で行う場合は、全員の参加を促す工夫が必要になる。また、話合いの場の配置にも配慮と工夫が必要である。机を田の字型にするか円形に配置するかによっても、参加者相互の関係性に変化が出る。基本としては参加者同士の距離は近く身体が向き合うこと、また、資料等を共有しやすい姿勢・配置が効果的である。

④ 話し合うことの評価

学級全体で話し合う場合には、その参加の状況などを全体として観察、把握できるが、グループの場合は、机

間指導によって巡回しながら指導と評価を行うことになる。そこで、グループの話合いの様子を記録させたり、録音機等を使って録音する評価も試みたい。しかし、話合いへの参加の様子は、話合いに参加したことが個々の生徒の考えの深化等に機能したかどうかによってもみることができる。学習指導要領の指導事項に、「自分の考えをまとめる」「自分の考えを広げる」「互いの考えを生かし合う」とあることにも留意し、話合いの前後での意見や考えの変容を、学習のまとめ等から読み取っていく評価も合わせて工夫したい。

【課題3】「A　話すこと・聞くこと」の指導事項から一つを取り上げ、具体的な学習を構想してみよう。どのような学習活動をどんな手順で展開するか、授業のイメージを話し合ってみよう。

四　音声言語教育における教材研究と言語活動の扱い

話し言葉の学習において、教材はその機能のうえから、次のように整理することができる。

○意欲喚起の教材　○内容提示の教材　○方法提示の教材　○見本提示の教材（『音声言語指導大事典』）

これらは教材の機能であり、一つの教材が複数の働きをすることも、扱い方によって役割が変わることもある。「読むこと」「書くこと」の学習とも関連づけて、何のためにどのような教材を用意するのかを計画したい。また、見本提示の教材は話合いの様子やモデルになる視聴覚資料等が開発されていくことが望ましい。

「話すこと・聞くこと」の学習では、言語活動自体が教材としての機能を果たす。学習指導要領に示された言語活動例を取り上げる際、言語活動の分析・検討を丁寧に行うことが大切である。例えば、言語活動例に示された「説明」と「説得」とはどう違うだろうか。「説明」はある事柄について、聞き手に理解されることが目標になるのに対して、「説得」は伝える内容が理解されるに留まらず、提案が聞き手によって選択され実行されることが目標になる。こうした検討を経て、説得の学習の指導のポイントが明らかになってくる。

また、音声言語学習の単元は、取り立て指導としては年間に三単元程度となろう。そこで、他の領域と関連づけて指導の効果を高めることが重要になる。さらには学校生活のあらゆる対話の機会が、対話能力育成の場になり得る。言語力育成の中核としての国語科は、他教科や学年・学校行事等との連携を積極的に進めていきたい。

【課題４】学習指導要領の言語活動例を具体的に取り上げるための活動例を考えてみよう。また、他教科や学校行事等の中でどのような言語活動例が展開できるか考えてみよう。

（注1）『幼稚園、小学校、中学校、高等学校及び特別支援学校の学習指導要領等の改善について（答申）』中央教育審議会、二〇〇八

（注2）ドミニク・S・ライチェンほか編著、立田慶裕監訳『キー・コンピテンシー　国際標準の学力をめざして』明石書店、二〇〇六

（注3）西尾実「国語教育学の構想」、『西尾実国語教育全集第四巻』教育出版、一九七五

（注4）話し言葉の場合、こうした周辺言語要素は、書き言葉よりもはるかに豊かであり、その一部は「A　話すこと・聞くこと」の指導事項や、「伝統的な言語文化と国語の特質に関する事項」の中で具体的な学習内容として取り上げられている。

（注5）ウィリアム・S・ハウエル、久米昭元訳『感性のコミュニケーション　対人融和のダイナミズムを探る』大修館書店、一九九二

（注6）村松賢一「生きる力を育てる国語科の相互交流能力　3対話能力をどうとらえるか」、村松賢一・花田修一・若林富男編著『21世紀型授業づくり14　国語科で育てる相互交流能力　小学校編』明治図書、二〇〇〇

（注7）高橋俊三『対話能力を磨く―話し言葉の授業改革―』明治図書、一九九三

（注8）〝他者〟の意義については、高木まさき『「他者」を発見する国語の授業』大修館書店、二〇〇一が参考になる。

コラム 「きく」と「みる」

近年、国語科教育では「きく」ことや「みる」ことが重視されてきているが、その内実はそれぞれ多様である。ところが「きく」も「みる」も、すべて「聞く」「見る」で間に合わせていることが多い。実際には様々な意味を持った漢字を当てはめるべきものである。国語辞典や漢和辞典で調べてみると思いのほか意味的な使い分けがなされていることに気付く。ある辞書には次のように書かれていた。

「聞く」よくわからないこと、隔たったことが耳に入ること。人の話やよそからの音をきく。耳で音や声を感じ取る。

「聴く」まっすぐに耳を向けてきく。耳を澄ましてきく。転じて広くきくこと。ききとる感覚。

「効く」良い作用や影響が現れる。

「訊く」相手に質問する。

また、「聞く」も複合語にすると、聞き分ける（論理的）、聞き入れる・聞き比べる（批判的）、聞き浸る・聞き味わう（鑑賞的）、聞き合う（相互的）、聞き遂げる（主導的）などとなるだろう（参考、高橋俊三『対話能力を磨く―話し言葉の授業改革―』明治図書、一九九一）。これらと先の漢字を合わせれば、論理的に聞く「訊く」、鑑賞的に聞く「聴く」などを当てることもできる。

また同じように「みる」も多様である。辞書を引いても、

「見る」物の存在、形、様子など見えるものを目にとめる、わかる。

「診る」医者が患者の具合をみる。

「看る」ある対象をみる。見守る、見張りをする。みまう。みなす。みなして扱う。手をかざしてよくみる。目で対象をみる場合のみに用いる。

「観る」そろえてみる。みわたしてみくらべる。観察。見物して回る。外にあらわしてみせる

「視る」みる。まっすぐ目をむけてみる。転じて注意してよくみる。みてとる。

「読む」ことを文字だけでなく、視覚情報を見て理解することを含めて用いる場合、「見る」は「読む」の領域に繰り入れることができる。「ネットを見る」などと普段使うが、検索された情報が補助教材となったり、時には、主たる教材になったりする現実がある。また、映画やアニメ、漫画、写真などの視覚情報の媒体を文学作品に類する「作品」と考えていけば、「見る」ことは、美術科との境界領域かもしれないが、重要な学習領域になっていくだろう。だからこそ「みる」に当てた文字の区別も今後大切に意識していく必要があるものではないだろうか。

第八章　「書くこと」の指導

一　「書くこと」を支える力に着目した導入の指導

（一）見る力・感じる力・考える力を培う

二〇〇四年、文化審議会の答申は、「考える力、感じる力、想像する力、表す力から成る、言語を中心とした情報を処理・操作する領域」が国語力の中核をなすと位置づけた。（注1）自分の気持ちや考えを言葉で表現するためには、個人の内面に表現したい内容が存在していることが前提である。したがって、日常生活の様々な事象に触れて、いろいろなことに気付き疑問を持ち想像し考えるという活動が言語表現の出発点となる。作文学習において、「書くことがない」という学習者には、書く前の段階の個人に応じた指導が重要である。

私たちは日常生活で、視覚、聴覚、味覚、臭覚、皮膚感覚、運動感覚、平衡感覚、内臓感覚等の感覚を通して情報を受容している。しかし、その受容の程度は一様ではない。個人の日常感覚が何をどのように認識しているかによって、「見れども見えず」という状態がある。**見る力や感じる力**の実態は、個人が自らの感覚をはたらかせて受容したものを、どれだけ意識化できるかということでもある。それが言語表現の豊かさを左右する。

かつて筆者は、小学生を対象に、絵はがきを見て言語化した文章と自分の描いた写生画を言語化した文章とを、比較検討する**言語変換調査**を行った。その結果、絵はがきを言語化するよりも、自分の描いた写生画を言語化したときの表現が、語彙《い》数も多く微妙な違いが丁寧に説明されていることが分かった。自分の行為を通して意識したものは、発達段階に応じてより豊かな言語表現になることが確認されたのである。

この調査では、特別な指導を行ったのではない。それにもかかわらず、二つの言語表現に顕著な違いがあらわれたことは、学習者の言語表現を単に、「書けている」「書けていない」と評価することの問題を示していることにもなる。すなわち、学習者の言語表現は、「学習者にどのような導入の指導が行われているか」、「学習活動の目の付け所は何か」によって、学習者は異なった表現力を発揮するのであるから、問われているのは**導入指導**の観点である。文字化された作文を問題にする前に、学習者自身が感覚をはたらかせて受容したことを言葉にする活動を通して、自分の見る力や感じる力を鍛える自己教育の意識を育てることが重要である。

(二)　観察力と豊かな表現

生徒たちは、小学生の時から様々な作文を書いている。その学習経験は、文章の書き方を知ると同時に、書くことに対する抵抗感も育てている場合がある。生徒によっては、作文には何か珍しいことを書かなければならないという強い思い込みや他者と比べて自分は作文が下手だという苦手意識などが、刻印されている場合があるので、「書くこと」の指導では、まず、これらの問題の解決が必要である。

感受性を豊かにして表現に対する心理的抵抗を取り除くためには、自然環境の観察が有効である。例えば、「雑草をスケッチして、言葉を添える。画面全体を見ながら、効果的な構成を工夫する」という活動は、個人の優劣を越えて、自らの感覚で表現する楽しさを意識する活動である。次のような手順で行う（注2）。

① 校庭から、描きたいと思う雑草を抜いてきて、B6用紙に鉛筆でスケッチする。上手に描こうと思わず、観察記録を描くつもりで、一番興味を感じたところから、部分と部分の位置関係を見ながら感じたままに描くことにする。濃い鉛筆は使わず、最初は消しゴムも使わない。

② 途中で、互いの作品を見合う。他者の良さをヒントにしながら、さらに描いていく。大体できたと思ったら、消しゴムで空間を描くつもりで、不要な線を消す。

③ スケッチしながら思い浮かんだことばを書きとめておき、出来上がった作品に賛として入れる。

④ 画面全体を見ながら、**トリミング**したり、**再構成**したりする。画面全体を見る感覚をはたらかせることによって、教師の添削や指導ではなく、自らの作品がそのままでより効果的な作品になることを実感する。

左は、このようにして描いた原作とそれを再構成した作品である。

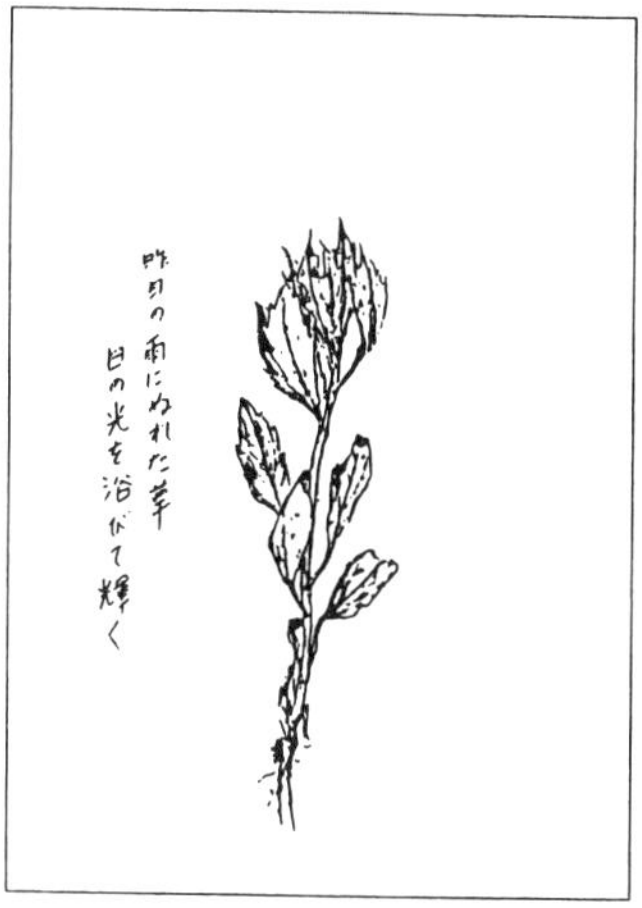

原　作

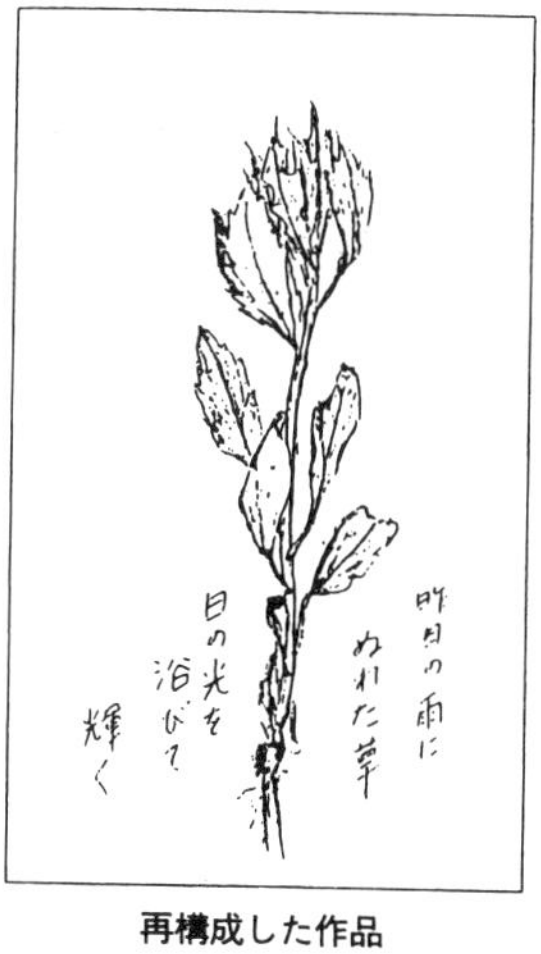

再構成した作品

スケッチにことばをそえる

二　文章の種類と表現の観点

（一）文章の種類と学習指導

文章の種類は、観点によって多様な分類が可能であるが、表現指導の立場から三類型九種に分類する考え方がある。(注3)

文学的文章（文芸文）…A叙情型（詩歌）・B叙述型（物語）・C思惟型（思索記録）・D表出型（演劇一般）

生活的・実用的文章……A通信型・B記録型・C通達型

科学的・論理的文章……A説明型・B説得型

文章の種類に応じて、表現の観点が異なってくる。**文学的文章**は、書き手の感覚や感性が自由に独自な表現となっていることに意義がある。そこで、学習者自身が自らの言葉で表現することを大切に指導するのがよい。**生活的・実用的文章**は、日常生活で様々に必要となる記録文や手紙文などのように、定められた書式にしたがって書くことが多い文章である。書式を理解させるとともに、目的や相手に応じて柔軟に対応して書くことを指導する。

科学的・論理的文章は、事実と意見を書き分けて、根拠に基づいて主張したいことが読み手に分かりやすく、論理的で説得力のある表現となっていることが求められる文章である。主張と根拠の関係、全体と部分の関係、段落相互の関係などを意識させる指導が必要になる。

これら三類型九種それぞれの文章の違いに着目した、次のような「書くこと」の学習指導が可能である。

① 一つの経験やテーマを異なる種類の文章に表現して、その違いを意識する学習
② 同じテーマについて異なる種類の文章を読み、感想や意見を書く学習
③ 文章の種類を知る学習

【課題1】 右の①〜③の学習の内容を、具体的な例やテーマなどをあげて考えてみよう。

(二) 文章の種類と「言語活動例」

前述した三類型の文章については、小学校の学習指導要領でも学年に応じた目標が設定されて、同じ種類の文章が螺旋的により詳しく現実的な形式に沿って指導が行われるようになっている。それを受けて、中学校学習指導要領の「言語活動例」には、文章の種類に基づいた「書く活動」が、次のように細分化されている。

国語科の中学校学習指導要領より「B 書くこと」の言語活動例

	言語活動例
第1学年	ア 関心のある芸術的な作品などについて、鑑賞したことを文章に書くこと。 イ 図表などを用いた説明や記録の文章を書くこと。 ウ 行事等の案内や報告をする文章を書くこと。
第2学年	ア 表現の仕方を工夫して、詩歌をつくったり物語などを書いたりすること。 イ 多様な考えができる事柄について、立場を決めて意見を述べる文章を書くこと。 ウ 社会生活に必要な手紙を書くこと。
第3学年	ア 関心のある事柄について批評する文章を書くこと。 イ 目的に応じて様々な文章などを集め、工夫して編集すること。

これらの言語活動例は、三類型の文章についてそれぞれの表現の仕方に習熟することを意図的に積み重ねている。学年の発達に応じた重点をおさえながら広がりをもたせて、より社会生活に役立つような文章表現力をつける必要がある。

さらに、文章の種類を意識させて様々な型の文章を書くことを通して、言語表現の方法は一様ではないことを意識させることが重要である。それぞれの文章は、共通の形式をもちながらも、目的や相手、状況等に応じて多様な対応が求められるのであるから、「書くこと」の力は、それらを的確に理解して対応する柔軟性が大事な柱となる。第3学年では、それらの要素を総合させて、レイアウトなども含めた総合的表現力を培う言語活動が要請されている。

生徒が書く作文の種類は広がっても、その源泉は生徒自身の内面であるから、一人ひとりの生徒の感じる力や考える力を耕すことと、相手や目的に応じて「書くこと」のコミュニケーション機能を意識させることが、作文指導における自己教育力育成の観点になる。

三　学習指導の系統性と指導の観点

(一)　個人差と系統性

「書くこと」の力は個人差が大きいので、教師は小学校からの系統性をふまえたうえで個々の学習者に応じた指導をする必要がある。すなわち、文章表現力の全体像をふまえて、個々の生徒の実態を具体的に把握することである。どのようなよさがあり、どの段階の力が弱いかを的確につかんで、個人に応じた個別指導が必要である。

国語科の中学校学習指導要領「B　書くこと」の内容では、次のように、題材・構成・叙述・推敲・交流などについて、学年に応じたそれぞれの内容が系統的に示されている。

	「B　書くこと」内　容
第1学年	ア　日常生活の中から課題を決め、材料を集めながら自分の考えをまとめること。 イ　集めた材料を分類するなどして整理するとともに、段落の役割を考えて文章を構成すること。 ウ　伝えたい事実や事柄について、自分の考えや気持ちを根拠を明確にして書くこと。 エ　書いた文章を読み返し、表記や語句の用法、叙述の仕方などを確かめて、読みやすく分かりやすい文章にすること。 オ　書いた文章を互いに読み合い、題材のとらえ方や材料の用い方、根拠の明確さなどについて意見を述べたり、自分の表現の参考にしたりすること。
第2学年	ア　社会生活の中から課題を決め、多様な方法で材料を集めながら自分の考えをまとめること。 イ　自分の立場及び伝えたい事実や事柄を明確にして、文章の構成を工夫すること。 ウ　事実や事柄、意見や心情が相手に効果的に伝わるように、説明や具体例を加えたり、描写を工夫したりして書くこと。 エ　書いた文章を読み返し、語句や文の使い方、段落相互の関係などに注意して、読みやすく分かりやすい文章にすること。 オ　書いた文章を互いに読み合い、文章の構成や材料の活用の仕方などについて意見を述べたり助言をしたりして、自分の考えを広げること。
第3学年	ア　社会生活の中から課題を決め、取材を繰り返しながら自分の考えを深めるとともに、文章の形態を選択して適切な構成を工夫すること。 イ　論理の展開を工夫し、資料を適切に引用するなどして、説得力のある文章を書くこと。 ウ　書いた文章を読み返し、文章全体を整えること。 エ　書いた文章を互いに読み合い、論理の展開の仕方や表現の仕方などについて評価して自分の表現に役立てるとともに、ものの見方や考え方を深めること。

題材については、身近な日常生活から社会生活の問題へと、問題意識の視野を広げることがねらいとなっている。ここでは材料の集め方だけではなく、生徒たちが広く社会や地球規模の問題に興味・関心を持つような支援が必要になる。それは公共性の感覚の育成と連動する内容でもある。

文章構成について小学校では、「事柄の順序に沿って簡単な構成を考えること」、「段落相互の関係などに注意して文章を構成すること」、「文章全体の構成の効果を考えること」と、**構成意識**の向上と定着を意図している。それを発展させて、中学校では、「段落の役割を考えて文章を構成すること」、「自分の立場及び伝えたい事実や事柄を明確にして、文章の構成を工夫すること」、「文章の形態を選択して適切な構成を工夫すること」という表現になっている。これは、小学校では、「はじめ・中・おわり」、「起承転結」などのようにおおまかにとらえられた文章の構成が、文章の種類や内容によって個別に細分化されることを知りそれに対応して書くことが主要なねらいになっている。自分の考えの根拠を書くために資料を適切に活用することなどをふまえて、何をどのような順序で書くと、自分の考えや気持ちが適切に伝わるのかという構成意識の定着が重要である。

(二)　コミュニケーション機能の重視

学習指導要領の「内容」で特筆すべきことは、自分の書いた文章を互いに読み合う活動が各学年に設定されていることである。この観点は小学校から一貫しており、作文を単に自己表現としてとらえるのではなく、相手に伝えることを意識した作文のコミュニケーション機能が重視されていることが分かる。

自分の文章を読み返して、「読みやすく分かりやすい文章にすること」「文章全体を整えること」などは、書き手一人では限界がある。自分にとっては当然の言い方でも読み手には誤解を与える表現である場合も多いので、互いに読み合って読者の目を意識することによって、よりよい表現にしていく意識が培われる。推敲の力をつけるためにも、学習者同士の交流活動は重要である。

教師による問題点の指摘は、妥当な指摘であっても、学習者には「間違いや足りないところを指摘された！」という自己否定の観念を植え付けやすい。しかし、学習者同士の話合いを大事にして、自ら学ぶべき他者のよさに気が付いたり、他者の間違いを見て自らの間違いに気付いたりすることを評価していくと、この交流活動によって多様な見方や考え方があることを理解することは、豊かな「読むこと」の学習にもつながっていく。

同時に、学習者同士の交流活動は、ともすれば、一つの見方に偏ったり、厳しくなりすぎたりする面もある。その意味で教師の配慮を具体化した指導が必要である。交流活動の具体的な人数や時間、方法などは、学習者の実態に応じて設定されることになる。

中学校では論理的表現力がより明確に求められている。そのためには、論理的なもののとらえ方やものの言い方が日常的な習慣となっていることが基本である。他教科の学習場面や学校生活におけるあらゆる場面で、論理的に考える力の育成を意図的に実践することが作文力育成の鍵となる。

四　実践例に即した作文指導のポイント

中学校の作文指導において重要な柱である論理的文章表現力の育成と、読むこととかかわって活用される表現力の育成に関する実践例を取り上げる。

（一）「意見文リレー」紙上討論編

加藤咲子教諭（山形大学附属中学校）は、二年生の「議論に親しむ」という単元で、「意見文リレー」による議論の学習を実践した。学習目標と学習過程は、次の通りである。

【学習目標】
◎意見文を書くことを通して、「議論」できる意見の述べ方を身に付けよう。
◎「意見文リレー」を通して、「議論すること」の意義について考えよう。

【学習過程】
① 紙上討論に参加する。「議論」について考える。

新聞の読者投書欄で意見の異なる三つの記事を読み、自分の意見文を書く。生徒たちが修学旅行で、普段はあまりのらないエスカレーターに頻繁にのった経験をふまえて、「エスカレーターののり方」をめぐる記事を選んだ。三つの記事を同時に提示するのではなく、一つずつ提示しながら、「主張と根拠」という述べ方を意識させた。

② 意見文リレー

教師が選んだ四十四の新聞記事（次頁一覧）をそれぞれ封筒に入れ、生徒はその中の一つを選んで、記事に対する自分の意見を書いて封筒に入れる。次に別の封筒を選び、中に入っている新聞記事と他の生徒の意見文をふまえて、自分の意見を書く。この作業の途中で紙上討論の経過をふり返る時間を設けて、自分の意見文が仲間の意見の深まりや変容につながっていることに気付かせる。各自が六つの封筒に意見文を書く。

③ 意見文リレーを分析する。「議論大賞を選ぶ」

グループに分かれて、担当した封筒ごとに、記事とそれをめぐる生徒たちの意見文による議論について評価する。互いに評価のポイントを述べ合うことによって、考えを広げさせる。

意見文リレー　新聞記事一覧

No.	提起された問題	ジャンル	ジャンル2	新聞社
1	東京・校庭の芝生化で温暖化対策を	環境		朝日
2	山形　来秋にも家庭ごみ有料化	環境	地域	毎日
3	富士登山が有料に？「入山料」めぐり議論	環境	社会	山形
4	子供の体力　指導者層の充実が急務だ	教育		毎日
5	少人数学級のすすめ　小中学校　25人上限に	教育		毎日
6	教育の本質は手本「美談」が精神の栄養	教育		山形
7	もみじマーク　年齢一律の義務化反対	社会		朝日
8	万引き　微罪で片づけられない	社会		毎日
9	投書　大人の基準	社会		毎日
10	投書「席を譲らない日本人」に違和感	社会		毎日
11	子どもが病気…お父さん，休めますか？	社会	生活	毎日
12	神奈川県喫煙罰則条例　罰則で強制には反対	社会	生活	毎日
13	少年審判　傍聴　被害者支援へ政府方針	社会		山形
14	ケータイ片手運転　危険意識持ち，過信禁物	社会	生活	山形
15	高校生意識調査「18歳で選挙」消極的	社会		山形
16	新庄市職員の不適切発言　見守る姿勢も大切	社会	地域	山形
17	高校中退がきっかけ　ひきこもり，　ニートに	社会	教育	読売
18	携帯禁止の校則　人権侵害	社会	教育	読売
19	ゲームの対象年齢区分　保護者へのPRが課題	社会	生活	読売
20	こんにゃくゼリー「所管不明確」対策立てぬ行政	社会	生活	読売
21	投書「政治はどうせ変わらない」ではなく肯定的な見方	社会		読売
22	柔道にランキング制	スポーツ		毎日
23	WBC監督問題　最強チームつくる気あるのか	スポーツ		毎日
24	ビデオ判定　審判の威厳守れるか	スポーツ		毎日
25	日本のプロ経ず大リーグ	スポーツ		毎日
26	サッカーJ「秋春制」議論ふたたび	スポーツ	地域	山形
27	投書　力士の即解雇厳しすぎでは	スポーツ	社会	山形
28	16年五輪「東京」支持拡大訴え	スポーツ	社会	山形
29	WBC日本代表監督　現役監督まで選択肢広げて	スポーツ		山形
30	流通していていいのか（蒟蒻畑）	生活		毎日
31	相談室　高2と中2の兄弟が不仲，放っておくべき？	生活		毎日
32	声出せばすっとする理由	生活		毎日
33	庄内空港の大阪便廃止	生活	地域	山形
34	育児は男女でシェア	生活	社会	山形
35	短い賞味期限設定やめて	生活		読売
36	食品で窒息死　応急処置知っておいて	生活		読売
37	「外国人客勧誘にカジノ」議員提案	地域	社会	朝日
38	高齢者賃貸　増やします	福祉		朝日
39	目標額に届かないあしなが学生募金	福祉	地域	山形
40	歌舞伎座　ビル化に不安惜しむ声	文化		山形
41	「事故米」「汚染米」という言葉	文化		読売
42	「新聞，これからも必要」90%	文化		読売
43	読書「色々な目的あっていい」	文化		読売
44	読書　習慣づけ「大切だ」97%	文化		読売

（二）学校図書館の本の帯を作る

武田裕教諭（山形県上山市立宮川中学校）は、学校図書館の活用と関連させて、より豊かな**言語感覚の育成**を目指して、三年生に、本文の引用を条件とした本の帯作りを計画した。具体的な指導は次の通りである。

【学習目標】

◎本文の引用を条件とした本の帯を作り、他者のものと比較・検討することを通して、読むこと・書くこと・話し合うことに言語感覚を鋭くはたらかせる。

◎**学校図書館**の本に自己の読みを発信する帯を作って飾る活動を通して、本に対する興味や**読書意欲**を高める。

【学習過程】

① 四冊の図書の帯の中から各自が一番よいと思うものを選び、その理由を互いに話し合いながら、本の帯にはどのような内容を書いたらよいかを考える。（一時間）

② 『バースデーガール』（村上春樹）を読んで感想を発表し合い、本の帯にはどの部分を引用したらよいかについて意見交換をする。各自、キャッチコピーを考える。（二～三時間）

③ 『バースデーガール』で作った帯を互いに見合って、よさや改善点について話し合う。（四～五時間）

④ 帯作りで難しい点について話し合い、アドバイスし合う。各自が学校図書館から好きな本を選んできて帯を作る。帯をつけた本を互いに読み合う。（五～七時間）

本文からの引用やキャッチコピーに、生徒独自の読みを通した言語感覚が表れている。生徒たちはそれぞれの本に帯をつけて学校図書館に返却した。それらは実際に、他の学年やクラスの生徒たちの選択の手がかりとして生かされている。次頁はその作品例である。

「書くこと」の指導は、短時間の活動から長時間にわたる総合的な単元、さらに帯単元による書くことの習慣化など様々であるから、適切な**年間計画**のもとに、文章の種類や活動の内容が多様に配分されることが必要である。そして、「書くこと」の学習が、日常生活に生きてはたらく力として活用されるように、生徒の書く意欲を育てることが必要である。そのためには、学習者が書いたものに基づきながら**指導と評価が一体化**してすすめられることが決め手となる。

（注1）文化審議会答申「これからの時代に求められる国語力について」、二〇〇四
（注2）小川雅子『国語表現力の構造と育成』渓水社、二〇〇三
（注3）飛田多喜雄・大熊五郎『文章表現の理論と方法』明治図書、一九七五

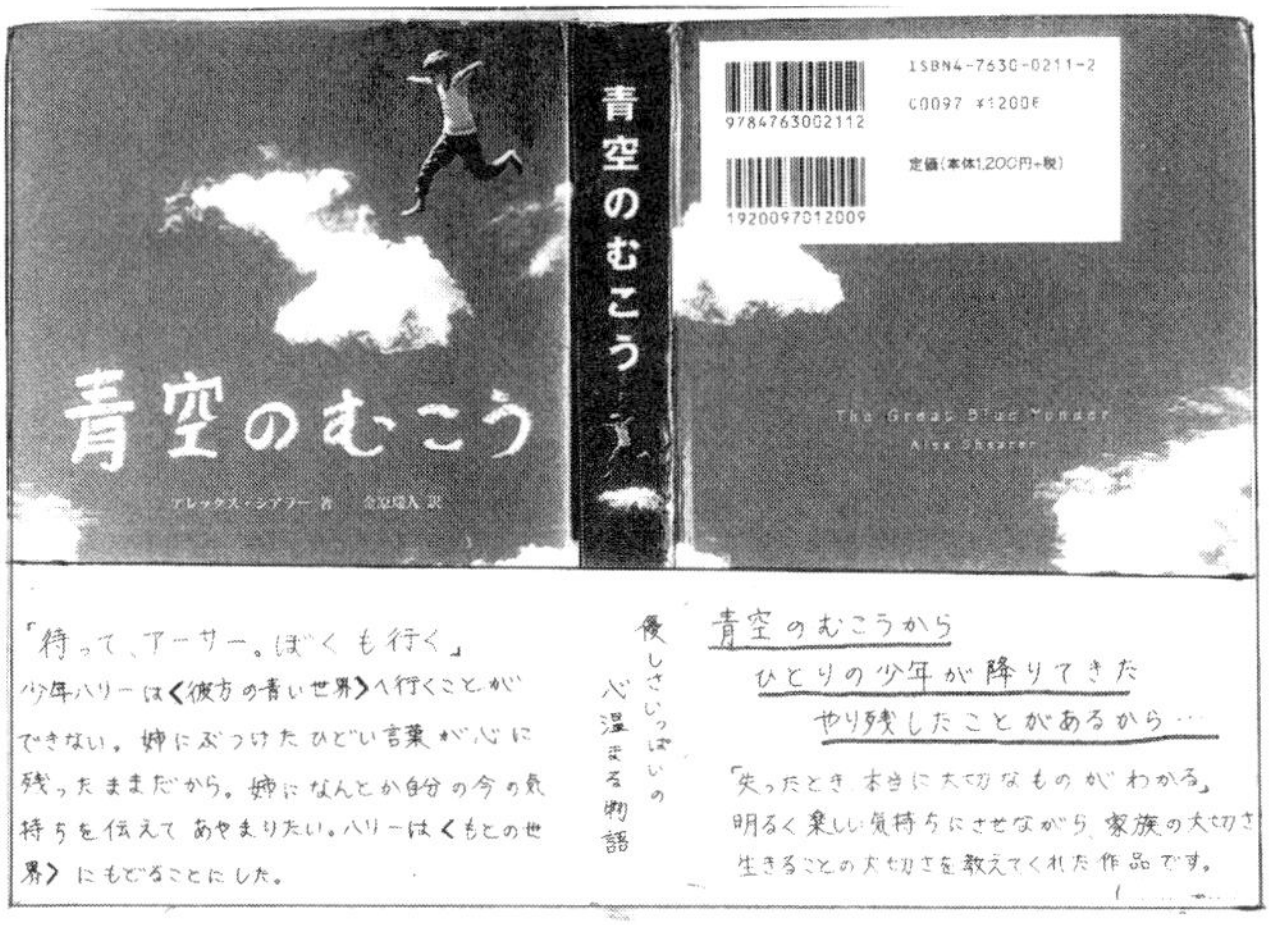

「本の帯」製作例

コラム　書くことの日常化

音楽の教師は、歌を歌い、楽器を演奏し、保健体育の教師は、専門の運動領域があり、英語の教師は、英語ができ、社会科の教師は、歴史や現代の社会情勢を詳しくとらえることができるなど、それぞれが、教科の特性に応じた技術や技能を持っている。では、国語科の教師はどうだろうか。書が得意という人もいるかもしれないが、思いのほか他教科に比べると、秀でたものが見出せない。読書量が多いとか、話すのが上手だというのは、他教科に比べるべきものはないだろう。

短歌や俳句あるいは詩（歌詞もあるかもしれない）など、もちろん書であってもいいだろうが、そうしたものを持つべきなのではないかと思う。言葉を通して生徒の心の涵養と感性を磨いていく教科を自負するとき、国語科の教師も何か生徒の先に立つものを見出していきたい。先輩の国語科教師には、児童文学の作品を著したり、小説に取り組んだりした人も多い。島木赤彦や俵万智など教師であるとともに歌人としても名をなした人もいる。そうしたレベルに達しなくてもよいと思うが、教師もまた言葉を用いた創作的な活動の時間を持ちたいものである。

しかし、日常の生活の中では時間を見出すことさえ難しさがあるだろう。だからこそ、生徒の学習シートやノート、作文あるいは、生活ノートなどに記した言葉を丁寧に読み、コメントを添えることは、国語科教師としての目でみていきたいものである。

授業の中で、生徒は、板書したことをノートや学習シートに写すばかりではなく、自分の考えをまとめるために多くの時間を費やしている。学習課題に対して、自分の考えをまとめ、自己の蓄えとし、発言したり話し合ったりすることは多いだろう。書いてあるからこそ、話す内容を明確にできる。そして、話合いなどで得られた新たな情報を記し、自分自身の考えを再構築していく。こうしたことは、「書きながら考えていく」ということだろう。書くことによって、理解の定着も図られていく。書くことによって言葉が自分の思いや考えを表現するだけのものではなく、思考するための道具になっていくのである。

こうした「書く」という行為が国語教室ばかりでなく、他教科の中でも行われているはずである。だからこそ、国語科では、どのように考えたことを書き、どのようなことをまとめていくのかを学習しておく必要があるだろう。書くことを苦にせず日常的に「書く」ということを実践していきたい。そして、国語科教師として生徒の書いたものに対しては誠実に応えていきたい。

第九章　「読むこと」の指導

一　「読むこと」の現状

平成二十年三月二八日告示された中学校学習指導要領（国語）は、読解力については、これまで実施されたOECD（経済協力開発機構）の学力到達度調査PISAなどの影響を受けていると考えられる。ここでは、国際社会における生きる力の育成に対応して、読解力の範囲が単なる内容の正確な読み取りにとどまらず、「**情報の取り出し**」、「**解釈**」、「**熟考・評価**」、「**論述**」と広くとらえられるようになったことが特徴である。このような状況に応じて特に中学校国語科においては、新たに読むことを通してテキストを評価し、書かれている事実に対して自分の意見を論理的に表現することが求められている。

特に、平成二十年版中学校学習指導要領「内容(1)」に示された指導事項の項目は、その特色を示している。

○語句の意味の理解に関する指導事項
○文章の解釈に関する指導事項
○自分の考えの形成に関する指導事項

○読書と情報活用に関する指導事項

ここで示されている事柄は、生徒が広く社会で生きるために必要な知識・技能を活用することに資するものである。したがって、限られた時間で必要不可欠な国語学力を育成するためには適切な内容となっており、今後の「読むこと」の授業づくりの指針として大いに重視すべきである。以下、その項目に沿って「読むこと」における授業づくりの方策について述べる。

二　「読むこと」の授業づくりに向けて

（一）語句の意味の理解

①　語句に着目した教材分析

文・文章は、それらを構成する最小単位の語句からできている。しかも、文章の中での語句は、辞書的な意味だけではなく文脈の中において効果的な使い方がなされている。したがって、読み手は常に文脈との関係において語句の意味をとらえることが必要になってくる。

「希望」という言葉だけを聞けば、多くの生徒は明るく晴れやかな印象を持つだろう。しかし、文脈の状況によっては、その意味合いは変わってくる。

中学校第3学年教材『故郷』（巻末資料参照）では、終末場面に「希望」という語句が登場する。しかし、ここで主人公が置かれている状況は、およそ前途洋々たるものとは考え難い。社会の荒廃、人心の閉塞感、身分の格差、そういった硬直化した状況が多くの人間をがんじがらめにし、心をすさませている。過去における故郷の思いを対比的に述べながら、より一層現実の厳しさ寂しさを浮き彫りにしたその矢先、浮かんできたのが「希望」という言葉である。

それは、自分たちの幼少期に重なる子どもたちの姿から、次の世代への連綿としたつながりという事実への気付きからくるものである。すなわち、ある意味この「希望」は、限りなく絶望に近いものでありながら、それでもなお絶望とは紙一重の、まったく可能性がないとは言えない状況やそれを感じる心情を意味するのではないだろうか。では、辞書的な「希望」の意味から読みを深め、文脈に即した理解を促すためにはどのような授業を設計したらよいのだろう。

②　語句に着目した指導の実際

実際の授業では、単元の目標に従って様々な学習活動が設定されるが、学習過程全般においてこの「希望」という語句の意味に至る教材の構造をおさえることは、学習の一貫性を保持し、生徒の課題追求の意欲を高める。

ア　人物像の把握

この教材の特色として、人物をもって社会の実相を語らせている点があげられる。したがって、**人物像**の扱いが授業のポイントになる。それには、二つの方向を意識して指導に当たりたい。一つは、人物像を的確にとらえるために、その**心情**や**描写表現**を丹念に読み取るというものである。もう一つは、人物の役割を他の人物との関係において考え、教材の全体構造に位置づけるということである。両者は分かちがたいものであるが、学習としては一つひとつ段階的におさえていく必要がある。

その意味では、社会による変容を経た人物という点で「楊おばさん」と「閏土」は特徴的であり、文脈とともに読み深めたい人物である。この場合は、主に閏土に焦点を当ててみる。彼が中心人物であることもその理由であるが、人物描写として彼の多くを語らぬ人柄が、その内面と境遇の関係を解釈するにあたり、読みの学習の対象としてより生徒の追求の意欲を高めるからである。また次の世代に生きる宏児と水生の関係へ読みを広げる役割も見逃せない。

さらに、故郷を見つめる語り手としての「私」についても人物や状況と対応させながら読ませていくことが、作品における人物の役割を的確にとらえることにつながる。

イ　教材の構造の解明

この教材では、教材の特性から文学的な文章を読み解く方略として構造をとらえることに主眼を置きたい。例えば、まず一般的な物語の構造についての知識を与え、この教材におけるクライマックスがどこに当たるか特定させることを学習活動の中心に据える。その際、クライマックスの箇所の指定をある程度狭い範囲に限定させる。そこで、お互いの読みに生じた差異が何かという点を切り込み口に、話合いを通して読みを深めていく。それぞれの人物像については、その過程で再び見直し、理解を深めることとする。

ウ　教材理解のための情報補足

この教材を深く理解するためには、時代背景などの情報補足が必要である。文学的な文章教材の読みでは、テキスト以外の資料を導入することに賛否両論あるが、資料として『故郷』の収録されている作品集『吶喊《とっかん》』の『自序』などを読ませて時代背景についての理解を助けたい。ただし、与える量と時期が問題になってくる。個々の読みに対して先入観を与えないためには、初読後に簡単に説明を加えながら紹介することが望ましい。

エ　生徒の読みの位置づけ

本来、生徒の経験と教材を結びつけることは望ましいことであるが、この教材については身近な例などに安易に重ねることには問題があろう。ともすると、教訓的であったり、道徳的であったりする読みに陥ってしまう可能性があるからである。教材を叙述に即してそのままに読み、結果として発見・気付きを経て思索を深めることの方がこの教材では大切である。

その中で、「希望」という語句の持つ意味について生徒に話し合わせることなどは、生活実感とは異なる言葉の意味の深さを把握させるうえでは効果があると考える。授業においてはそういった堅実な教材の読みを通して、いずれは状況や社会から本質を見抜く目を持つ生徒が育つことになるのである。

（二）文章の解釈について

解釈とは「文や文章に書かれた内容を理解し意味付けること」とある。(注1) 学習指導では、主に文章の構成や叙述などについての意味付けを考えていけばよいだろう。

① 説明的な文章教材の場合

ア 解釈のための文章分析

説明的な文章教材の解釈には、**論理**という基軸を中心に意味付けを図ることになる。ここでは、『逃げることは、ほんとにひきょうか』という教材の場合について考えてみよう。

教材の構造と特性については、基本的には危機に対して「逃げる」「たたかう」と**二項対立**で話が展開していく。それが、「勇気」「臆病」など様々な言葉に言い換えられているところにこの教材の特色がある。

結局、「逃げる」ことは目の前の敵に対する恐怖に基づく行動であり、「たたかう」ことは、逃げて非難を浴びる他人に対する恐怖に基づく行動であることが明らかにされる。つまり逃げることも、たたかうことも人間の衝動として根は同じなのだということが、最後に種明かしされる展開である。それを『逃げることは、ほんとにひきょうか』という特徴的な題名を出発点にして読者に構成の妙味を読み解かせるのである。筆者の論の展開は、一見あっちへ行ったりこっちへ行ったりと、読み手は惑わされたような印象を持たされる。しかし、これが筆者の論の展開の工夫の一つなのである。このような文章は、対比・類似などの**語句の連鎖関係**に注意しながら叙述に即して丹念に読み込んでいくことによって、筆者の言わんとするところをとらえることができる。そこで、この論法を生徒自らが価値付けたり、批評したりする読みの授業が求められる。

イ　文章の解釈を生かした指導の実際

この教材では、方法的にはキーワードをおさえることが文章を解釈する大きな手がかりとなる。この文章では、文脈に沿って語句を拾っていくと、「逃げる」「ひきょう」「臆病」という系列と「たたかう」「勇気」という系列の対比関係が出てくる。さらに、それらを別の視点から組み直してみると、「逃げる」「たたかう」などの『行動』の系列から次第に「臆病」「勇気」といった『価値』の系列に語句が転換していくことが分かる。そこで、文章中で使われている言葉の意味の**共通点や相違点**について話し合わせたり、**対比関係**を表にまとめたりするなどして読み進めていく。そうすることによって、同じ物事でもとらえ方や価値観によって表現の仕方が違うという筆者の意図がみえてくる。こうして、主体的に文章の論理展開を読み解いていく力を生徒に身に付けさせるのである。

② **文学的な文章教材の場合**

文学的な教材において解釈は様々で、答えは一つではない、と言われる。しかし、だからといって解釈についての話合いは無駄にはならない。むしろ文学的文章教材の授業では、生徒同士の交流が重視される。生徒は一読後、教材全体やある部分について自分なりの解釈をする。そのままでは、自分の読みでしかない。しかし、他者の読みと自分の読みを比較することで、初めて自分の読みが対象化される。同じ作品を読んで友達と解釈が異なっていることにより自分の読みを改めてふり返ったり、同じような解釈に安堵を覚えたり、様々な思いを持つものである。そして、文学的な文章は、その解釈の幅が説明的な文章教材に比べ大きく、一人ひとりの**読みの差異**の検討を授業の中核に据えることができる。特に、中学校・高等学校の授業では、生徒の発達段階から、その差異の中に適切な**学習課題**を見出すことで授業の活性化が可能になる。

読み深めには**他者**との交流も必要である。自分が最初に持った読みを、他者の読みと比較することで解釈の多様性が生まれる。生徒は、自分の読みも含めて、教材の解釈としてどれがいちばん適切か熟考することだろう。そして、最も合理的な解釈が自分の中に定着する。たとえそれが自分の最初の読みを肯定することになったとしても、それは他者の読みとの比較のうえでの決定なので、最初の読みとは質的に異なっている。この過程を経ることで、最終的に、学級で一つの結論に至らないとしても、一人ひとりの読みは確実に深まっていることになる。さらに、その経過や自己の内面の変化を意識化させることによって、読みの力として定着するのである。

その交流を意義あるものにするのが、明確な**論点**を提示する教師の役割である。

『走れメロス』は、一読して生徒から様々な感想が出される。それらを教材を読む目的に照らして整理しながら学習課題を設定する。さらに、読んだことをもとに自分なりの考えを表現するところまで授業を展開させていくことが批評的な読みの力を高めることになる。その際、感想の発表し合いではなく、ある程度共通の話合いができるような観点を含む学習課題を工夫するとことが大切である。

例えば、作品の「勇者はひどく赤面した」という文の解釈について学習課題を立てたとしよう。

生徒はまず「勇者はひどく赤面した」という叙述から、その理由を考察しなければならない。事実としては、少女にマントを渡されて自分の裸身に気付いたことであるが、そこから自ら裸身に気付かなかったことを解釈によって案出する。そのことで、これだけ走ることに志を注ぎ込んだメロスの状況を実感的にとらえることができよう。その段階をふまえて、一体何がメロスをそこまで駆り立てたかを自分の考えとして文章全体から根拠を求めて書き表す。そこには、生徒の様々な読みが表現されるであろう。

「勇気」「友情」「信実」など倫理的な価値観が出てくるかもしれない。メロスの走る意味を「なにかもっと大きなもの」という叙述と結びつけて意見を述べる者もいるかもしれない。作品の冒頭の「メロスは激怒した」と関連させてメロスの人物像を根拠に論を展開する生徒もいるかもしれない。活発な話合いが予想されるが、勝手な感想の言い合いにしてはならない。主張は異なっても、そこで生徒がつくる論拠に妥当性があるかどうかを吟味するのである。そこでは、学習課題を基軸に、読者である生徒が説得性のある自らの読みを生みだす過程を共同で体験しているのである。

(三)　自分の考えの形成について

①　読むことによって考えを形成するとは

「読むこと」の領域に、文章を読んで自分の考えを持つことが強調されるのは、まさに言語における表現と理解の垣根を低くし、相互に活用可能な状況を生みだそうという意図に基づくものだと考えられる。「自分の考え」を持つことは、「表現すること」に密接につながることだからである。

読んで考えを形成するという場合、一つは、読んだことをもとにして、自分のものの見方や考え方を広げ深めるなど、人間・社会・自然などについて自分なりの考えを持つことである。もう一つは、読んだ文章の構成や展開・表現の仕方に対する考えを持つことがあげられる。国語科の指導では後者が中心となってきたが、両者は分かちがたく、指導のうえではねらいを明確にしながらも、それぞれの特性を関連づけながら読みの活動を進めていくことになる。

自分の考えを形成するために読む活動は、ある程度**文章形態**の制約を受ける。文学的な文章や詩では、教材に対する**批評**が中心となろう。作品自体の評価は最初からは困難なので、音読によって親しんだり、表現の仕方について感想を交流したりする段階から、次第に教材の価値へと触れさせていくようにすることが望ましい。

説明的な文章や評論などでは、文章の表現形式だけでなく、筆者のものの見方・考え方、さらには書かれている内容の価値まで批評が至る。例えば、社会・文化・自然に関する筆者の主張に対して自分の意見を述べる活動がそれに当たる。その際に、どの学年でも当然根拠が必要だが、その根拠も、学年の発達段階に応じて自分の経験や外部の情報を効果的に集めるなどして、より論理的な説得力を増すように留意させたい。

さらに、考えを形成するということは、それを深めて表現させるということを含む。考えを深めるためには他者との交流は不可欠で、それぞれの表現について必ず情報交換の場を設定したい。

②　読むことを通して主体的に考えを形成するための指導のあり方

「心のバリアフリー」という教材で考えてみよう。出典は乙武洋匡『五体不満足』（講談社）である。

教科書は、時代という視点から話題性のある教材を掲載する傾向にある。では、この教材に見出すべき時代的な視点とは何であろうか。

近年、障害者に対する支援の大切さについて社会的な共通理解が進んでいるように思われる。私たちの経験においても駅や公共の建物の仕様から、そのような支援が形となって広がっていることを実感する。しかし、そういった支援が善意のものだったにせよ、支援する健常者の根底に潜む感覚のズレが障害者と健常者を隔絶する壁（バリアー）になるというのが、本教材の要旨である。このように、一見好転しているかにみえる障害者へのかかわりの傾向に対して、さらに視点を変えることによって、より物事の本質を見つめ直そうと共感を求めるのが筆者の意図であり、それを自然な文体で語っているところに特徴がある。

障害者に対する思いは生徒それぞれ異なっているだろう。しかし、事例にあるように、かかわり方という具体的な課題・論点が出てきたときに、生徒は**自分の経験**や**外部資料**を駆使して主体的に自分の考えを形成する場が生みだされる。したがって、この教材の特性として、必要に応じて筆者や現状に関する情報を生徒に与えたり、先行知識を想起させたりするなど外部情報を活用することは、自分の意見を主体的に形成する学習にとって有効な手段である。教材を読んで、「なるほど」「そうだったのか」と受動的に読んでいた姿勢から、既成概念を崩され、ではあなたはどのようにかかわるかと課題を突きつけられたときに自らの考えは、必要感を伴って形成される。そのとき自分の意見を対象化し相対化するのが、教材文自体であり、教材を取り巻く様々な情報なのである。問題の所在をよく知ることによって、初めて価値判断・評価が可能になる。この場合も、ただ「〇〇について自分の考えを述べなさい」という表層的な活動指示に終わらないように留意したい。

なお、生徒に多様な考えを形成させるためには、一つの文章だけでなく、同じ話題の他の文章を**比べ読み**させることも効果的である。文章数が多いことはそれだけ考える材料としての情報が豊富になる。しかし、比べ読みの利点はそれだけにとどまらない。複数の文章の筆者の主張や事例の差異が、考えるきっかけを与えてくれることにも注目したい。すなわち、文章Ａ、文章Ｂの筆者の主張の違いはすぐに気付くが、文章Ａ、文章Ｂの筆者とも同じ主張をしているのに事例が異なるなど、細かい表現の仕方への気付きから、問題を明確に把握したり、表現の効果について考えることができる。

また「**筆者**」という概念は、ほとんどがもともと実在の筆者を指すのではなく、そこに書き手がいることを想定することによって、表現の特徴をより実感的に解明するための装置としてはたらくものである。生徒の「なぜ筆者はこの語句を用いたのか」「なぜ筆者はこのような事例を用いたのか」などの自発的な問いかけは、読み深めの問題に入り込みやすい。中学校・高等学校の生徒の発達段階として、この筆者概念を、文学的な文章の「**語り手**」などとも関連づけながら、読みの方略として自覚的に活用させることが望ましい。

（四）読書と情報活用について

① 読書の娯楽性・教養性と情報活用型読書

読書指導においては、読書の**娯楽性**・**教養性**と**情報活用型**の読書の両面の特性がバランスよく生徒に実感されることが大切である。かつて国語科教育において読書ブームと呼ばれる時代（昭和四〇年代）があったが、その隆盛は一過性の感があり、息の長い読書習慣の定着には結びつかなかった。これは、読書の娯楽性・教養性を生徒が実感できなかったためではないかと思われる。

過度に調べ学習や読書感想文などを読書と結びつけると、読書の娯楽性が減退してしまう。娯楽性・教養性は、読書に対する生徒の興味・関心を高め、恒常的な読書習慣を身に付けさせる大きな要因である。実際、生徒は面白さと同時に自らの**知的好奇心**が触発される読み物を求めているのである。とはいえ表層的な面白さにとどまっているのは、読み物の面白さの質、例えば論理展開の明確さや、描写の美しさなどの文章の良さに気付いていないからでもある。そこで、両者の特性を融合する読書指導の模索が必要になってくる。

② 読書指導の方法

「**朝の読書**」は、時間だけを設定して生徒各自が好きな読み物を選んで読むという点で、読書の娯楽性の具現化の一翼を担っている。感想等を求めないとする教室も多いようで、生徒の心理的負担を軽減し読書の習慣を形成することに資する活動といえよう。もちろん、自由に本を選ぶことは重要なことではあるが、先に述べたように、生徒自身が読書の質を高める意識を持つように支援することは不可能ではない。

有効な方法の一つに生徒による情報交換がある。生徒同士が読んだ本の紹介を学級で行う。発表形式だけでなく**ポップ**や**ポスター**などで教室に掲示するのも効果的である。同年代が面白いと感じた読み物に同じ思いを抱く可能性は高い。また、自分の気に入った作品の紹介は、紹介する方にとっても喜びになり、読書経験が一層深まることが期待される。また、教師による紹介も重要な情報源である。**新聞の書評**、**広告**などを利用しながら、なるべく時代的傾向と生徒の実態に合ったものを選択する必要がある。読書には、読者それぞれにとっての「**適書**」があることを大切にしたい。むしろ一人の作者の作品を連続して読む、同じテーマの読み物をまとめて読むなどの読書における個に即した「読み方」を提示するべきであろう。なお、それらの方法は、**学校図書館の司書教諭**や**地域の公共図書館**と連携し、**ブックトーク**などの多様な取り組みを参考にすることが望ましい。

③ 問いを持ち続け多読につなげる

国語科の授業時数の減少などから、読むことの教科書教材は減少の傾向にある。読解指導は読書指導の「一種のとりたて指導」(注2)という言葉が象徴しているように、教室での読みが教室の外での読書につながることを期待したい。多様な文章形態や新たな読みの方向が要求されてくると、どうしても教科書自体は総花的になってしまう。

読む力を支える様々な技能の定着には**反復・繰り返し**が必要である。それは、教科書以外の多くの読書によって支えられる。したがって、教室を起点とした**学校図書館**や地域の**公共図書館**の活用が必要になる。

国語教室から読書を広げる方法の一つが、「読むこと」の学習において、**問いを持ち続けて読む**ことを習慣化することである。例えば、説明的な文章の読み取りで事例を分析したところ、もっと有効な事例があるのではないかと疑問を持ち、他の書物に目を向ける。主体的な情報活用読書はこのように始まる。また、ある文学的な教材について、時代背景が人物像のあり方にかかわっているのではないかと考え、自ずと同じ作家や同時代の作品を読んだり、社会的・時代的な背景を調べたりする生徒もいよう。読書指導で教師が与えるのは、あくまで生徒自身が読むためのきっかけである。そのきっかけが、生徒一人ひとりに応じたものであることが望まれているのである。

【課題】本書の説明を参考に、説明的文章教材・文学的教材を一つずつ選び、それぞれの教材でどのような指導をしたいか、四百字詰原稿用紙二枚以内にまとめよう。

（注1）『中学校学習指導要領解説　国語編』文部科学省、一一五頁、二〇〇八

（注2）小田迪夫『説明文教材の授業改革論』明治図書、五四頁、一九八六

コラム 「よむ」のさまざま

「よむ」を辞書で引くと次のように出てくる。

【読む】①数をかぞえる。②文章・詩歌・経文などを一字ずつ声を立てて唱える。③〈詠〉詠じる。詩歌を作る。④文字・文書を見て、意味をといて行く。⑤漢字を国語で訓ずる。⑥（講釈師が）講ずる。⑦（外面にあらわれたものから）了解する。さとる。⑧囲碁・将棋などで、先の手を考える。（『広辞苑』第六版・岩波書店）

国語教育の中での「読む」は主として④の「文字・文書を見て、意味をといて行く」ことであろうが、現在「よむ」という言葉は、⑦の了解する、さとるという意味で多くの場面で使われているように思う。

例えば、その場の人間関係や話題の方向などを総合した場の雰囲気をさとることを「空気をよむ」と言う。人間関係を円滑に進めるためにも、その場のある集団の中での自分自身の位置を確かめるためにも「空気をよむ」ことは大切なことであろう。このことには、「状況をよむ」とか「雰囲気をよむ」とかの「場を察する」ことも含まれている。また「時代をよむ」という使い方もある。現在の経済状況や国際関係など社会情勢をとらえ、今後の情勢を占うようなときに用いる。ファッション、音楽、流行などにも「時代をよむ」という言葉は頻繁に使われている。言葉のない画像や言葉と一体となった映像そのものも、「メディアをよむ」と言う。「みる」が「よむ」という言葉の意味の広がりの中で組み込まれていくように思うし、メディア・リテラシーも国語科で育てるものになってきた。

国語科の学習の中でも「よむ」は、様々な様相を持っている。短歌や俳句、詩歌など韻文を創作するのは、先の③の「詠む」の「よむ」である。「よむ」の多様性に驚くが、国語科の学習の中心である文章を「読む」には、中学校の学習指導要領によれば、目的や意図に応じ、内容や要旨を的確にとらえ、文章の内容や展開、表現の仕方に注意し、評価しながら読むということが求められている。また「読む」ことそのものでもある読書については、読書を通してものの見方や考え方を広げ、生活に役立てたり自己を向上させたりする態度を育てることが求められている。そして「音読、朗読」など先の②にあたる活動も言語活動例の一つにあげられている。

多様化する「よむ」であるが、国語科教育の中心から外れることはないだろう。そして、「時代をよむ」や「空気をよむ」なども結局は、文章を読み解いていくのと同じで、そこにある事実をひと・もの・ことなど様々な脈絡の中での関係をとらえていくことなのではないだろうか。

第十章「伝統的な言語文化と国語の特質に関する事項」の指導

一　「伝統的な言語文化と国語の特質に関する事項」新設の趣旨

「伝統的な言語文化と国語の特質に関する事項」は、平成二十年版中学校学習指導要領（国語）において、新設された事項である。その趣旨は、文部科学省『中学校学習指導要領解説国語編』二一頁（平成二十年九月、以下『解説』）によれば、次の二点に集約できる。

①　我が国の歴史の中で創造され、継承されてきた**伝統的な言語文化**に親しみ、継承・発展させる態度を育てること。

②　**国語の果たす役割や性質**についてまとまった知識を身に付けさせ、言語感覚を豊かにし、実際の言語活動において有機的に働くような能力を育てること。

この「伝統的な言語文化と国語の特質に関する事項」の新設は、中央教育審議会『幼稚園、小学校、中学校、高等学校及び特別支援学校の学習指導要領の改善について（答申）』（平成二十年一月十七日、以下『答申』）の国語科「改善の基本方針」に示された、また、「言語文化と国語の特質に関する事項」を設け、我が国の言語文化に親しむ態度を育てたり、国語の役割や特質についての理解を深めたり、豊かな言語感覚を養ったりするための内容を示す。（七五頁）

をふまえている。『答申』では、「伝統的な」という語句が示されていないが、中学校学習指導要領では、加えられている。これは、後述する「伝統的な言語文化」の三番目に「古代から現代までの各時代にわたって、表現し、受容されてきた多様な**言語芸術や芸能**」が示され、古典が強く意識されたためによる。「言語文化」には、古典だけでなく、近代・現代における「言語文化」もあるので、その点には注意が必要である。また、現代における多様な言語現象も、イの「言葉の特徴やきまりに関する事項」と関連させながら、学習の対象としたい。

「伝統的な言語文化と国語の特質に関する事項」は、⑴と⑵とで構成され、⑴は「ア　伝統的な言語文化に関する事項」「イ　言葉の特徴やきまりに関する事項」「ウ　漢字に関する事項」で構成されている。⑵は書写に関する事項である。

⑴の指導においては、「A　話すこと・聞くこと」「B　書くこと」「C　読むこと」の指導を通して指導するものであることが重要である。⑴の「ア　伝統的な言語文化に関する事項」は、特に古典についての指導事項である。従来、古典に関する指導事項は、「C　読むこと」の指導事項に示されていたが、平成二十年改訂で**古典に関する指導事項**として、特化された。

⑴の「イ　言葉の特徴やきまりに関する事項」は、日本語の持つ特徴やきまりについて指導する。平成十年版の「言語事項」にあった指導事項のうち、各領域に密接に関係するものは、関係の領域に移した。例えば、

【平成十年版】［言語事項］ア　話す速度や音量、言葉の調子や間の取り方などに注意すること。

【平成二十年版】「A　話すこと・聞くこと」第1学年　ウ　話す速度や音量、言葉の調子や間の取り方、

相手に分かりやすい語句の選択、相手や場に応じた言葉遣いなどについての知識を生かして話すこと。

なお、「**言葉の特徴**」とした点にも注目したい。「特徴」と記した背景には、他の言語と比較した場合の日本語の特徴や、日本語の特質ゆえの様々な言語現象についても触れることになる。この指導については、指導者側の日本語学的知識の充実が求められる。また、学習者には、自らの言語生活をふり返らせ、その中の具体的な言語事象から「言葉の特徴やきまりに関する事項」を指導したいものである。

(1)の「ウ　漢字に関する事項」については、特に「書き」の指導について、平成十年版では、中学校修了までに「文や文章の中で使うこと」としていたが、第3学年で、「文や文章の中で使い慣れること」としている。

二　「伝統的な言語文化」とは何か

『解説』によれば（二一頁）、「言語文化」とは、

① 我が国の歴史の中で創造され、継承されてきた文化的に高い価値をもつ言語そのもの、つまり文化としての言語

② それら（筆者注、文化としての言語）を実際の生活で使用することによって形成されてきた文化的な言語生活

③ 古代から現代までの各時代にわたって、表現し、受容されてきた多様な言語芸術や芸能

など、幅広い概念である。平成二十年改訂では、「伝統的な言語文化」というふうに「伝統的な」が付いているため、基本的には「**古典に親しむ態度の育成**」を重視している。

三　「ア　伝統的な言語文化に関する事項」の内容

「ア　伝統的な言語文化に関する事項」は、特に古典についての指導事項である。従前は、「C　読むこと」の配慮事項に示していた古典の指導に関する事項が、今回「伝統的な言語文化と国語の特質に関する事項」の「伝統的な言語文化」に位置づけられ、古典の指導事項として、明示された。

（一）古典指導の基本的な考え方

中学校三年間を通して「**古典入門期**」であるという立場に立つ。中学校学習指導要領（国語）「伝統的な言語文化と国語の特質に関する事項」のアの(ア)の系列では、次のように学年の進行に従って、古典への親しみを増すことをねらっている（傍線筆者）。

【第1学年】(ア)　文語のきまりや訓読の仕方を知り、古文や漢文を音読して、古典特有のリズムを味わいながら、古典の世界に触れること。

【第2学年】(ア)　作品の特徴を生かして朗読するなどして、古典の世界を楽しむこと。

【第3学年】(ア)　歴史的背景などに注意して古典を読み、その世界に親しむこと。

第1学年においては、小学校における古典の学習をふまえ、さらに古典の世界に触れることを指導する。その際、文語のきまり（歴史的仮名遣いや係り結び、古今異義語、現代では使わない助動詞・助詞など）を教材に即して必要な事項を指導する。また、**音読**をすることにより、古典の文章の持つ**リズム**を体得させる。古典の学習が「**音読**に始まり、音読に終わる」とはよく言われることである。

第2学年においては、第1学年の「音読」をふまえて、作品の特徴を生かした「**朗読**」を取り上げ、古典の世界を楽しむことを指導する。「朗読」は、自分が朗読するときの工夫、他の人の朗読の工夫などを通して、なぜそのように朗読するのか、そのように朗読することでどんな効果が得られるのかなどを吟味することにより、新たな読み方、とらえ方を発見することにもつながる。古典の解釈を多様にすることは、近現代の文学教材の扱いと同じで、古典を読むことの楽しさを発見できる契機となる。

第3学年においては、「**歴史的背景**」などに注意して、古典に親しむことを指導する。「歴史的背景」は、その時代の趨勢、作者の立場や状況、作者をめぐる人間関係などであるが、教材理解に役立つ事柄を精選することが大事である。「歴史的背景」をふまえることで、人間の様々な姿を古典に見出すことになろう。

「伝統的な言語文化と国語の特質に関する事項」のアの(イ)は、様々な古典作品を知り、登場人物や作者の思いを想像して、それらについて自分の考えを持つ系列である。

【第1学年】(イ)　古典には様々な種類の作品があることを知ること。

【第2学年】(イ)　古典に表れたものの見方や考え方に触れ、登場人物や作者の思いなどを想像すること。

【第3学年】(イ)　**古典の一節**を引用するなどして、古典に関する簡単な文章を書くこと。

第1学年の「様々な種類」とは、和歌、俳諧、物語、随筆、漢文、漢詩などのことである。また、能、狂言、歌舞伎、古典落語などの古典芸能も含まれる。これらに触れることにより、古典の世界についての興味・関心がわくようにする。

第2学年の「古典に表れたものの見方や考え方」には、現代と共通するものもあれば、現代とは異なるものもある。「**古典に親しませる**」ことに急ぐあまり、「現代と共通するもの」のほうに指導の重点を置く傾向が強いが、むしろ「現代とは異なるもの」が「古典に親しませる」ことにつながることもある。また、「古典に表れたものの見方や考え方」に触れるためには、原文はもちろんやさしい現代語訳や古典について解説した文章を用いたり、関連する本や文章を紹介したり、音声や映像メディアを活用したりするなどの工夫が考えられる。特に、音読や朗読の指導に関しては、音声メディアの活用は欠かせないが、教材本文とは異なる原文であることも時々あるので、事前に確かめたうえで使用したい。

第3学年の「古典の一節を引用するなど」した「古典に関する簡単な文章」とは、感想文や手紙、作品を紹介する文章などのほかに、日常的な表現活動の中に古典的な言い回しや一節を引用することも考えられる。例えば、先輩に尋ねれば簡単に済むことをそれをしなかったために不都合が起きたときなど「昔から『先達はあらまほしきことなり』（徒然草）と言うではないか」というふうにである。このことが、古典にいっそう親しむ態度を育て、関心を深めさせるとともに、伝統的な言語文化を継承・発展させる態度の育成にもつながる。

（二）古典教材の発掘

中学校古典指導の教材開発について、「**郷土教材**」の発掘を指摘しておきたい。「古典に関する教材」については、中学校学習指導要領（国語）の「第3　指導計画の作成と内容の取扱い」の(5)に示してあるとおり、古典の原文に加え、古典の現代語訳、古典について解説した文章などが示されている。これらは、教材としての提出の仕方にかかわるものである。一方その内容については、「第3　指導計画の作成と内容の取扱い」の(2)に示された教材一般に関する事項がある。

古典教材の場合、**地域に由来する古文**が多く存在することが多い。例えば、万葉集であれば、全国各地にその題材が取られている。身近な土地が古典と結びついていることを知れば、学習者の古典への興味・関心は高まることが期待できる。

その際、内容価値の視点、能力育成の視点から教材を発見する力量と、それを教材として構成する力量が指導者に求められる。

(三) 小学校との連携

平成二十年改訂では、小学校学習指導要領においても、「古典重視」が示されている。従前は小学校第5・6学年において、やさしい古典に親しませることに主眼が置かれていたが、小学校第1・2学年から古典に親しませることが意図されており、小学校との指導上の連携について考慮する必要がある。具体的には、どのような教材が提出されているか、どのような形態で教材が示されているか(原文の有無、現代語訳の有無、解説文の有無など)、どのような指導法が行われているか、などについて、小学校との連携を密にしておくことが望まれる。

【課題】 教科書を手がかりに、小学校・中学校・高等学校において取り上げられている古典教材を取り出し、その指導上の系統を概観してみよう。

四 「国語の特質」とその指導内容

「国語の特質」は次の二面から考えることができる。

(一)日本語という言語はそもそもどのような働き(機能)を持つ言語か

各学年の指導事項(ア)がそれである。

第1学年では、「伝達」という言語の機能に着目し、「**音声の働きや仕組み**」を取り上げている。音節の基本的な構造などへの理解とともに、アクセント、イントネーション、プロミネンスなどの音声的特質を理解させ、「A　話すこと・聞くこと」と密接な関連を持ちながら、指導に当たることが重要である。「**アクセント**」は、「個々の語句について、社会的慣習として決まっている相対的な際だたしさの配置」のこと、「**イントネーション**」は「音声言語において、息の段落ごとに現れる声の高さの変動」、「**プロミネンス**」は「話し手が、言葉の中で、その時その時に最も重要な意味を表す部分を特にはっきり発音するもの」である。音読・朗読はもちろん、日常の話し言葉におけるこれらの影響や効果を考えさせることが重要になる。

第2学年では、「**話し言葉と書き言葉**」「**共通語と方言**」「**敬語**」を取り上げ、その特徴や働きについて理解することを指導する。「話し言葉と書き言葉」については、その特色や役割の違いについて理解させるとともに、適切に使い分けられるよう、日常の言語生活に結びつけた指導が重要である。例えば、作文(書き言葉)の中に、不用意に話し言葉を交えたり、逆に効果をねらって混在させたりすることなどについて考えさせたい。「共通語と方言」については、共通語・方言の果たす役割を理解させ、時と場合に応じて使い分けられるように指導することが大切である。「敬語」については、体系的な知識とともに、人間関係の中で敬語の果たす役割を理解させる。基本は、尊敬語、謙譲語、丁寧語であるが、文化審議会答申「敬語の指針」に示された尊敬語、謙譲語Ⅰ、謙譲語Ⅱ(丁重語)、丁寧語、美化語については、生徒の実態に応じて取り上げる。

第3学年では、「時間の経過による**言葉の変化や世代による言葉の違い**」や「**敬語**」を取り上げる。「時間の経過による言葉の変化」については、古典指導との関連が考えられる。現代日本語がどのような経緯で現在のような語形や語意を持つように至ったかなどを調べたり考えたりすることは、言語文化への興味・関心が高まる契機になる。また、現代語の中にも語形や使い方が変化しつつあるものもある（例えば、ら抜きことばや「全然」の用法など）。このような学習を通じて、言葉は変化するということを理解させる。また世代による言葉の違いについても、共時的に見た場合の若者と年配者、通時的に見た場合の一人の人の使用する言葉の変化（例えば「一服」という言葉は年配になるほどよく使う）などに着目させることが重要である。「敬語」については、相手や場面に応じて、適切に使い分けることができるように指導する。

(二) 日本語の音声・音韻、語句・語彙、文法、表現には、どのような特色があるか

「語句・語彙に関する事項」「単語・文及び文章に関する事項」「表現の技法に関する事項」に分類される。なお、「音声・音韻に関する事項」は、前述の（一）で述べた。

「語句・語彙に関する事項」は、第1学年の(イ)(ウ)、第2学年の(イ)、第3学年の(イ)の指導事項である。

第1学年の(イ)では、辞書的な意味と文脈上の意味との関係について述べたものである。ただし、文脈上の意味が辞書的な意味とまったくかけ離れたものになるとは考えにくいので、辞書的な意味がどのようにして、文脈上の意味に変化するのか考えさせる必要がある。また、文脈上の意味を推測したのち、辞書の意味を調べ、さらに再度文脈に埋め戻す作業を行う必要がある。そのことが「語感を磨く」ことにもつながっている。

第1学年の(ウ)では、「語彙」への理解・関心を指導する。第1学年では、「事象や行為」など、具象的で身近な事柄を表す語句に気付かせることをねらう。語句の集まりが「語彙」であるが、それは、多様な観点での集まり

を作ることに気付き、その集まりの中では、共通点と差異点を微妙なバランスで保持しながら、語句と語句との関係を作っていることに気付かせる。そのことは「語感を磨く」ことにもつながる。

第2学年の(イ)では、「抽象的な概念」を表す語について指導する。抽象的な語句を取り上げ、それが表す具体的な中身を考えさせることなどを通して、語感を磨く。また、**類義語・対義語・多義語**なども指導する。

第三学年の(イ)では、**慣用句・四字熟語の知識、和語・漢語・外来語などの使い分け**を指導して、語感を磨き、語彙を豊かにすることの指導を行う。特に和語・漢語・外来語などの使い分けの指導は、語感を磨くのに大いに役立つ。例えば「やど―旅館―ホテル」などを印象や使用文脈などから比べさせ、その語感の違いを考えさせる指導などである。

中学校三年間を通して語感を磨くには、様々な視点で、語句を比べる力が要求される。例えば、意味の視点（類義語・対義語）、語種の視点（漢語・和語・外来語）、位相の視点（若者語、あらたまった場とくだけた場）などである。比べることによって、共通点とともに、微妙な差異をとらえる力こそが「語感を磨く」のに大いに役立つ。

「単語・文及び文章に関する事項」は、第1学年の(エ)、第2学年の(ウ)(エ)(オ)である。

第1学年の(エ)では、「単語の類別」「指示語、接続語などの語句」について指導する。「単語の類別」では、自立語と付属語の大別からはじまるいくつかの品詞について指導するとともに、それぞれの品詞が文のどのような成分になるかを指導する。中学校で指導する文法体系は、いわゆる「橋本文法」（橋本進吉の提唱する文法学説）によっているが、他の文法学説もふまえたうえで、橋本文法の長所・短所もわきまえておく必要がある。また、単に暗記だけの学習に終わらせることなく、言葉の分類や体系について興味・関心を抱かせるよい機会ととらえて指導する必要がある。

第2学年の(ウ)は、「文の成分の順序や照応」「文の構成」について指導する。文を組み立てている主語・述語・修飾語・接続語・独立語などの語順を指導する。また、「文の成分の照応」については、特に主語・述語の照応について指導を強めたい。「書くこと」の指導とも関連する。さらに、「文の構成」については、語順や照応によって、表現効果がどのように変わるのかを学習させる必要がある。これも、「書くこと」と大いに関連する。第2学年の(エ)は、「単語の活用」と「助詞・助動詞」について指導する。「単語の活用」では、単語の類別と関係づけながら活用の有無によって単語を分けることを理解させる。また、「助詞・助動詞」では、語と語との関係を示したり、意味を付け加えたりする働きを理解させるとともに、自らの表現活動とも密接な関係があることを日常の言語活動を取り上げながら指導する。第2学年の(オ)は、「相手や目的に応じる話や文章の形態や展開の違い」について指導するものである。話や文章の形態としては、例えば「事実や事柄を伝える説明や記録」「手紙などの通信」「感想や意見」などである。話や文章の適切な形態を選択することは、話すこと、書くことの指導の際の重要な条件である。

五　「漢字に関する事項」の内容

中学校での漢字指導については、次のようになっている。

（一）「読むこと」の指導

【第1学年】小学校学習指導要領の「学年別漢字配当表」に示された漢字に加え、その他の常用漢字のうち二五〇字程度から三〇〇字程度までの漢字を読むこと。

【第2学年】第1学年までに学習した常用漢字に加え、その他の常用漢字のうち三〇〇字程度から三五〇字程度までの漢字を読むこと。

【第3学年】第2学年までに学習した常用漢字に加え、その他の常用漢字の大体を読むこと。

中学校での漢字指導は、小学校のように「学年別配当」が決まっているわけではない。したがって、使用教科書に沿って漢字指導を行えばよい。第3学年の「大体」については、どの字と決まっているわけではないので、常用漢字の全部と理解する。したがって、漢字を「読むこと」については、中学校卒業までに、全部の常用漢字が読めるように指導する。

（二）「書くこと」の指導

【第1学年】「学年別漢字配当表」のうち九〇〇字程度の漢字を書き、文や文章の中で使うこと。

【第2学年】「学年別漢字配当表」に示されている漢字を書き、文や文章の中で使うこと。

【第3学年】「学年別漢字配当表」に示されている漢字について、文や文章の中で使い慣れること。

「書くこと」の指導については、中学校卒業までに「学年別漢字配当表」に示されている漢字を書けるようにする。ただし、第1学年・第2学年が「文や文章の中で使うこと」となっているのに対し、第3学年では、「文や文章の中で使い慣れること」となっていることに注意が必要である。このことは、単に漢字の書き取りテストなどで書けるだけでなく、生徒の言語生活の中で、必要に応じて自然に使うことができるということである。なお、中学校修了までには、「書くこと」の指導では「学年別漢字配当表」に示された漢字が習得の対象となるので、高等学校の入学試験においても、「漢字の書き」の出題範囲は、「学年別漢字配当表」に示された漢字となる。指導者として、知っておくべき知識であろう。

六　「書写に関する事項」の内容

書写の指導が国語科の指導の範疇であることをよく理解し、指導に当たる。決して芸術としての書道を指導するのではない。第1学年では、「様々な場面に応じて楷書で書くこと」「行書の基礎的な書き方を理解して書くこと」を、第2学年では「行書の漢字と仮名の調和を考えて書くこと」「楷書又は行書を選んで書くこと」を、第3学年では「文字を文化として認識し意図を明確にして文字を書くこと」を指導する。

また、中学校学習指導要領（国語）の「第3　指導計画の作成と内容の取扱い」の2⑵に注意して指導することが大切である。すなわち、

ア……「正しく整えて」はひとまとまりと考える。「速く」も中学校書写において求められる要素である。

イ……毛筆書写は各学年で行うことを示している。毛筆書写では、一点一画を丁寧にゆっくり書くので、硬筆で書く際の点画が強く意識される。毛筆が硬筆で書く際の書写の能力の基礎を養うということの意義である。

ウ……書写の配当字数について、第1学年・第2学年では年間二〇単位時間、第3学年では年間一〇単位時間程度となっている。

コラム　日本語の語彙

日本人は、農耕民族であり、ヨーロッパ人は、狩猟民族であるから、当然語彙もそれによって変わってくる。これは、ステレオタイプであろうが、言葉は使用する地域の伝統や生活様式によって違ってくるものである。周囲を海に囲まれた日本では、魚の呼称が、地域によって違っていたり、魚の成長に合わせて名称を変える。「ブリ」など豊かな語彙をもっているのがよい例である。対してヨーロッパでは、既に外来語として日本語化しているとも言えるが、牛肉は部位によって様々な名称がある。同様にエスキモーには、雪の形状に合わせて細かな言葉の違いがある。

世界の中で日本語は非常に習得しにくい言葉と言われる。敬語があったり、「は」と「が」の区別が難しかったりするのは、世界にあまり例のない日本語の特殊性の根拠にされる。しかし、東南アジアの言語にも敬語は広く見られ、「が」、「は」の区別にそっくりなものが朝鮮語にあると言われる。日本語が世界の言語の中で最も特殊と言えるものは、その表記であろう。漢字、平仮名、カタカナ、ローマ字、アラビア数字といった多くの違った体系を持っているのは、世界唯一であると言われる。

またこの表記とも関係するが、日本語は、和語・漢語・外来語を持ち、位相の点で文語体特有の語彙・口語体特有の語彙があり、聞き手によって代名詞をはじめ敬語などの差がある。さらに標準語と方言の差も大きいし、特殊な社会特有の語彙も相当ある。他の言語にも方言と標準語などの差はあるだろうが、日本語と外国語の違いはまだまだ多く存在する。

日本語の語彙が日々拡大していく原因に外来語がある。もとの言葉が英語であっても、フランス語であっても、イタリア語であっても、カタカナ表記することで即座に日本語に取り入れることができる。しかもそれらを組み合わせて複合語としたり、和製英語にしたりどんどん日本語に取り入れることができる。またカタカナ表記の擬声語もあれば、平仮名表記の擬態語もあるオノマトペは、日本語の得意分野かもしれない。日本語と英語を比較してみると擬声語は日本語も英語も多くあるが、擬態語に関しては、日本語は副詞として動詞などに付け加えることで多様な様子を示したり、心情を表したりできるが、英語では他の言葉を用いて説明する必要があるという。また同様に心情表現を表す語が日本語は非常に豊かであり、仏語に「悔しい」、独語に「懐かしい」がなく、米語には「もったいない」がない。日々変化していく日本語であるが、美しいまま残せるようにしていくのも国語科教師の役目かもしれない。

第十一章　高等学校における特徴ある指導

一　中学校との連携を図る

（一）高等学校における国語学力観・国語科授業観の問いなおし

「近くて遠いところ」、そういう呼び方がふさわしいかはともかくとして、小中学校から見た高等学校の国語教室は一種の違和感をともなって見られることが少なくなかった。それはよく耳にする「知識注入型」の一斉授業、教師主導による「一問一答式」の授業形態への批判などにも読みとることができる。これらの批判を生みだしたのは、国語の学力とは何か、国語の授業はどうあるべきかといったきわめて根底的な国語学力観や国語科授業観に対する両者の意識の差異である。授業の主体が生徒であることは言うまでもない。そして、国語学力が「学校教育において意図的・計画的な教育課程に基づき、生徒が学習することにより獲得する能力」（七頁）であるのは後期中等教育においても変わりはない。とすれば、高等学校の国語教室を特徴づけている国語学力観・国語科授業観とはどのようなものであるのだろうか。

高等学校では長く基礎学力の定着をめぐって学力論争が展開されてきた。そして、そういった場で使われる

「学力」とは多くの場合、「学びの成果としての学力」を指していた。大学受験を前提とした、計測可能な学力をつけるために、いかに効率的に生徒に学ばせるか、また、どんな知識を体系的に教えるかが優先された結果、教師から生徒への一方通行の授業が常態化するという結果をもたらした面は否定できない。

しかし、学力は「成果としての学力」であるとともに、「学びのプロセスにおける自主的な学習能力」という一面を持っている。「生きる力」を生徒につけていくためには、この両者が相互補足的、有機的に機能し合うことが必要である。では高等学校の国語教室において、言語活動を充実させ、時代に即応した新たな授業の構築を目指すためにはどうすればよいのか。まず考えられるのは、生徒の学びの実態に応じた授業方法を開発することである。そしてその前提となるのが、学習者である生徒の発達段階を的確に把握し、その関心・意欲・態度に応じて指導目標を設定し、指導内容を精選し、学習活動を構想していくことである。教材の内容を教えるだけにとどまらず、授業を通して言語力をどう育成し、活用していく力をつけていくかという観点に立った**指導法研究**が高等学校にも求められている。

(二) 中学校での学びをどうつなげ、どう越えていくか

近年、高等学校でも教師どうしが授業を公開し合う機会が増えてきた。授業を教室の中に閉じ込めないことは、授業改革を支える重要な条件である。しかし、小中学校と比べると授業研究会の頻度や研究自体の深まりにはまだ課題が多い。そこで、そういった課題を克服する手立てとして、長年にわたって蓄積されてきた小中学校のすぐれた実践に学ぶことを考えたい。もちろん学習者の年齢差や教材の難易度の違いもあるので直接生かせる実践は限られるが、教師が学習者とともにどのような授業をつくりだしていくかを考えるうえで学ぶべきものは多い。

高等学校の教師はまず小中学校の教材を知り、高校入学前の生徒の学習体験を把握することから教材研究を始めるとよいだろう。

例えば、学習指導要領でも重点が置かれている、伝統的な言語文化の指導の例を考えてみる。

【中学校で採用されている古典教材】の例…『東京書籍　中学校　新編　新しい国語』(注1)

第1学年　竹取物語（冒頭文・他）／枕草子（春はあけぼの）／韓非子（矛盾）

第2学年　徒然草（ある人、弓射ることを習ふに・雪のおもしろう降りたりし朝）／平家物語（那須与一・祇園精舎）／論語（故きを温めて・学びて思はざれば・他）

第3学年　万葉集・古今・新古今／おくのほそ道（冒頭文・平泉）／漢詩二編（杜甫「春望」・李白「黄鶴楼にて、孟浩然の広陵に之くを送る」）

『竹取物語』、『枕草子』、格言、『徒然草』、『平家物語』、『論語』、『万葉集・古今集・新古今集』、『おくのほそ道』、漢詩といずれも高等学校に入学して古典を本格的に学び始める生徒が第1学年で学習する作品ばかりである。さらに、中学校で一度学習した教材が、高等学校の教科書に重複して採用されているケースも少なくない。こういった**生徒の学習履歴**をふまえて授業を組み立てていくことで、中学校から高等学校へのスムーズな橋渡しが可能となる。

①　授業に「声」を取りもどす

高等学校において授業を活性化する取り組みについていくつか考えてみる。まず、高等学校入学後の古典指導をスムーズに始めるための指導法をあげる。

中学校で古典を扱う場合、「古典に親しむ」ことに指導の重点が置かれる。中学校三年生の教材を見ても『万葉集』七首、『古今和歌集』・『新古今和歌集』各三首が採られ、古典のすぐれた表現やリズムを読み味わうことに指導の重点が置かれている。続く『おくのほそ道』でも本文の下に現代語訳が添えられ、旅の行程図や中尊寺金色堂の写真、平泉付近の地図など、古典作品の世界を味わうための配慮がなされている。

これに比べると高等学校の教科書は前述したような学力観を反映してか、テクストを読むことに主眼を置いた編集がなされている。実際の授業においても教師が講義形態で授業を進めることが多く、一時間を通して生徒はひと言も発せずに授業が終わることが稀ではない。そんな授業に**「声」を取りもどす**こと(注2)は、言語の教育に欠かせないことであろう。

音読や朗読は最も授業に取り入れやすく、生徒の意欲をそそる学習方法である。朗読は音読の一種として位置づけられるが、理解が深まった段階での鑑賞のための音読といってよい。生徒は文章を音読することによって語や文のまとまりを正確に理解し、文章の構造をとらえることができるようになる。高校生の約七割が古典に苦手意識を持っているといわれるが、生徒が抵抗感なく古典学習に入っていくためには音読をどう授業に取り入れるかがポイントとなる。

生徒が音読に親しむためには、まず教師による範読やプロによる朗読にふれさせるのが有効である。その中で発音や発声、イントネーション、プロミネンスやアクセントなどの音読の技法を具体的に教えていきたい。また、実際に生徒に音読をさせる段階では、生徒の間違いを指摘するよりは生徒の音読のよさをほめることが肝要である。音読の方法も指名読み、斉読（ペア読み・グループ読み・全体読み）、群読、暗誦などいろいろな形態が考えられる。こういった指導法の中から生徒の興味・関心にあった音読方法を取り入れることで、古典学習は生き生きとしたものに生まれ変わる。

②　グループ学習は授業を活性化する

次に、教師による一方通行の授業を克服する取り組みについて考えたい。

授業を活性化し、生徒に成就感を持たせるには、生徒一人ひとりが学習活動に参加できる**「場」をつくる**ことが重要である。そのためには課題について短い時間でもよいので、「グループで話し合う」時間をもたせたい。よく「高校ではグループ学習が成立しにくい」という声を聞く。対話が停滞し、追究が深まらないというのである。しかし、これは、①グループ学習の方法やルールを生徒に理解させ、②話し合う課題を明確に示し、③話合いの成果をアウトプットさせることによって解決していく。例えば、司会・記録・発表の担当はあらかじめ教師から指定しておくのもよい。そして、次の機会には役割を交代させていく。また、グループ学習の形態も最初から本格的なグループ討議とせず、四～六人くらいのグループで自由に話すバズセッションが取り組みやすい。次第に慣れてきたところで、ディベートやパネルディスカッションへと発展させていけばよいのである。こういった話合いの学習の中で、自分が話す場合にはどうすればうまく伝えられるのか、聞く場合にはどういう態度で話し手に対し、聞き分けたり、聞きとっていけばいいのかを考えさせたい。(注3)

高等学校でグループ学習をするときの**追究課題**については、最終的に一つの答えに集約できる課題もあってよいが、むしろ「答えのない問い」を課してみるのも効果的である。教師は話合いの前に生徒に、今回の課題には「一つの決まった答え」がないことを伝えておいて、個々の意見を交換させるのである。

○　教材　中島敦「山月記」（高校第2学年）

○グループ学習の追究課題
・李徴の自作詩に対して袁傪が感じた「第一流の作品となるのには、どこか（非常に微妙な点において）欠けるところ」とは何か。
○グループ学習後の個人追究で生徒から出された意見の例
・人間として誰でも持っている感情や人間らしさ
・他者との交わりから生まれる個性や独自性
・芸術のためには他を顧みず、自分の作品に没頭していく自分への厳しさ
・自尊心を傷つけても詩作力を高めていこうとする勇気
・自分の才能を信じ切ることから生まれる自信

生徒はグループ学習の中で友人の発言を聞き、自分とは異なった考え方と出会う。そういった交流を経て生徒を再び個人追究に戻していくことで、さらに深まった課題追究が可能となる。つまり、個人追究を豊かなものにするためには、グループ学習が欠かせないのである。

この学習を終えた生徒は次のように感想を記している。(注4)ここからは、友人との交流によって生徒が学習への意欲を高め、自己を対象化することで課題をさらに深く追究していく姿が見てとれる。

○グループ学習後の生徒の感想例
・初めて「山月記」を読んだとき李徴は自分と似ているという感じがしたのを覚えている。しかし、今はその曖

> 味な部分が何であったのか言える。それは「自尊心の高さがもたらす苦しみ」である。だから、李徴の気持ちや行動がすごく理解できた。正直な話、国語の教科書の教材をここまで好きになって読み込んだことは一度もない。そのようなことから愛着がわいたし、友だちの考えにふれることで多方面から読み深められてよかった。
>
> （傍線は筆者）

③「話す・聞く」、「書く」、「読む」が関連し合う授業とその評価

一時間の授業を構想するとき、その授業で扱うべき指導内容とともに、「話す・聞く」、「書く」、「読む」といった国語能力をどの場面で、どのように身に付けていくかといった明確な視点を持ちたい。また、それぞれの能力をどう関連させながら指導していくかについても配慮したい。例えば、文学教材を扱う場合、まず「読むこと」の学習がベースにあり、その作品が持つ価値や魅力を理解させていくことがなされねばならない。もし「読むこと」の学習が深まらないままで「話すこと・聞くこと」、「書くこと」との関連学習に入ってしまうと、時間をかけたわりには拡散した学習で終わることが多い。しかし、「読むこと」の学習だけに終始してしまうと、「話すこと・聞くこと」、「書くこと」によって教材の理解を深めたり、「読むこと」の学習で知った文章構成の方法や効果的な表現技法を役立てる機会を失うことになってしまう。**より効果的な関連学習**を行うためには、それぞれの国語能力を互いに伸ばし得る教材を精選し、指導事項を絞り込むことが必要である。

ここまで、高等学校において授業を活性化するための取り組みをいくつか紹介してみたが、あわせて生徒の学びをどう評価するかについてもふれておきたい。おそらく高等学校の授業研究において最も遅れているものの一つが、**評価研究**である。高等学校で一般に評価というと、定期試験での得点に提出物や小ドリルの結果などを加

味した、計測可能な「成果」としての評価を指すことが多い。しかし、評価とは単なる「結果」ではなく、それが今後の生徒の学習や教師の指導に生かされることを目的として行われるべきものである。いわゆる「**形成的評価**」がそれである。指導目標に基づいて明確な到達目標を設定し、学習の過程における達成度を評価して生徒の学習に必要な手立てを考えるための評価である。形成的評価の方法も教師によるもの、生徒相互によるもの、生徒自身によるものなど、教材や学習段階を考えて柔軟な形で行いたい。その際に心しておきたいのが、「指導と評価の一体化」、「指導即評価」（＝指導と評価が分離したものではなく、指導のための評価であり、評価することが指導につながる）(注5)といった観点を持ち続けることである。

情意面も含めた生徒の国語学力を正確に評価し、そこから浮き彫りにされた課題を克服するための授業改善がいま高等学校に求められている。

【課題1】自分が学んできた小学校、中学校、高等学校での国語授業の違いを観点別に比較してみよう。

二　有効なカリキュラムの編成

（一）特色ある学校づくりと国語学力

昭和五十九年設置の臨時教育審議会が高等学校改革の方向を最終答申で取り上げて以来、多様化する生徒に対応し得る新たな高校づくりへの模索が始まった。それは総合高校、単位制高校、六年制中等教育学校といった新しいタイプの高校づくりや学科、コースなどの再編といった外枠だけにとどまらず、カリキュラムや指導形態をも含む教育内容の再構築という課題を高校現場に与えた。いままでの「普通教育」は問い直しを迫られ、生徒の実態やニーズに合わせた個別化、特色化、多様化がキーワードとなり、各校独自のカリキュラム編成を核とした**特色ある学校づくり**が現在も続けられている。

この動きは国語科教育においても同様で、必履修科目の標準単位数は定められているものの、生徒の実態や学科の特色を考慮して単位数の増減も認められ、学校設定科目なども設けることができるようになっている。その結果、学校ごとに個性的で多様なカリキュラムが編成され、履修単位数のみでなく、国語科で扱う教育内容にも大きな差異が生じるようになってきた。こういった自由化の中で改めて考えなければならないのが、高等学校の国語科教育における**共通教養**とは何か、**基礎基本**とは何かという問題であろう。生徒のニーズに合わせることが優先され、教育内容がより細分化され、断片化されてしまうことで、国語科でつける学力が就職試験のための知識や大学受験のための答案作成能力に限定されてしまわないように十分配慮する必要がある。

ここで求められる**教養**とは「個人が社会とかかわり、経験を積み、体系的な知識や知恵を獲得する過程で身に付ける、ものの見方、考え方、価値観の総体(注6)」であり、「成長段階ごとに身に付けなければならない」ものである。つまり、グローバル化が進み情報が氾濫する現代社会の中で国語科においても、生徒一人ひとりに対応し得る柔軟な教育内容や教育方法を創造するという「流行」の視点と、社会生活へ入っていく生徒に後期中等教育の立場で最低限必要と思われる教養を身に付けさせるという「不易」の視点との両方を持つべきなのである。

(二) カリキュラムが学習者に有効に生かされるために

カリキュラムの編成は、それぞれの学校でどのような生徒を育てていくのか、どのような力を生徒につけていくのかといった目標を明確にしていくことから始まる。これは国語科においても同様で、学校の教育目標を具現化していくために国語科の授業も計画されることになる。具体的には学習指導要領で示されている「各科目にわたる内容の取り扱い」に配慮しつつ、高校三年間を展望した系統的な指導計画、学年ごとの年間指導計画、さらには学期ごと、単元ごとの指導計画の検討を行い、国語科の指導において重視すべき内容、時間配当、教材、到達目標などを見極めていくことになる。

指導計画の立案にあたっては、まず**生徒の実態**を正確に把握することが何よりも大切である。なぜなら、あくまでも学びの主体は生徒であり、生徒の能力・適性、興味・関心を視野に入れない指導計画は十分な教育効果を上げ得ないからである。また、教師は指導計画を立てる過程で生徒の姿を見つめるだけでなく、指導計画ができた後にも国語科の授業の目標や学習計画、学習の方法などについてシラバスなどを使って分かりやすく周知し、生徒の意識を高めていきたい。さらに、各校で独自に行われることの多い教科書の採択においても、カリキュラムや指導計画を効果的なものにする教材とは何かという観点から、適切と思われる教科書を選ぶようにしたい。

次にこれからの高等学校国語科のカリキュラム編成において特に留意したい点にふれておく。平成二十年一月に出された中央教育審議会の学習指導要領の改善に関する答申(注7)では、高等学校の国語科について次のような点が指摘されている。

○「中学校までに培われた国語の能力を更に伸ばし、社会人として必要とされる国語の能力の基礎を身に付けることができるようにするとともに、生徒一人一人の能力・適性、興味・関心に応じた多様な学習が行われるよう、各科目の構成及び内容を次のように改善する。」（次には改善のポイントのみを示す）

「国語総合」　□話すこと・聞くこと、書くこと及び読むことの学習の総合化

□文章や資料等を的確に理解し、論理的に考え、話したり書いたりする能力の育成

「国語表現」□我が国の言語文化を享受し継承・発展させる態度の育成

「現代文A」□実社会で活用することのできる表現の能力の確実な育成
□生涯にわたって日常的に読書に親しむ態度をはぐくむ　□我が国の言語文化の理解

「現代文B」□読む能力のみならず、読んだことをもとにして考え、判断・評価し、論理的に表現する能力の育成

「古典A」□古典の原文（＝近代以降の文語調の文章含む）のみならず、古典についての解説文や小説、随筆なども教材として幅広く取り上げ、古典の世界に親しむ態度をはぐくむ

「古典B」□古典の原文や、古典についての評論文などを取り上げ、系統的に古典に接することができるようにし、古典に対する関心と知識を高め、古典を読む能力を育成

義務教育である小中学校では原則的にすべての生徒が共通した教育内容を学ぶのに対し、高等学校では先に述べたように生徒の多様な興味・関心や進路等に応えられる科目選択が可能である。また各科目においては小中学校同様に基礎・基本的な知識や技能を重視しつつも、それを活用する学習活動に重点を置くことが特徴的であるといえる。よって、授業を構想する教師にはより高い**授業のデザイン能力**が求められるといえる。

①　教材は教科書教材だけではない

高等学校で授業を担当していると、母校の先輩が書いた作文やいま一緒に学んでいるクラスの友人たちの発言に生徒が強い関心を示し、感銘や影響を受けていることに気付かされる。その意味では、授業の教材は教科書教材や副読本などに限定されない。生徒にとって教材とは、いま彼らを取り巻いている学校や教室空間での言語活動をはじめとして、居住している地域の伝統文化、習慣、言葉など、社会一般に実に多様なものを想定すること

ができる。具体的には新聞のコラムや投書、校友会誌やレポート集、研修旅行の記録映像など、身近に豊かな教材は多い。また、教材の種類でもＰＩＳＡ型読解力で注目された非連続型テキストと呼ばれる図や表、グラフ、統計資料などの他に、視聴覚教材やマンガなど多様なものが考えられる。そういった多くの教材となり得るものの中から、生徒の実態や課題を一番理解している教師が自主的に教材を作っていく取り組みが盛んになっている。かつてガリ版印刷で教師が教材を作っていた頃があったが、教師の息づかいが伝わってくるような**「手づくり」教材**が果たす役割も今後さらに大きくなっていくと思われる。

【課題２】学習指導要領を参照して、高等学校国語科のカリキュラムの例を作ってみよう。

三　発展的な学びのための指導（評論・小論文／古典）

（一）精読主義からの脱却

高等学校において特徴的と思われる指導の一つとして、「評論」の指導をあげておく。小中学校の「説明的文章」と呼ばれる教材と比べると、高等学校で扱う評論は「書き手が強調したいことを、論理的筋道を立てて述べた文章で、読み手を説得したり読み手に共感を求めたりすることをねらいにした文章」(注8)という傾向がより強く、内容も環境、自然、科学技術、教育、アイデンティティ、情報、言語、医療、ジェンダーなどをはじめとしてきわめて広いジャンルにわたっている。評論においては、論理を展開していくうえでの発想も生徒がいままで当たり前だと思っていた「常識」を問い直すようなものが多い。よってその発想の斬新さに戸惑ったり、理解が進まない生徒も少なくない。また、教材文が難解になると授業は「通読」→「難語句調べ」→「段落分け」→「指示語の指す内容や比喩の意味する内容の理解」→「各段落・文章全体の要旨のまとめ」といった過程をふんだ精読に偏りがちである。　そういった中で評論指導を形骸化させないためには、指導のねらいを明確にした周到な教材研究が求められる。生徒の興味や関心、学力の実態や問題意識をふまえて、どんな視点から教材を読み、どんな学習課題を課していくかを考えたい。また、指導方法に関しても文章の構造図を書かせるとか、二項対立を軸にして比較表を作るなど様々な工夫をしていきたい。さらに、評論のテーマについて概観できるような基本的知識や情報を提供することも大切である。一方「小論文」の指導のためには、「取り立て指導」と「継続的指導」(特に「読むこと」、「話すこと・聞くこと」との関連学習)の両方が必要である。日常の授業の中に「書く」場面、「話す・聞く」場面を意識的に作ることが小論文を書く力を伸ばすことにつながる。また、生徒の書いた小論文について、コメントを加えながら短時間でも個人指導する機会を継続的に持つことが、質の高い文章能力を育てるうえで効果的である。

(二) 古典嫌いをつくらない工夫

評論に関して述べた精読主義が顕著に現れやすいのが古典指導である。古典を正確に読むためには古文における古語、助動詞、助詞、敬語や漢文における句法、用字などの知識が必要なのはいうまでもない。しかし、その指導だけに固執してしまうと、古典の授業は旧態依然たる訓古注釈の授業となり、古典嫌いをつくる結果を招きかねない。古典学習が生徒自身の学びへとつながっていくためには、前述した「音読の重視」によって**古典への抵抗感を減らす**とともに、古典作品の背景にある歴史状況や和漢の言語文化の特徴にふれ、「**古典に親しむ**」態度を育てることに心がけたい。教材も古典の原文だけでなく、解説文や古典に関連した現代の文章などを使い、現代にも生きる知恵に気付き、人生を豊かにするための読書活動に発展させていくような指導上の工夫を行いたい。具体的には本文の傍らに適宜現代語訳を添えたテクストを教師が作ったり、古典作品を絵画化した絵巻やマンガなどを利用して、作品世界の理解に役立てることも有効である。また、古典教材の一場面を使って生徒自身の言葉で表現させる「書くこと」の学習や、追究課題を巡って友人と「話すこと・聞くこと」の学習を展開することもできる。他に、生徒が興味を持ちそうな古典常識や歴史的出来事、古語の語源などについて、国語通信などを通して紹介していくことも考えられる。

最後に、とかく古文嫌いをつくると思われがちな古典文法の指導についても、生徒に文法アレルギーがあるからといって敬遠することなく、言語の学習として読解に生かせる魅力ある文法指導の方法を開発したい。高等学校における古典文法指導に関してはすでに多くのすぐれた先行研究がなされている（注9）ので、その成果のうえに教師が独自の実践を重ねていくことが望ましい。

【課題3】身の回りから国語教材となり得るものを選び出し、自主教材を作ってみよう。

（注1）『新編　新しい国語　1・2・3』東京書籍、二〇〇八

（注2）町田守弘『声の復権と国語教育の活性化』明治図書、二〇〇五

（注3）飛田多喜雄「聞く生活とその教育」（朝倉書店『言語生活の理論と教育』所収　一九八五）の中で、「聞く」ことの重要性についても半世紀も前に指摘がなされている。

（注4）細川恒「等身大の李徴に出会う―生徒の視点から見た李徴に『欠けるところ』」、「解釈」第五十三巻第五・六号、二〇〇七

（注5）益地憲一『国語科指導と評価の探究』渓水社、二〇〇二
（注6）「新しい時代における教養教育の在り方について（答申）」中央教育審議会、二〇〇二
（注7）「幼稚園、小学校、中学校、高等学校及び特別支援学校の学習指導要領等の改善について」（答申）」中央教育審議会、二〇〇八
（注8）田近洵一・井上尚美編『新訂　国語教育指導用語辞典』教育出版、一九九三
（注9）ここでは次の二編を取り上げておく。
増淵恒吉『増淵恒吉国語教育論集　下巻　文法指導』有精堂、一九八一
小林國雄『高等学校国語科教育の実践』大修館書店、一九八一

コラム　精読は古典嫌いをつくるか？

◇古典の助動詞や助詞を学習することで、古典が読みやすくなって驚いた。とても深い世界だと思うとともに好奇心も出てきた。

◇中学の頃の勉強と違ってこんなに大変なのかと初めは驚いた。文法を知っていくうちに筆者の思いをだんだん正確に読み取れるようになって、古典が楽しくなった。

◇たくさんの文章にふれて、日本や中国の昔の考え方や出来事を学べて楽しかった。文法事項もあったが、それを使いながら原文から読み取るのがとてもおもしろかった。

　これは、一年間古典を学習した高校一年生の感想である。

　古典の学習において「古典に親しむ」態度を育てることが何より大切であるのは言うまでもない。特に古典の入門期である小中学校においては、音読を中心とした古典学習が効果的である。しかし、現代にも通じる古典作品の普遍的なテーマを吟味したり、鑑賞したりするには古語や文法の学習を「読むことの学習に即して行い、必要に応じてある程度まとまった学習もできるようにする」（学習指導要領　高校「古典B」）ことが必要となる。

　例えば、現代語にもあるが意味が異なる古語について、国語辞典と古語辞典を引かせてみる。

〈語例〉　うつくし

◇現代語　「美しい」で、「形・色・声などが快く、このましい。きれいである。」（広辞苑）の意。

◆古語　「愛し・美し」で、語源的には「古くは肉親に対する情愛を表す。平安時代以降は、幼いもの・小さいもののもつかわいらしさに感動する気持ちを表すようになる。」そして、ここから「①いとおしい　②愛らしい。かわいい。③すぐれている。立派だ。」（全解古語辞典・文英堂）の意となる。そして中世以降に「きれい」の意味が現れる。

　また、文法においても、同じ「推定」の意味を表す助動詞であっても次のような違いがある。

　「なり」（語源＝「音《ね》」＋あり）→聴覚でとらえた事態を根拠に推定する意。または、伝聞の意。）

　「めり」（語源＝「見」＋あり）→視覚でとらえた事態を根拠に推定する意。婉曲的用法。）

　どちらも現代語訳では「～ようだ。」「～らしい。」と訳されるが、本文を読む上でこの違いを知っていると、「ここで主人公は暗闇の中にいる」などということが分かってきて、さらに生徒の想像力をかき立てることになる。

　小中学校での「古典に親しむ」学習の積み重ねに立脚した精読は、古典の世界を開き、広げ、学習者を生涯の読書へと誘うきっかけとなるのではあるまいか。

第十二章　読書指導

一　読書指導の目標

読書とは、元来書物を読むことであった。しかし、現代社会においては、新聞、雑誌、広告、インターネットなど、様々なものを読んでいる。読書を幅広くとらえて、学習者の読書生活の様々な側面を充実させていくことが、読書指導の目標である。これまでの学校の国語科の授業において、学習者たちは、文章を読むことを学んできている。しかし、そこで培った力が実際の読書生活に生きていくためには、やはりそのための指導が必要である。別の言い方をすると読書指導は、学校で読むことと校外での読書とを結びつけることだともいえる。

平成二十年告示の中学校学習指導要領では、「本や文章などから必要な情報を集めるための方法を身に付け、目的に応じて必要な情報を読み取ること。」（第1学年「C　読むこと」(1)カ）、「課題に沿って本を読み、必要に応じて引用して紹介すること。」（第1学年「C　読むこと」(2)ウ）など、文章を読むだけではなく、本を読むということが強調されている。そこで、本章では、**フィクションの本**と**ノンフィクションの本**に分けて、中学・高校で必要な読書指導の方法を述べる。さらに、**本以外の媒体**の読書指導についても言及することとする。

二　フィクションの本の読書指導

中学生・高校生が読むような本は多岐にわたっているが、ここでは、フィクションとノンフィクションに大別して扱う。本のタイプによって、読み方も変わってくるからである。フィクションは主に楽しみのために読まれ、ノンフィクションは情報を獲得したり、課題を解決したりするために読まれることが多い。

（一）発展読書・本の紹介・ブックトーク

中学校や高等学校の国語科の授業の中で、最も行いやすく、かつ、実際最も頻繁に行われているのが、文学教材の読解を終わらせた後に、関連した図書を紹介して読ませる**発展読書**であろう。同じ作者の違う作品や、同じようなテーマを扱った他の作者の別の作品が紹介されることが多い。

読解教材に関連しなくとも、生徒の関心があるタイミングをねらった本の紹介は、効果的である。教師が推薦する本を紹介してもよいし、生徒同士に好きな本を紹介し合わせてもよい。

ブックトークとは、あるテーマに基づいて一連の本を順序よく紹介していくものである。紹介の仕方は、要約を話したり、設定（登場人物、時代背景、場所）を話したり、一部分を朗読したりする。トークの聞き手である生徒を読みたい気持ちにさせることが第一なので、あえてストーリーの最後は話さないようにしなければならない。ブックトークで紹介された本は概してよく読まれる。教師は、様々な本に目配りをしておく必要がある。

【課題1】中学三年の教材「故郷」に関連した本を二冊紹介するとする。どのような本が適切か考えてみよう。

（二）書評を書く／本の帯を作る

教師が本を紹介するのではなく、生徒が本を紹介する方法として、書評と本の帯の二つについて述べる。

書評は、本に関する情報と批評を合わせて書くものである。書評の読み手は、書評に書いてある情報を手掛かりに、自分もその本を読むかどうかを決定するわけであるから、書評はいわゆる読書感想文とは異なり、その本の長所・短所を、端的に伝えるものでなくてはならない。

本の帯も同じように、その本の内容や魅力を伝えるものであるが、さらに短くその本の魅力を伝える言葉や、帯のビジュアルなデザインを考えなければならない。

（三）読書へのアニマシオン

読書へのアニマシオンは、スペインで生まれた読書指導運動である。（注1）アニマシオンとは、わくわくするような心が動く状態を指す。本を使ってわくわくする経験をしようというのが、読書へのアニマシオンである。学習者はあらかじめ本一冊をまるごと読んできている。そこで作戦と呼ばれるルールで本を使ってゲームをする。学習者はゲームを楽しんでいるうちに、自然と読書の様々な側面を学んでいく。中学校・高等学校で用いやすい作戦を表1にあげた。例えば、「作戦34

表1　中学生・高校生に適した「読書へのアニマシオン」の作戦

6 本と私	23 想像のはさみ
12 前かな？ 後ろかな？	24 だれが、何を、どのように？
15 合戦	33 こう始まり、こう終わる
16 それぞれのタイトルを、あるべき場所に	34 彼を弁護します
17 …と言っています	40 私はこう考える
18 これがあらすじです	71 発見しました！
19 海賊文	72 いいですか、いけませんか？
20 ファラウテはだれ？	73 この本を好きなわけ、知っていますか？
21 アングルを変えて	74 考えていることを言います
22 …と言われています	75 私なら消さない

彼を弁護します」ならば、次のように行う。

① 教師は、興味深い人物が登場する本を選んで、生徒に渡しておく。

② 生徒はその本を読んで持参する。

③ 生徒が集まったら、教師はその本のテーマについて手短に話す。

④ 教師は生徒に配布するカードについて説明する。カードのうち六〜八枚は、その本の登場人物の名前が一人ずつ書かれている。それ以外のカードには「読者」と書かれている。登場人物のカードをひいた生徒は、好き嫌いにかかわらず、本の中でその人物が行ったことのわけを、その人物の立場から説明しなければならない。「読者」のカードをひいた生徒は、人物のとった行動・態度について、質問をするということを告げる。

⑤ 生徒一人に一枚ずつカードを裏返して配布する。登場人物のカードをひいた生徒と、読者のカードをひいた生徒が対面になるように席を設定する。この時、登場人物の生徒には、人物名の名札をつけさせる。

⑥ 準備ができたら、読者のカードをひいた生徒たちから、質問をさせる。これは、自由挙手で、どの登場人物にあてての質問でもよい。質問の内容は、その登場人物のとった行動や態度のうち、とくに取り上げて明らかにしたいことや、理由を説明してほしいことなどである。質問された登場人物の生徒は、その質問に登場人物の立場から答え（弁護）させるようにする。

⑦ 議論が白熱しすぎたり、感情的になりすぎたり、本に書かれていないことが論拠になったりした場合には、教師は生徒を落ち着かせたり、本に戻ったりさせる。それ以外は基本的に質疑応答を見守る。

⑧ 議論が十分だと感じられたら、教師はまとめをする。

なお、この作戦では、三〇人以内におさめることがよいとされている。筆者の経験では、一クラス三〇〜四〇人の場合は、二グループに分けて行うほうがよいと思う。もしも教師をもう一人配置できる場合には、空き教室などを使って、それぞれのグループで同時に同じアニマシオンを行えばよい。それができなければ、半分はその討論会を見守る聴衆という形にして、一グループの生徒だけを対象にした方がうまくいくであろう。

このように、「読書へのアニマシオン」では、ゲームのような様々な作戦を通して、本を楽しんで読むことと、内容を深く考えて読むこと、批判的に読むことなどを学ぶことができる。

(四) リテラチャー・サークル

「読書へのアニマシオン」では、生徒の人数分の本を用意するのが、実際には難しい。そこで、比較的本の準備の簡単な**リテラチャー・サークル**を紹介する。リテラチャー・サークルとは、本を読んできておしゃべりをするサークルのような楽しい雰囲気の活動という意味で、実際には、三〜五人の小グループで同じ本を話し合い（おしゃべりし）ながら読み進めていくという、一種の読書会である。(注2) したがって、同じ本を三〜五冊、準備すればよい。具体的には、次の手順で行われる。

① 教師があるテーマに基づいて、数種類の本を紹介する。（それぞれ三〜五冊ずつ、準備しておく。）

表2　リテラチャー・サークルの役割

どのグループにも置きたい役割	必要であれば加えたい役割
コネクター （自分とのつながりを見つける）	サマライザー （要約をする）
クエスチョナー （疑問を見つける）	リサーチャー （作者、テーマなどを研究する）
リテラリー・ルミナリー （すぐれた表現などに光を当てる）	ワード・ウィザード （特別な語を取り上げる）
イラストレーター （目に浮かんだ情景を絵にする）	シーン・セッター （場面の特徴をとらえる）

② 生徒たちはその中から最も読みたい本を選ぶ。同じ本を選んだ者同士が集まり、グループを作る。
③ グループで、読むペースを決める。数回にわたって本を読み進めていくため、通常一回あたり四～五章になることが多い。
④ 生徒たちは自分たちで、グループの中での役割（表2）を決める。役割は、すぐれた読み手が行っている読み方を意識的に行わせるようにできている。グループの中に、同じ役割を担当する生徒が複数いないようにする。
⑤ 生徒は自分の担当する役割で、その本の該当部分を読む。役割シート（次頁、次々頁参照）のようなものを用いて、書きこみながら読むとよい。
⑥ 役割に基づいて読んできたことをグループに披露し、話合いをする。単なる発表にならないように、質問に答え合ったり、関連する経験を出し合ったりしながら、話合いを膨らませる。
⑦ ③～⑥を何回か繰り返して、一冊の本を読み切る。繰り返しでは、毎回違う役割を担当する。
⑧ ②～⑦はグループでの作業となるが、最後に、それぞれのグループで読んで話し合ったことを、クラスに紹介する。

リテラチャー・サークルでは、単に独りよがりに本の内容を読み取ればよいというだけではなく、自分がどのように感じ、考えたかを他の人に伝えなければならない。自分が読んでいることを同じグループの仲間に伝えるということ、他の人の読みを知ること、その読みについて楽しい雰囲気のうちに話し合うことが、上手に構造化されているのである。この方法を開発したハーベイ・ダニエルズによれば、リテラチャー・サークルの典型的な例はフィクションであるが、ノンフィクションを読む場合にも応用可能である。

役割シート1　　話合い　月　日（　）　時間目

コネクター　―つながりを見つけよう―

担当者氏名（　　　　）

グループ名（　　　　）

本のタイトル『　　　　』

読んだページ（　　）ページ～（　　）ページ

コネクターの仕事は本と自分の間に、あるいはより広い世界との間に、つながりを見つけることです。つながりというのは、読んだことで思い出した自分の思い出や、ニュースのことなど、似たようなできごとを意味します。ここから連想することもあるでしょう。

見つけたつながりを、ここに書き出してみましょう。

役割シート１「コネクター」

役割シート2　　話合い　月　日（　）　時間目

クエスチョナー　―疑問をあげてみよう―

担当者氏名（　　　　）

グループ名（　　　　）

本のタイトル『　　　　』

読んだページ（　　）ページ～（　　）ページ

クエスチョナーの役割は、今回の読んだ範囲で持った疑問を書き出すことです。例えば、

- 起こったことについての疑問
- 登場人物についての疑問
- 作者が用いた表現についての疑問
- この後何が起こるだろうかという疑問

などを書き出しておいて、グループで話し合いましょう。

今日読んだところでの疑問

役割シート２「クエスチョナー」

役割シート3　　話合い　月　日（　）時間目

リテラリー・ルミナリー　―特別なところを取り上げよう―

担当者氏名（　　　　）

グループ名（　　　　）

本のタイトル『　　　　』

読んだページ（　　）ページ〜（　　）ページ

リテラリー・ルミナリーの仕事は、特別な部分を選んでおき、グループで話し合う時に紹介することです。特別な部分の長さは、一段落から数ページにわたってもかまいません。特別な部分とは、興味深いところ、面白いところ、重要だと思うところなどです。あなたがそれを示すことで、グループの皆がこの本をふり返ることや、より注意深く考えることができるようにします。どの部分にするか決めたら、なぜそれを選んだのか理由を書いておきましょう。それから、グループの皆にどのようにそれを紹介し話し合ったらよいのか、話合いの計画もメモしておきましょう。例えば、あなたがその部分を朗読する、グループの人に音読してもらう、あるいは黙読した後で話し合うといったことが考えられます。次のことをメモしておきましょう。

ページ・行	取り上げた理由	グループで共有する計画

役割シート3「リテラリー・ルミナリー」

役割シート4　　話合い　月　日（　）時間目

イラストレーター　―イメージを絵や図にしよう―

担当者氏名（　　　　）

グループ名（　　　　）

本のタイトル『　　　　』

読んだページ（　　）ページ〜（　　）ページ

イラストレーター　上手な読み手は、読んでいるときに心の中に絵を思い浮かべているものです。自分の持っているイメージを皆に紹介するチャンスです。今回読んだところに関係する絵を描いてみましょう。絵といっても、スケッチでも、マンガでも、図でも、フローチャートでも、デッサンでも、表でもかまいません。その絵や図に、必要ならば文字を書き入れてもいいですよ。この紙の裏側か、別の紙に描いてください。

示し方の計画　どういう示し方をしたらいいのか、考えましょう。絵はグループの皆に見せますが、毎回必ず説明する必要はありません。「私は何の絵を描いたでしょうか」「この絵は本のどの部分の絵でしょうか」「何が表されているでしょうか」などと言って、皆に当ててもらってもいいですね。

役割シート4「イラストレーター」

三　ノンフィクションの本の読書指導

中学生・高校生には、ぜひノンフィクションの読書を行うようになってほしい。表3は、アメリカの四年生・八年生・一二年生（日本ならば小学四年生、中学二年生、高校三年生にあたる）で行われるＮＡＥＰ（National Assessment of Educational Progress）という学力調査の読むこと（reading）で用いられるテクストの割合を示したものである。年齢が上がれば上がるほど、文学の割合は減り、情報を得るために読むものや課題を解決するために読むものの割合が高くなっている。これらを読みこなすようにするには、日常のノンフィクションの読書が欠かせないし、その日常の読書へ橋渡しをするためには、ノンフィクションの本を使った読書指導が必要である。まず、ワークシートを利用して、ノンフィクションの本を一冊もしくは複数冊読ませる指導方法を三つ取り上げる。次に、ノンフィクションの本を読む必要があるかどうかを検討させる「点検読書」という方法を紹介する。

表3　ＮＡＥＰで用いられるテクストの学年における割合

テクスト	4年	8年	12年
文学的テクスト	55%	40%	35%
情報的テクスト	45%	40%	45%
課題的テクスト	—	20%	20%

（一）伝記を読むためのワークシート

伝記を読む時に重要なことは、①その人物の業績、②業績を残すに至った動機とエピソード、③時代背景をおさえることである。その要点をおさえた読書が可能になるためには、次頁のようなワークシートを配布し、書き

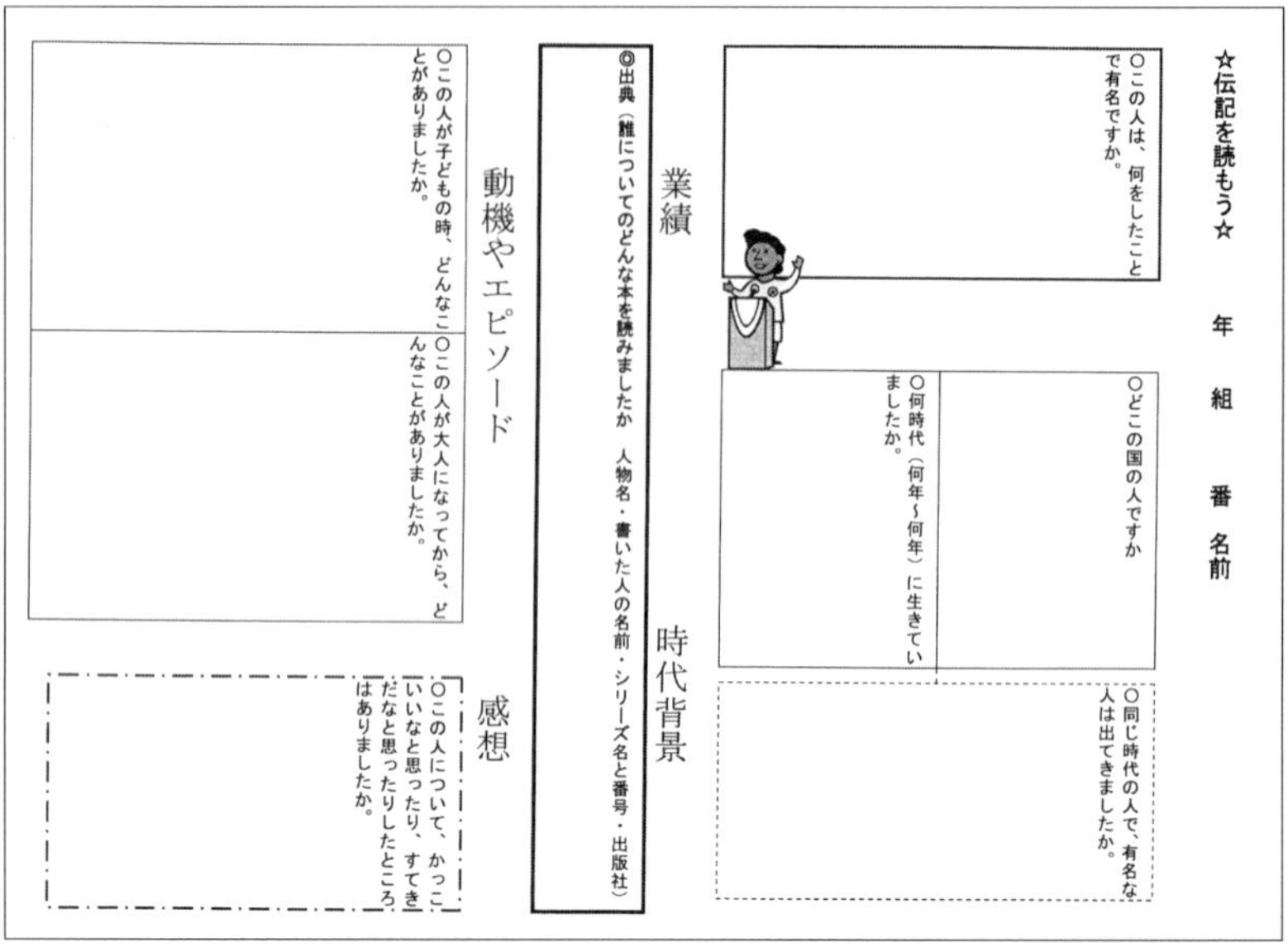
☆伝記を読もう☆
年　組　番　名前
○この人は、何をしたことで有名ですか。
業績
○どこの国の人ですか
○何時代（何年～何年）に生きていましたか。
時代背景
○同じ時代の人で、有名な人は出てきましたか。
◎出典（誰についてのどんな本を読みましたか　人物名・書いた人の名前・シリーズ名と番号・出版社）
動機やエピソード
○この人が子どもの時、どんなことがありましたか。
○この人が大人になってから、どんなことがありましたか。
感想
○この人について、かっこいいなと思ったり、すてきだなと思ったりしたところはありましたか。

伝記を読むためのワークシートの例

込ませて意識させることがよいであろう。

【課題2】上のワークシートを参考にして、一冊の伝記を、①業績、②子ども時代と大人になってからのエピソード、③時代背景を書き出しながら読んでみよう。

(二) 知識の本を読む「KWL」

知識を得るような本を読む場合には、KWLを用いればよい。これは、人間が知識を得るときには、既有知識のネットワークに結びつける形で、内容を理解し知識を獲得するという認知科学の研究成果を、教室において意識的に行っていけるようにしたもので、アメリカにおけるノンフィクション読書指導の研究者ドンナ・オーグルによって開発された。(注3) Kとは自分が何を知っているか(What I know)、Wは自分が知りたいと思うことは何か(What I want to know)、Lは何を学んだか、さらに学ぶ必要があるものは何か(What I learned and still I need to learn)である。つまり、K→W→Lという三つのステップを踏みながら、読んでいくというもので、

KWL（知っていることと知りたいことを、はっきりさせて読む）（　　　）番　名前（　　　　　）

1（　　　）について知っていること	2この本に書かれているといいなあと思うこと（知りたいこと）	3この本に書かれていたこと	4この本に書かれていなくて、もっと知りたいと思ったこと

KWLのワークシート

具体的には、第二段階であるWと第三段階のLの間に読書活動が入る。このステップを日本語で分かりやすいように整理し、第三段階を二つに分けたものが上記のワークシートである。この図では2と3の間に読書活動が入ることになる。発展的なKWLでは、第三段階の後半部分（この図では4に該当する）で、さらに学ぶ必要があると考えたことはどのような言葉のカテゴリーに属し、そのことを調べるためには次にどのような本を読めばよいかを考えさせることもある。

（三）課題解決を求めて読む「Iチャート」

課題を解決するために本を探して読むことは、最も自然な読書行為であると同時に、何かを学習していくうえで基本的な技術でもある。そのようなことを行う力を中学生・高校生に身に付けさせたい。そこで、ここでは、ジェームス・V・ホフマンによって開発された**Iチャート**（Inquiry Chart）という方法を取り上げる。

Iチャートは、KWLの発展形をさらに発展させて、読書活動を継続していくものと考えればよい。すなわち、KWLの第三段階の後半部分で、生徒たちはさらに学ぶ必要があることを特定する。そのことを課題（あるいは疑問）とし、その課題を解決するために、他の複数の本を読んでいく。その結果、課題は解決したかどうかを一覧表にまとめていくのである。下図はホフマンの示した図を、日本の生徒に分かりやすいように筆者が解釈を含めて訳したものである。この図の場合は、生徒は四つの課題（疑問）を持っている。それぞれの点について新たな三冊の本（あるいは文献）を読み、課題についてどう書かれていたかを書きこむ。最後に、三冊の本を通して、その課題はどのような解決となるのか、要約して一番下に書くのである。

Ｉチャートがいわゆる調べ学習と違う点は、二点ある。一点目は、知識を獲得する仕組みについての認知科学の知見を下敷きにしていることである。二点目は、読書過程を生徒に分かりやすいチャート（図）として構造化していることである。このことにより、生徒は自分の読書過程を一覧することができるのである。

（四）点検読書

実際に読書をする時には、どのように読むかを考える前に、その本は読む価値があるかどうかを判断する必要がある。**点検読**

課　題　（疑　問）

調べる本あるいは文献

話題	疑問1	疑問2	疑問3	疑問4	興味深い事実や図	新しい疑問
知っていること						
本1						
本2						
本3						
要約						

Ｉチャートを応用したワークシート

書は、その本を読むかどうかを決定するために、本を点検するような読書の仕方である。これは、アドラーの『本を読む本』(注5)にあげられている読書の四つのレベルの一つから発想を得たもので、短時間で、書名・序文・目次・索引・あとがき・カバー・著者紹介、それらと本文をところどころ拾い読みするというものである。そして、その本は誰を対象に書かれたどんな内容で、自分がこれから読む価値があるかどうかを決める。読書を効率よく行っている大人であれば普通に書店などで行っていることである。この手法を中・高校生に教室で教えるには、次のようにするとよい。まず、組みになった生徒が同じ本を持つことがないように、生徒を二人組みにする。次に、一〇分などと時間を決めて、それぞれに違うノンフィクションの本を、その時間内で点検させる。最後に、点検の結果、その本はどのような内容で、自分はどのような理由でその本を読むあるいは読まないと決定したのか、相手に報告させるのである。なお、コラムに取り上げた「入門書レポート」は、学校図書館において、三冊の本を体系的に点検読書させるために、点検読書のポイントをレポートさせたものである。

四　本以外の媒体の読書指導と読書の将来像

冒頭で触れたように、私たちの実際の読書では、様々な媒体を通して行われる。ここでは、読書の将来像を展望しながら、新聞を読むこと、電子的媒体を読むことなどについて、読書指導との関係から述べることとする。

我が国の国語科では、戦後より新聞を読むことを授業に取り入れた実践が行われたことがあったが、特に最近一五年ほどの間に、ＮＩＥ（Newspaper in Education：教育に新聞を）運動が広がってきている。(注6)読書指導との関連でいうならば、単に新聞記事を授業の一部に持ち込んで読んでみるというだけでは不十分である。そうではなくて、日々の生活の中で新聞を読みつづける生徒を育てるために、広告も含めた様々な利用の仕方、同じ内容第一報・第二報と継続的に掲載されていくこと、などの指導が必要である。

電子的媒体を読むことについては、これからの研究を待つところである。ＯＥＣＤの一五歳の生徒に対する国際学力調査ＰＩＳＡでも、二〇〇九年調査から電子的読書の評価ＥＲＡ（Electric Reading Assessment）が行われることになっている。インターネット上のウェブページを読むことなどについても、今後は積極的に教室で取り上げていく必要がある。ウェブページを読む時に重要なことは、二つある。ひとつはハイパーテキスト状になっており、読者は信頼のおける一人の筆者によって書かれた安定した文章だけでなく、様々に枝分かれした一貫しないテクストを読むことがあるということである。もうひとつは、読むべき媒体をどう選んでいくのか、アクセスの仕方が紙媒体よりもさらに重要になってくるということである。出典情報などを確かめて読むことがこれまで以上に重要である。その他、電子掲示板を読むことやケータイ小説を読むことについては、研究が始まったばかりである。(注7)いずれにせよ、その読むべきメディアが、どのような目的で誰から発信されているのか、どのような過程を経て発信されているのかということに対する認識を指導していくことが重要である。

このように、読むべき媒体（メディア）の多様化に意識を向ければ、読書指導はメディア・リテラシーとかなり近い形になってくることが想像される。国語科におけるメディア・リテラシーの実践の蓄積も視野に入れたい。(注8)さらには、メディア・センターとしての学校図書館の活用も積極的に考えていきたい。(注9)

（注1）モンセラット・サルト著、宇野和美訳『読書へのアニマシオン―七五の作戦―』柏書房、二〇〇一

（注2）足立幸子「読書の魅力を伝える技法—リテラチャー・サークル—」、『教育と医学』第五六巻第一号慶應義塾大学出版会、二〇〇八 三五~四一頁、Daniels, H.（2002）*Literature circles : Voice and choice in book clubs and reading groups.*（Second Edition）Stenhouse Publishers.

（注3）Ogle, D. (1986) K-W-L : A teaching model that develops active reading of expository text. *The Reading Teacher*, 39, pp.564-570.

（注4）Hoffman, J. V. (1992) Critical reading/thinking across the curriculum: Using I-Charts to support learning. *Language Arts*, 69, pp.121-127.

（注5）M・J・アドラー、C・V・ドーレン、外山滋比古・槇未知子訳『本を読む本』講談社、一九九七

（注6）小田迪夫・枝元一三『国語教育とNIE』大修館書店、一九九八

（注7）Adachi, S. (2008) Exploring reading with digital textbook, online bulletin board and mobile phone. 国際読書学会第53回年次大会発表資料

（注8）井上尚美・中村敦雄『メディア・リテラシーを育てる国語の授業』明治図書、二〇〇一

（注9）堀川照代・中村百合子『インターネット時代の学校図書館』東京電機大学出版局、二〇〇三

コラム　学校図書館での指導

国語科の教科書を作っていると、悩みは、教科書には短い文章しか載せられないということだ。せっかくよい本に出会っても、文庫本五ページほどの長さが限界である。中学生・高校生はもっと長い文章・厚い本・様々なタイプのテクストに接してほしいと思う。そこで、活用したいのが学校図書館である。

しかし、学校図書館というと、年度当初に利用指導はするものの、後はそれぞれの生徒の自主性に任せてしまって、積極的に授業に組み入れることは少ないのではないだろうか。そうすると、読書好きの生徒が自分の好みの本を借りるだけで、体系的な読書指導の場として学校図書館が機能しなくなってしまう。そこで、ここでは、しっかりと学校図書館での読書指導ができる「入門書レポート」という実践を紹介する。

この実践は、何かの入門書を三冊読んでレポートをまとめるというものである。いわゆる読書感想文とは違っていて、じっくりと一冊の本を深く読みこむわけではない。扱う本は基本的にノンフィクションとする。

まず、教師は、日本十進分類法の見方を簡単に教える。そして、生徒は、九類（文学）以外で、自分が興味のありそうな分類番号（できれば三ケタ）とその分類項目が表すテーマをメモしておく。それから、全員で学校図書館に行き、それぞれがメモした分類番号の本が置いてある書棚の前に立つ。その書棚から（多少、上段・下段を含んでもよい）、三冊簡単に読めそうな本を選ぶ。中学校や高等学校であれば、その分類項目に関する入門書になることが多いであろう。それを次の書式でまとめさせる。

一　取り上げた分類項目とテーマ
二　選んだ三冊の本の紹介（①奥付から書名・著者名・発行所・出版年・翻訳書の場合は原著情報、②ブックカバーなどから著者紹介、③まえがきからその本の性質を表す重要な文を数行引用、④目次の引用（章・節）、⑤あとがきからその本の性質を表す重要な文を数行引用、⑥索引・文献一覧の有無、⑦その本の背表紙に貼ってある分類番号）
三　三冊の中から最良の一冊を選択。その選択の観点
四　最良の一冊の本の推薦文
五　三冊をレポートした自由なコメント

筆者の経験では、二時間あればできる指導である。もっと本格的にやるなら、レポートをもとに、生徒同士プレゼンテーション（本の紹介）をさせてもよい。こうして、生徒たちは学校図書館のどこにどのような本があり、どのように読めばよいかを知ることになるであろう。

第十三章　授業研究

一　授業研究とは何か

(一)　授業研究の主体と対象

「授業研究」とは、授業を対象とする研究を指す。「授業」の三要素は、教師・生徒・教材だといわれる。授業では、この三者の関係を中心とするコミュニケーション過程を通じて、教師は指導目的を果たそうとする。その場合の授業は、非常に複雑なコミュニケーション・システムを持つとされる。(注1) 授業を研究するには研究の目的のほか、研究対象やその範囲と研究方法を明らかにする必要がある。授業研究の主体が誰か、何を対象として、どのような方法で研究をするのかで、授業の見え方や評価が変わる可能性がある。

授業研究の主体には、次のものが考えられる。

(1)　教師自身：教師自身が自分の実施する授業を対象として実施

(2)　教員組織：同じ地域等の教員組織や学校内や学年内の研修として組織内の教員の授業を対象として実施

(3)　行政等：行政（例；教育委員会や文部科学省等）指定による研究の一環として組織された教員が指定された授業を対象として実施

(4)　外部研究者等第三者：大学や研究所等の研究者がその研究のために実施

(1)は教師の自主的・自立的授業研究になることが多い。(2)は研修の一環として行うことが多い。(3)は研修の場合と、カリキュラム開発等の目的で実施される場合がある。(4)は調査研究や、授業理論の検証などの目的で実施されることが多い。教育実習生の研究授業は、見習いとしての学習なので、(2)ないし(1)に近い。ただし、あくまでも免許状取得のための履修が目的であり、教員の研修と同一ではない。

授業研究の目的を、吉崎静夫は次のように分類する。(注2) 以下では、この(1)(2)を対象とする。

(1)　授業の改善のために、(2)　教師の授業力量形成のために、(3)　授業についての学問的研究（授業原理の発見と授業理論・モデルの構成）の発展のために

二　教育実践研究の展開と授業研究観の変化

学問研究としての授業研究は、長い間、授業を第三者として客観的に見る研究手法がとられてきた。その場合、授業を行う教師や生徒は、データ提供者に過ぎない。この手法の一つは一九五〇年頃から展開した、「授業の教育工学的アプローチ」である。採取したデータを統計処理などの定量的手法で整理する「科学的手法」とされた。その後、教師の授業改善や学校改善のための授業研究の視点からこの手法の問題が提起される。そして一九八〇年頃には、坂元昂や水越敏行らがこれを克服する提案を行う。坂元の「授業改造の三つの相」や水越の「授業改

造へのもどり道」のある授業研究がそれである。坂元の「三つの相」は、「実施→評価→設計」の系をとりながら進める授業研究手法である。水越の「もどり道」のある授業研究の提案は、「設計→実施→評価→修正設計…」というリレー式に授業研究を重ねる手法である。(注3)いずれも今日の授業研究の基本的視点を提示したといえよう。

一九八〇年前後から欧米を中心に、教師の研究が社会的地位や政治的視点よりも教師成長・発達研究や授業研究にシフトし、研究方法も量的手法だけでなく質的手法を導入する方向に転換した。同時に、教師自身が自分の授業改善を目的に研究する「一人称視点からの授業研究」が展開し評価されるようになった。

三　授業研究の意義と必要性―教師成長の視点から―

(一) 授業力量と「実践知」の形成

毎年学生が教育実習から戻ると、教育実習の様子を聞く。教材研究や指導計画作成など、事前準備の大変さはもちろんのこと、臨機応変を求められる授業運営の難しさを語る学生が多い。ベテラン教師は、授業場面で予測不可能な部分を抱えながら、臨機応変に対処して指導目的を果たすことができるらしい。そういう教師の指導力量は、実習生や初任者には見えにくい（か、あるいは見えない）知識や技術を多数含んでいるようだ。

授業は教師と生徒や、生徒同士などが教材（文化財）を仲立ちとして行う複雑なコミュニケーション過程である。それを科学的・客観的に分析する伝統的授業研究には、それなりの意義が認められてきた。一方、授業研究には名画や名曲を鑑賞するのに似て、授業の美的・価値的側面を理解するための専門的能力が要求される。生演奏で名曲を鑑賞する時、経験豊富で造詣の深い専門家には、素人の筆者には聞くことのできない音が聞こえたり、作曲技術や演奏技術の高さが分かったりするらしい。「よい授業」には、こうした美的・価値的な評価が含まれる。（注4）授業が人間形成を目的とする以上、この問題は重要である。

言葉の教育を人間形成に結ぶ国語科教師の専門的力量は、言葉を教える経験とその経験に学んで獲得した専門知識（**実践知**）により形成されるものと考えられている。自動車の運転のように誰もが学べる能力を「技術」ということが多い。けれども授業運営技術には、実習生や初任教師が短期間に学んで使える初歩的・一般的技術のほかに、その教師固有の経験や学習から形成される属人的・身体的技術があると考えられる。初任からベテランに至る長い経験からの学びと技の修練の道程を「教師の成長過程」、「教師の発達過程」と呼ぶ。それはこうした高度な実践知の形成過程でもあるとみることができる。

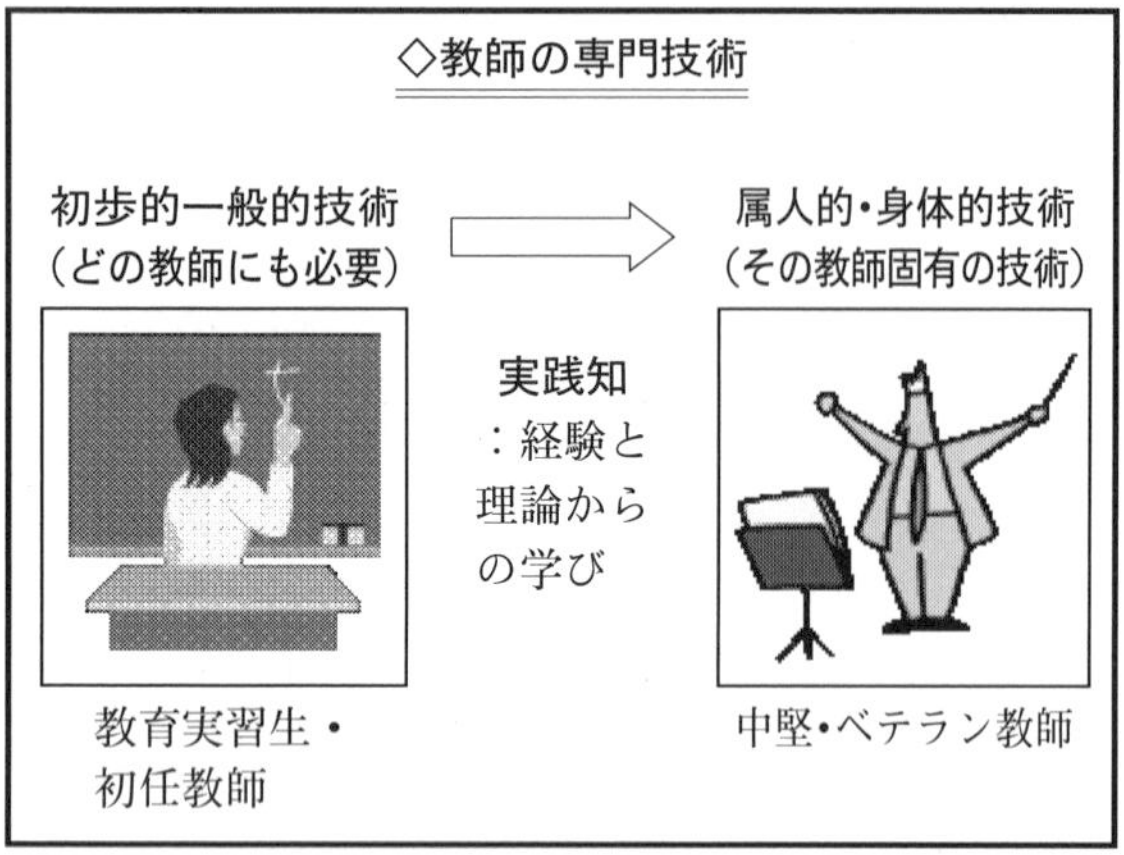

教育実習開始当初の授業観察では、ベテラン教師の円滑な指導に埋め込まれた配慮や工夫を見分けるのは、実習生には難しいだろう。筆者の指導経験でも、教壇実習を経験して授業運営の厳しさを切実に認識し、自分の課題を自覚し解決の手立てを求めるようになると、授業の見方が変わる例が多い。ベテラン教師の授業技術に、少しずつ気付くことができるようになるらしい。そう考えると、実習生に臨機応変の授業運営能力をすぐに期待するのは酷かも知れない。まずはしっかりと教材研究を行い、具体的な場面を想定して丁寧に立案するなどの、基礎、基本を理解し経験しつつ学ぶことが第一歩ではないだろうか。

ベテラン教師であっても、その成長に終わりはない。国語教育の大先達の芦田恵之助は、「共に育ちましょう」と生徒や教師たちに呼びかけて、死の直前まで専門家として、また人間として育つ努力を続けた。教師である限り、教えるプロとして自ら育ち続ける課題を担っている。

教師の専門性の中でも、授業を実施する力量は中核をなすものである。国語科教師は国語科教育の専門家であり、生徒の国語科学力に責任を負わなければならない。つまり、生徒が国語科授業で、何を、どのように学び、どれだけの学力を身に付けたかを、確実に評価できなければならない。そして、自己の学びと成長を楽しむ生徒を育てるよう期待されている。生徒の学力や学習方法に問題を見出したときには、それを解決する責任を負う。それが授業を研究する目的である。この研究は、教師自身が自分の授業実践を研究することから始まる。

四　授業研究の方法

（一）教師（専門家）の授業研究と学生の授業研究

現職教師が行う研修としての授業研究の典型例は、**校内研究会**での研究授業とその後の研究討議である。日本の校内研究会、略称「**校内研**」は「konaiken」という英語の述語もあり、教師教育研究や授業研究分野で使用される。英語圏の個人主義の伝統の強固な国々では、授業を人に見せることは一般的とはいえないようだ。生徒のプライバシー保護等の配慮が強く求められるためと聞く。日本にはすでに校内研の伝統があり、生徒のプライバシーに十分配慮したうえで、協同で授業を研究するシステムを活用する道がひらかれている。

では、授業検討会などでの話合いは、どんな意味を持つのだろうか。水越敏行著『授業研究の方法論』（明治図書、一九八七）は、教師の指導技術を他の教師と共有できるか否かの観点で、①すべての教師に共通する一般化可能な指導技術、②教師の個性的な営みだが他の教師に輸出可能な指導技術、③特定の教師の独特の営みで輸出不可能な指導技術、の三つに分類する。研究授業後の授業検討会では、まず①の知識・技能が追求されることが多い。その上で②も検討され、個々の教師の持ち味や、学級特性、地域特性などが検討されるだろう。

同様に、教育実習生や初任教師の場合も、③よりも、まずは①の中の基礎的・基本的な知識・技術の習得が求められる。例えばそれは、生徒に聞き取りやすい教師の発音・発声や話し方であり、分かりやすい発問、板書、指示などの日常的な指導技術であり、生徒の意欲や理解をチェックする情報受容技術もある。そのうえで、必要に応じて②が問題になるだろう。

授業研究を通じて成長する教師の発達段階を考えると、実習生は見習いの段階にある。先は長い。あわてずあせらず着実に進むことが重要だ。最も大事なのは、自分にふさわしいモデル（手本）を見出し、よく観察してよいところを真似る。真似はうまくいかないことが多いので、そこを工夫して自分の学級向きに修正する。その工夫・改善で力をつけるのである。校内研での研究授業参観は観点を事前に定め真剣に参観する。参観した内容はきちんと記録する。記録を後で見直して、自分の授業の見方をふり返る。これを継続すれば、自分の偏った見方や感じ方に気付くことができるし、自分が授業で何を大事にしているかにも気付くことができる。

（二）授業研究の手順

授業研究の方法は多様である。以下では、筆者が経験した国内教員研修の手法やカナダ、イギリスでのアクションリサーチの手法、それに筆者らが開発した「**授業リフレクション研究**（注５）」を参考にして、授業研究の実際を述

表1　広義の「授業研究」の方法

1）教材研究：飛田多喜雄監修　国語教育実践理論の会編著『誰にもできる国語科教材研究法の開発』等を参照のこと
2）立案・設計：単元計画案（略案）、学習指導案（略案・細案）作成
3）リハーサルと再設計
4）研究授業
5）自省（自己リフレクション）＋授業検討会（対話リフレクション、または、集団リフレクション）
6）自省のまとめと再設計（自己リフレクションと再設計）
以後1）～6）をスパイラルに発展させる

べる。校内研や自主的国語科授業研究サークルなどで筆者が実施してきた手法である。

実習生のための授業研究の流れを表1に紹介する。授業研究には広義と狭義の見解があるが、ここでは教材研究を含む広義の手順を提示する。教育実習で研究授業を課されたときの手順などが、これに該当する。この手順は校内研といわれる校内研修における研究授業での、「授業リフレクション研究」の手法による手順である。学校や地域により手順も方法も変わるので、自分が研究授業をするときは、実習先や勤務先の実情を事前によく聞いてそれに従うのが無難だろう。多くのベテラン教師は、自分ひとりでも日々の授業を研究している。要になるのは、教材研究とデータ採取、そして「ふり返り（reflection）」、「再設計（redesign）」である。

まず表1、1）**教材研究**だが、何十時間もかけて徹底的に行う本格的な文章分析の手法と、教科書本文のコピーに直接気付きを三色ボールペンで書き込む手法がある。最初は自分の視点で、二回目は生徒ならどう読むか考え、三回目は教師としてどう指導するか考えて、色分けして記入する方法である。このように読み手の視点を意識して、読んでは記入し、記入しては読みを繰り返して分析を進める。さらに、教材研究中に一度以上は音読することも勧めたい。本文を手書きで視写する方法もある。茂木健一郎著『脳を活かす勉強法』（PH

Ｐ、二〇〇七）でも、手を通した学びの重要性が指摘されている。集中して一節ずつ読み、読んだら教科書を見ないで視写する。こうすることでテキストを身体を通して読みながら理解するのに役立つという。

教材研究の方法は多様で解説書も多数ある。ここでは飛田多喜雄の手法を文献にあげる。(注6) 将来的には、自分に合う方法を探して真似しながら、自分らしい手法に作りかえ、自分の方法とすることをお勧めする。

2）**立案・設計**、の学習指導案の書き方も多様である。実習校で決めた指導案の形式があるときはそれに従う。それがない場合は、先人の著作を勉強し文献を見て自分に合うものを選び、試して使う。どういう観点で立案するのか研究する。研究授業では、授業実践場面での生徒と教師の対話場面を想定した細案を立てておく。

研究授業の前に、3）の**リハーサルと再設計**を行う。ＴＣ案に沿って実際に声に出して練習する。できれば友人や家族に生徒になって聞いてもらう。大人が一度聞いて分からない内容は修正する。板書やワークシートなども、実際の場面を想定して必ず練習し、問題に気付いたら修正する。こうした計画の修正を「再設計 redesign」という。再設計するときには、変更理由を人に分かるように説明できなくてはならない。

4）**研究授業**では、予想外の反応が出ることがある。臨機応変の対処が難しいときは、無理をせず指導案どおりに授業を進める。とりあえずチャイムが鳴るまでに、予定の内容を指導し終えることが第一の課題である。自分で自分の授業をふり返り（自己リフレクション）、再設計の是非を文章にまとめるのが5）である。研究授業後の授業検討会では、自分なりに気付いたことや取り上げたい問題は、自省（自己リフレクション）として最初に提示する。授業検討会（集団リフレクション）では、参加者の共感性と授業への見識（実践知）が成果を左右することが多い。参加する実習生と教師が協力し、前向きに誠実に取組むことが成果を生むだろう。

6）では、1）～5）をふり返り、自分がもう一度同じ授業を行うならどうのように進められるのかを考えて、指導計画を立て直して記録する。これが再設計である。ここまでできると自分の性格や授業運営の仕方に気付くだけでなく、課題や改善方法が見えることが多い。自分の授業改善のアイデアを持つチャンスである。

（三）授業研究とデータ採取

自分の顔を見るとき、人は鏡を使う。教師は教えている時の自分の姿を、自分で観察することができない。自分の姿を見るためには、自分を映す適当な鏡を使う。これが授業のデータである。授業をビデオ・ICレコーダ等の記録媒体で記録し、後で見直したり聞き直したりするのは、素朴だが大事な授業研究の第一歩である。

授業中の自分と生徒の発話記録を全部文字に起こして、それを見て改善の課題を考えるのもよい。板書の記録、子どものノートやワークシートのコピー、アンケート調査、試験結果、など、様々なデータを取ることができる。一番大事なのは、ふり返るときに証拠となる物を残しておいて、生徒のために有効に使うことである。

五　授業研究の実際―ヘルマン・ヘッセ「少年の日の思い出」（中学校一年）の事例に学ぶ

（一）結末の適否を問いつつ主題を考えさせる指導事例―PISA型読解力を高める学習指導事例の研究

以下は、二〇〇九年一月二六日、山梨県上野原市立巌中学校での事例である。関係の方々の了解を頂き、以下に授業研究概要を紹介する。続いて、他の研究事例も紹介し、筆者の考えを述べる。

①　八重幡理教諭の教材研究と指導計画の概要

この授業研究会は、当該の中学校の研究テーマであるPISA型読解力を高める目的で実施された。学習指導

〈結末に関する考察〉

この作品が「そして、ちょうを一つ一つ取り出し、指で粉々に押しつぶしてしまった。」という一文で終わるのは適切だと思いますか？　以下のスタイルで書きましょう。

適切だと思います。

不適切だと思います。

どちらともいえません。　　　（選択）

〈一文目〉

（理由の中枢）なぜなら----------からです。

〈二文目〉

〈三文目〉


案もその視点から作成された。授業者は「中学一年の学習のまとめをすべきこの時期に学習するものとして、本単元が位置づけられている」とし、「主人公を中心とした登場人物を、性格や行動様式といった内面から深く見つめていくことで、作品世界に引き込まれ、読み進めていくことができると思われる」としている。

本時は全八時間中の六時間目である。「この作品の結末はこれで適切かどうかについて、グループに分かれて回答を作成する」という課題の下、三～四人の小グループ九班に分かれ、自分の解釈を上に示すワークシート（一部分を提示）に記入した後、班で意見交流と相互評価の活動を実施。その後、全体の話合いで班の代表が結論を発表する。班内の意見がまとまらない班はそれを発表する。記入用のワークシートでは、文型も指示しつつ、結末の適切、不適切の意思表示をさせるように仕掛けている。

② 授業の実際

本時のねらいは、①自分の考えたものをもとに、グループの話合いに意欲的にかかわることができる（関心・意欲・態度）、②テキストに書かれていることを根拠にして、グループの考えを深めることができる（読むこと）、③グループで深めた考えをもとに、作品の結末についての評価をすることができる（読むこと）、の三点である。

授業は指導計画どおりに進められた。中学生の意見交換（グループワーク）がうまくいくのかと、筆者は興味深く参観した。多数の生徒がワークシートをもとに活発に話合いを進めていた。ＰＩＳＡ型読解力育成を重視したアイデアは成功し、生徒の活発な意見交換を保障したようである。教師作成のワークシートもよく工夫されており、生徒の意見を引出すのに有効だったようだ。まとめの班ごとの発表では、「適切」だけでなく、「不適切」が三班あった。読み深めが必要と筆者が感じた生徒の班の発表の際には、教師は教科書本文に立ち返って読み直す指示を出し、生徒が読みを深める機会を確保していた。

③　授業検討会（集団リフレクション）での話合いと、そこで筆者が考えたこと

授業検討会では、今日の提案授業の意義が評価された。同時に授業者の自省も含め、さらに読み深めるための工夫や配慮の可能性が検討された。その中で印象的だったのは、①課題設定が名作の結末を問い直すというところに無理があるのではないか、という原則的な指摘である。それに関連して、②こういう作品批評的な視点を与えることで、一読者として「僕」に共感する視点を弱めてしまう結果になりはしないか、という意見である。教師もその点は熟慮したうえでテーマを考え、最終的にこの立案を選択したという説明だった。

これは作品を生徒に読ませるときの視点の問題である。語り手である「僕」の視点に立って読む手法と、批評的な第三者としてや、作者（ヘッセ）視点に立って読む手法を取ることが適当なのか。あるいは、生徒に自由に立場を選ばせるのが適当なのか、という問題である。もちろん結論はそれほど簡単に出せるものではない。

筆者は、今の生徒たちがどの立場を選ぶのかに興味を抱いた。そしてこの時期の生徒が、「僕」に共感して読む場合、「非の打ちどころがない」「悪徳」を持つエーミールをどうとらえるのか知りたいと考えた。その理由の一つは、「僕」の回想シーンの始めで語られる、「ちょう」への少年らしい執着と情熱である。その情熱と愛情の

思い出を、「残念ながら…自分でけがしてしまった」と、大人になった「僕＝客」は語る。感受性豊かで生気に満ちていると同時に、誇り高く傷つきやすい少年期の心情を語る「僕＝客」は、もはや少年ではない。その大人が「私」に語ったのが「少年の日の思い出」である。大人が語る少年時代を、少年たちはどう読むのだろうか。

(二)「僕」の心情を精読する・手引を利用したグループワークによる精読の学習指導事例の研究

最後に川畑惠子教諭(奈良教育大学附属中学校)による二〇〇六年八月の研究発表を紹介して、まとめとする。これは国語教育実践理論研究会第四十六回研究集会での研究発表を、本人の了解を得て紹介させていただく。

①　授業の概要

この研究の副題目は「意見の交流を通して読みを深める」である。学習目標は、①登場人物の行動や情景の描写の工夫に着目して読み、「僕」の心情を考える、②仲間の意見と自分の意見を交流するなかで学び合い、自分の考えを深める、である。全七時間中の五時間目の指導事例が報告された。

本時の学習目標は、「クジャクヤママユを盗み、つぶしてしまった『僕』の気持ちについて、仲間の意見と自分の意見とを交流し、自己の『読み』を深める」である。指導の概要は、学習目標確認後、まず本文を読み、二人で「僕」の気持ちの変化をたどる活動を実施する。次に、自分が「つぶしてしまったちょう」を見ている苦痛についての課題を個人学習で考えて記述する。その後四人の班で意見交流を行い、記録を作成し、班学習の評価もする。最後に自己評価を行い、学級全体での報告と意見交換を行う。

②　手引について

川畑教諭は、この授業のために、「司会の手引〈話合いの手順〉」という手引を作成し配布した。手引の内容は以下のようなものである。

1　確認：「これから、〈　〉ということについて、考えを出し合いたいと思います」以下略

2　話合いと記録の手順の説明：「発表をする人は、読み取った気持ちと、本文のどの部分から読み取ったのかを言ってください」以下略（「3　意見の交換」と「4　記録の報告」は略）

③ 発表資料に見る、提示課題と生徒の読みとり：表2参照

川畑教諭の研究発表資料には、生徒の学習記録が丹念に整理され提示されている。本格的な読解指導を今の生徒たちにどのように行うのか参考になる。そしてまた、グループ指導の手法を示す意味でも参考になる。この発表から、次の成果が得られたものと考える。

① 具体的な表現にこだわりつつ読む姿勢を、生徒にしっかりと育てている

② 解釈や感想の違いを比較しやすくする仕掛けを、手引や課題やワークシートなどで用意している

③ 学習記録をとる習慣を育成し、作成した記録を評価や研究に活用している

④ 読み深める仕掛けが工夫されている―例：部分の読みと全体の読みを往復させてつなぎながら読ませる。同様に個の読みと他者の読みを比べながら読ませる。こうした読みの過程を経て読みを深めさせる。

（三） 共に学ぶ場としての授業研究会

この教材を読み直すたびに、新しい気付きが生まれる。この教材の完成度は高く、ヘッセは汲めども尽きぬ泉のように豊かな世界を描いて見せてくれたと思う。とはいえ、かなり深刻で翳りのある作品でもある。こういう世界を、今の中学生がどのように受け止めながら読みの学習を進めるのか。これは研究に値する課題であろう。

表2　場面ごとの生徒の読み取りの過程と学習者が気付いた表現（川畑恵子教諭）

場　面	課　題	生徒が着目した表現
①僕がちょうの収集に熱中する場面	魅力を感じるものにのめり込み、我を忘れる「僕」の姿に自己を重ねて読む	遊戯のとりこ　なんともいえないむさぼるような　うっとりした感じに教われる　熱情　あのとき味わった気持ち　以下略
②エーミールに対する「僕」の気持ちが描かれている場面	模範少年であるエーミールに対する「僕」のねたみや嘆賞の感情を読み取る。完璧なものに対する反発、自分にはないものに対するねたみや嘆賞といった「僕」の気持ちをつかむ	自分の幼稚な設備　手入れの正確な点　宝石　非の打ちどころがないという悪徳　子どもとしては二倍も気味悪い性質　あらゆる点で模範少年　ねたみ嘆賞しながら彼をにくんでいた　欠陥（エーミールの指摘）　以下略
③四つの大きな斑点が「僕」を見つめた場面	「逆らいがたい欲望」という表現から、ちょうを盗んだときの「僕」の気持ちを考える	せめて例のちょうを見たい　とび色のビロードの羽　毛の生えた赤茶色の触角　優雅で、果てしなく微妙な色をした羽のふち　以下略
④「僕」がエーミールのちょうを盗む場面と、「僕」が良心を取り戻す場面	前者省略 盗みをしたという気持ちより、つぶしてしまったちょうを見ているほうが「僕」の心を苦しめたという「僕」の気持ち	僕の良心は目覚めた　盗みをした下劣なやつだということを悟った　恐ろしい不安に襲われた　本能的に冷たい気持ちに震えていた　びくびくしながら　胸をどきどきさせ　自分自身におびえながら　泣かんばかり　盗みをしたという気持ちより、自分がつぶしてしまった、美しい、珍しいちょうを見ているほうが、僕の心を苦しめた　ばらばらになった羽　以下略

このように興味深い世界を、研究として提示してくださった、八重幡理教諭と川畑恵子教諭に感謝したい。

授業研究とは、このように生徒と教師が創り上げた豊かな世界の内実を、データを証拠として示して（evidential base）明らかにする研究である。授業を研究することで、忘れられたり気付かれずに過ぎてしまうかもしれない豊穣な内面世界・思考の世界を、教師たちは意識し、記録して残すことができる。そして、その研究にかかわった他の教師たちや研究者たちは、その豊穣な世界の一部を受け止め、共有することができる。

教育実習生の場合、ここまで掘

り下げた立案や実施は難しいかもしれない。しかし、日々の研鑽を積むことで、入門的な知識・技術を洗練し、こうした深みや高さに達することができるのだろう。これが授業研究の意義である。

授業研究会はこのように豊かで人間的な実践の知をはぐくむ場である。授業研究成果を他の研究者や教師たちと共有することで、世界中の教師たちと絆を結ぶことが可能である。以上述べたように豊かで意味深い営みが、今日も日本や世界の学校で実践されている。放っておけば過ぎ去り、記憶から消えてしまうかもしれない授業実践の意味が、データをとり、記録し、分析して論文にまとめることで、他の多くの人と共有できるし、後から来る人たちに伝えることもできる。授業研究は、研究する教師や研究対象の生徒・教材だけでなく、仲間の教師や研究者、そして論文の読者にまで、その恩恵を与えるものといえる。

（注1）東・中島・梶田編『授業改革事典第一巻授業の理論』、第一法規、三七五頁、一九七二
（注2）吉崎静夫『教師の意思決定と授業研究』ぎょうせい、一九九一
（注3）坂元昂『授業改造の技法』明治図書、五十一頁、一九八〇
水越敏行「授業改造へのもどり道」、日本教育評価研究会『指導と評価Vol.25—29』、一九七九
（注4）加藤幸次「授業分析の方法」（東・中島・梶田『授業改革事典第一巻授業の理論』第一法規、三九六頁、一九七二）では「人間のもつ機敏な感覚・鑑識眼、利き分ける力、勘」とする。
（注5）澤本和子・お茶の水国語教育研究会『わかる・楽しい説明文授業の創造—授業リフレクション研究のススメ—』東洋館出版社、一九九六
（注6）飛田多喜雄・国語教育実践理論の会『誰にもできる国語科教材研究法の開発』明治図書、一九九〇

コラム

授業記録いろいろ

一時間の授業をふり返り、次の時間を構想するためには、本時の授業記録が必要になってくる。しかし、授業をしながら、精査な記録を同時に取っていくことは不可能である。中学校にしろ高校にしろ、同じ学年の授業を複数学級持っている場合、ひどいときは、「この前どこまで行ったのかな」などと聞いてから始まることになってしまう。そのような計画性のなさを露見することはないだろうが、本時の授業を次時に生かすためにも授業記録は大切だろう。

授業記録は学習の足跡が残るように何を課題にして、どのように追究して、どのようなところまで明らかになり何が残されたのかはっきりしておきたい。課題と結論は生徒の誰もがノートに記すだろう。問題は追究場面をどのように記させるかだ。

板書をきちんと写すことができれば、そこには、生徒の思考や交流の様子が示されているだろう。発言した生徒の名前まで必要な場合、黒板に名前を位置づけ、そこまで記入させていくこともできるだろう。学習の記録が授業記録になっていく。また授業記録用の公のノートを形式を統一して用意し、当番制で記入させていくこともできるだろう。授業記録に本時の学びの道筋が表れてくれば次の学びも期待できるというものである。

授業記録を生徒のノートを利用する方法もあるが、古文や詩を教師が模造紙に写し課題や追究・結論など、学習内容をそのまま書き込み、記録として残していくという方法もあるだろう。

授業記録は、指導反省や授業中に気付けなかった生徒の姿を知るきっかけにもなる。そのためには、もっと精査なものが必要だろう。研究授業などでは、ビデオで授業の様子を教師中心に撮ったり、何人かの生徒を中心に撮ったりすることがある。その記録を起こしていくと、授業中には気付けなかったたくさんの情報を得ることができる。発言した生徒と発言内容、沈黙の時間などを記していくが、ビデオで撮ることで、生徒の表情や仕草、活動の様子そのものを追うことができる。授業は教師、教材（学習材）、生徒（自分と周りの級友）など様々な脈絡が関係し合いながら進展していくコミュニケーション場面でもある。その子に何が働き、どう考え、どう行動していったのかを知るためにも時にはビデオで自分の授業を記録し分析したい。

授業記録を分析するには、会話分析、プロトコル分析、あるいは、エスノメソトロジーの手法を生かすなど様々な方法がある。また評価の累積記録としてのポートフォリオも個人情報としての記録になるだろう。いずれにしろ授業記録は用途に応じて、どう記録するかとどう分析・考察するかによって教師が選択していくものだろう。

第十四章　学習指導と評価

一　評価の意義

（一）中学校教育における評価の意義

①「評価」と「評定」

中学校学習指導要領第1章総則「第4指導計画の作成等に当たって配慮すべき事項」には、評価に関する文言として、「生徒のよい点や進歩の状況などを積極的に評価するとともに、指導の過程や成果を評価し、指導の改善を行い学習意欲の向上に生かすようにすること。」という記述がある。ここに、中学校における評価のあり方が示されている。「評価」と言えば、試験の点数や通知表の評点を思い浮かべ、生徒が教師によって学習の出来不出来を点数化されるとか、教師が指導する立場から生徒の学習能力を判断する、といったイメージを持たれる場合が多い。特に高校進学を控える中学校においては、しばしば通知表の点数のみが絶対視されたり、評価のあり方をめぐって教科担当教師と生徒・保護者間でトラブルになったりする。

しかし、これからの社会を生きる生徒にとって身に付ける必要がある学力は、知識・技能にとどまらず、学ぶ意欲や思考力、判断力、表現力などを含む幅広い学力である。このような学力がどの程度身に付いているかを的確に把握するため、中学校における評価は、「**関心・意欲・態度**」「**思考・判断・表現**」「**技能**」「**知識・理解**」の四つの観点からみた学習状況の評価「**観点別学習状況の評価**」を基本としている。「観点別学習状況の評価」は、各教科の学習状況を分析的に評価するものであり、学習指導要領に示す目標に照らして、その実現状況を観点ごとにA、B、Cの三段階で評価する。一方各教科の「評定」は、観点別学習状況を基本として、各教科の学習状況を総括的に評価するものであり、小学校（第3学年以上）では3、2、1の三段階、中学校では5、4、3、2、1の五段階で示す。以前は、「集団に準拠した評価」（相対評価）によっていたが、現在は「目標に準拠した評価」（絶対評価）を行っている。

②　指導と評価の一体化

では教育上の「評価」とは何を指すのか。評価は、結果のみを取り上げて判定するということにとどまらない。学習指導の様々な時期に様々な方法で、生徒に結果を返す（フィードバックする）ことにより、生徒自身に学習をふり返らせ、次に生かすよう指導をする。一方教師は、学習指導の計画、実践、評価という一連の活動を繰り返しながら、生徒のよりよい成長を目指した指導を展開している。この時、指導と評価とは別物ではなく、評価の結果によってその後の指導を改善する。ここに指導に生かす評価が実現する。このことを「**指導と評価の一体化**」という。

このような「指導と評価の一体化」を進めるためには、評価を自らの指導に生かすことによって教育の質を高めようとする、教師の姿勢が一層重要となる。

③　教師と生徒が評価内容を共有する

翻って評価される生徒側に立ってみると、何をどのように評価されているのかが分からなければ、不安になるのは当然であり、説明が不足すれば教師不信、学校不信に陥る。したがって教師は学習の評価を生徒や保護者に十分説明し、生徒や保護者と共有することが大切である。評価をどのようなねらいや観点で、どのような資料に基づいて行ったのかという説明を丁寧に行うことは、評価に対する説明責任という意味だけではなく、次の学習への動機付けにも効果的である。

（二） 評価の種類

① 「集団に準拠した評価」（相対評価）と「目標に準拠した評価」（絶対評価）

「集団に準拠した評価」はいわゆる「相対評価」と呼ばれ、学年や学級など、その学習者が、所属する集団の中でどのような位置にあるかをみる評価のことを指す。平均点とのズレ、集団内での順位などをもとに、相対的に評価することである。相対評価では、各段階に対して与えることのできる生徒の割合が、あらかじめ決められているため、あくまでも他と比べて「よくできる」「劣っている」という話に終始する。また地域性や生徒数、学習環境や学習状況など所属する集団の特性にかかわらず、一律に決まった割合で産出されるため、不公平が起こる。

「目標に準拠した評価」いわゆる「絶対評価」は、学習指導要領に示す目標がどの程度実現したか、その実現状況をみる評価のことを指す。具体的には、明確に示された目標に照らして、それぞれの生徒の学習の進み具合やどれだけ理解できたか、どれぐらい習得できたかについて、その達成度を適切に判断し、学習の成果として評価するものである。その際問題となるのは、どのような教育目標を設定するか、ということである。各教科ごとに、また単元ごとに目標を設定し、あらかじめ生徒に示しておくことの方が望ましい。平成十年に改訂された学習指導要領から、「相対評価」を廃し、この「絶対評価」が採用された。

②　評価規準（のりじゅん）と評価基準（もとじゅん）

「**評価の規準**」とは、学習評価において何を評価するのかという質的な判断の根拠となるものであり、「**評価の基準**」とは、どのようなレベル（程度）であるのかという量的な判断の根拠となるものである。どちらも「きじゅん」であるため、前者を「のりじゅん」、後者を「もとじゅん」と呼んで区別する。例えば評価基準では、知識・理解を問うような課題を行ってどれだけできたか、ということを評価することになる。それに対して「評価規準」は、例えば国語科では、「**関心・意欲・態度**」「**話すこと・聞くこと**」「**書くこと**」「**読むこと**」「**言語事項**」の**三領域一事項**において、それぞれの観点に対応した学習の目標を設定し、その目標にどれだけ近づいたかを評価する。つまりどのような学力を身に付けさせたいかということが前提にあって、それに則した指導と学習活動が行われ、評価が行われる。学校教育ではこの「規準」と「基準」を組み合わせて評価を行うことが求められる。

③　個人内評価

「相対評価」も「絶対評価」も評価の基準は学習者である生徒の外に存在する。それゆえ、これらの評価では学習に遅れのある生徒やその教科を苦手とする生徒にとってみれば、わずかながら進歩しているにもかかわらずまったく評価されないことが多い。努力が認められず、次の学習への動機付け（モチベーション）が上がらないという状況に陥ることもしばしばある。そこで「**個人内評価**」という方法がとられる。「個人内評価」では、評価の基準を学習者本人に設定させ、学習の最初からの伸びに対して評価を行う。これは生徒ごとのよい点や可能性、進歩の状況などを積極的に評価しようとするものである。

(三) 評価の時期と方法

① 診断的評価・形成的評価・総括的評価

「**診断的評価**」は、学習が始まる前の段階の評価である。生徒の学習の実態や傾向、既習、未習の確認など、学習レディネスを診断する。評価の方法としては既習範囲のペーパーテストや標準学力テスト、チェックリストや観察などがある。国語の場合は自己紹介作文のような形を取ることもある。二百字程度の作文を書かせて、言語力や文章力をみるのである。

「**形成的評価**」は、学習が行われている途中の段階の評価である。学習の内容や目標がどの程度達成できているかをみる。もし学習に遅れのある生徒がいた場合、総括的評価だけでは評価が出された時にはすでに手遅れになっている可能性がある。形成的評価を行うことで生徒の学習状況を把握することができるだけでなく、指導者自身のフィードバックとしても重要である。ここで問題が見つかれば、単元における教授の修正を行う必要がある。形成的評価の方法としては日々のノートチェックや提出させたワークシートのチェック、グループ活動の中間報告、授業中の生徒との対話や観察などがある。

「**総括的評価**」は、学習が行われた後の評価をいう。単元、学期、学年の終わりに行って、生徒がその学習をどれだけ達成できたかをみる。生徒に自分の学習をふり返らせるとともに、教師は以後の学習計画の改善に役立てる。評価の方法としては、ペーパーテストによるものが多い。しかし最近では点数化された量的評価だけでなく、ポートフォリオ評価のように次の学習や指導に生かせるような質的評価を行うことも増えてきた。

②　指導要録・通信簿（通知表）・調査書

「指導要録」「通信簿」「調査書」は、それぞれ作成の目的や機能が異なっている。指導要録は、生徒の学籍並びに指導の過程及び結果の要約を記録し、その後の指導に役立たせるとともに、外部に対する証明等の際の原簿となるものである。すべての学校で必ず作成しなければならない書類として義務付けられている。

一方、通信簿（通知表）は、各学校において、子ども自身や保護者に学習状況を伝え、その後の学習を支援することに役立たせるために作成されているものであり、その扱い、記載内容や方法、様式などは各学校の裁量で適宜工夫されている。

最後に調査書（いわゆる内申書）は、高等学校等の入学者選抜のための資料として作成されるものであり、生徒の平素の学習状況等を記述するだけなく、特別活動やその他の活動についても記述する部分を設けており、学力検査で把握できない学力や学力以外の生徒の個性を多面的にとらえたり、生徒のすぐれている点や長所を積極的に評価しこれを活用していくという趣旨のものである。

③　やわらかい評価

評価は数値だけで行われるのではない。日々の教育活動の中で様々な方法を用いて**学習のフィードバック**を行うことが大切である。例えば課題やノート、作品などの提出物を出させると、生徒は「先生みてくれた?」「けっこういいこと書いたでしょ」と訊いてくる。生徒は教師に自分の学習の努力を見てもらいたいものであり、教師が自分をどう評価するかということが大変気になるのである。ところが返却された提出物にただA、Bなどの評定が書かれているだけでは、的確なフィードバックにならない。提出物の何を評価したのか、観点をはっきりと伝え、それに対してすぐれている点と修正すべき点とをコメントして返したい。これを続けていると、提出物を返却された瞬間に生徒はコメントを読むようになる。この文章表現による評価は生徒のやる気を引き出し、学習意欲を高める効果がある。

さらに評価を拡大して考えれば、授業中に行う教師の声かけも評価といえる。教室で一斉に指示を出しても、生徒は意外と理解していない。指示を出して活動に入ったら、必ず教室を巡回して様子を見て回ることが大切である。巡回の一周目では、当然分かっているだろうと思っていたことでつまずいていたり、まったく勘違いして作業をすすめてしまっているような生徒が見つかる。そのような生徒に対して個々に指導し、学習の方略を教える。次の一周は評価して歩く。生徒のノートをのぞき込みながら、「そのやり方はいいね」「よい部分を抜き出しているよ」「ここはもう一度考えてごらん」などの言葉を発しながら回るのである。生徒はよい評価をもらうと嬉しいものである。時にはそんな生徒が隣の生徒の先生になっていき、教室内に小さな先生が増えていく。

これらの評価は生徒の学習に対する動機付けを高め、自己評価力を育成するだけではない。先生の肉筆や直接の声かけは、何より生徒の自己効力感と教師への信頼を高め、生徒と教師の関係を強めるものである。このような「やわらかい評価」こそ大切に丁寧に生徒へフィードバックしたい。

二　中学校国語科学習指導における評価

（一）学習指導要領に基づいた評価

①　何を評価するのか

平成二十年改訂学習指導要領では、児童生徒に「生きる力」をはぐくむこと、つまり、基礎的・基本的な知識と技能の確実な習得と、それらを活用して課題を解決するために必要な思考力・判断力・表現力等の育成が、各教科で目標とされている。その基盤となるのが、「言葉の力」であり、各教科での言語活動を充実させることとともに、国語がその育成の中核を担う、ということが明記された。「言葉の力」とは、明確な目的達成のため、相手に応じて適切に「話す・聞く」「読む」「書く」ことができる力である。そこで平成二十年改訂学習指導要領では、小・中学校を通して言語に関する能力の「質」を高められるよう、学習の目標・内容に様々な変更が加えられている。今後国語科が取り組むべき課題はますます重要といえる。

中学校学習指導要領における国語科の目標は「国語を適切に表現し正確に理解する能力を育成し、伝え合う力を高めるとともに、思考力や想像力を養い言語感覚を豊かにし、国語に対する認識を深め国語を尊重する態度を育てる。」である。前半では国語の基本的な表現力と理解力の育成、さらに「伝え合う力」の育成をうたっている。後半では生徒の思考力・想像力や学習態度の育成に言及している。つまり、言語能力に代表される認知面の能力と、それを支える学習態度や国語に関する興味・関心といった情意面の能力の二つをが求められているといえる。

②　観点別評価

前述した全体の目標をふまえ、国語科においては「国語に対する関心・意欲・態度」という**情意面の能力**と、「話すこと・聞くこと」「書くこと」「読むこと」「言語事項」の、いわゆる三領域一事項と呼ばれる**認知面の能力**に分けて評価する。この観点別それぞれに適した評価内容や評価方法を工夫する必要がある。具体的に何をもってその能力を評価するのか、それが現場の教師の指導計画や実際の評価につながってくる。例えばペーパーテストを行うにしても、三領域一事項の観点別に問題を分けて採点し点数化するとか、「話す・聞く」能力をみるため、定期試験に聞き取りテストを行う、などの取り組みもある。今後ますます多様な評価のあり方を工夫していくことが求められるであろう。

次頁に示したのは、中学校学習指導要領（国語）に示された各学年の教科の観点および、その趣旨である。各学年に求められている目標を鑑みて単元を組み、指導計画を立てることはもちろん重要であるが、中学校は三年間という短い期間で計画的に学習を行う必要があるため、三年間を見通した計画を考えるべきある。特に中学校三年間を修了した時点で、義務教育が終わり、社会に出て行ったり、上級学校へ進学したりする生徒にとって、身に付けてほしい能力は非常に多い。それをいかに精選し能率よく確実に育成するか、目標と計画、実践そして評価までの一連の流れを計画しなければならない。

三　これからの評価

（一）「量的評価」から「質的評価」へ

①　自己評価

ペーパーテストの点や通知表の評定といったいわゆる「**量的評価**」は、非常に分かりやすいという点ではよいが、数字だけで判断され、学習内容や指導内容には目が向けられない。そのような反省から、最近では「**質的評価**」が注目されている。その一つとして**自己評価**が位置づけられる。自己評価とは自分で自分の学習をふり返る評価の方法である。学習者自身に学習をふり返らせることで、数値ではとらえることのできない学習の内容や過程、問題点などを浮かび上らせることができる。

中学校学習指導要領（国語）の観点と趣旨

	第１学年	第２学年	第３学年
話す・聞く能力	目的や場面に応じ、日常生活にかかわることなどについて構成を工夫して話す能力、話し手の意図を考えながら聞く能力、話題や方向をとらえて話し合う能力を身に付けさせる。	目的や場面に応じ、社会生活にかかわることなどについて立場や考えの違いを踏まえて話す能力、考えを比べながら聞く能力、相手の立場を尊重して話し合う能力を身に付けさせる。	目的や場面に応じ、社会生活にかかわることなどについて相手や場に応じて話す能力、表現の工夫を評価して聞く能力、課題の解決に向けて話し合う能力を身に付けさせる。
書く能力	目的や意図に応じ、日常生活にかかわることなどについて、構成を考えて的確に書く能力を身に付けさせる。	目的や意図に応じ、社会生活にかかわることなどについて、構成を工夫して分かりやすく書く能力を身に付けさせる。	目的や意図に応じ、社会生活にかかわることなどについて、論理の展開を工夫して書く能力を身に付けさせる。
読む能力	目的や意図に応じ、様々な本や文章などを読み、内容や要旨を的確にとらえる能力を身に付けさせる。	目的や意図に応じ、文章の内容や表現の仕方に注意して読む能力、広い範囲から情報を集め効果的に活用する能力を身に付けさせる。	目的や意図に応じ、文章の展開や表現の仕方などを評価しながら読む能力を身に付けさせる。
言語についての知識・理解・技能	・言語について理解を深めること、語感を磨くこと。 ・多様な語句について理解を深めるとともに、話や文章の中の語彙について関心をもつこと。 ・学年別漢字配当表の漢字のうち900字程度の漢字を書き、文や文章の中で使うこと。 ・字形を整え、文字の大きさ、配列などについて理解して、楷（かい）書で書くこと。 ・行書の基礎的な書き方を理解して書くこと。	・話し言葉と書き言葉との違い、共通語と方言の果たす役割、敬語の働きなどについて理解すること。 ・抽象的な概念を表す語句、類義語と対義語、同音異義語や多義的な意味を表す語句などについて理解し、語感を磨き語彙を豊かにすること。 ・文の中の文の成分の順序や照応、文の構成などについて考えること。 ・学年別漢字配当表に示されている漢字を書き、文や文章の中で使うこと。 ・漢字の行書とそれに調和した仮名の書き方を理解して、読みやすく速く書くこと。	・時間の経過による言葉の変化や世代による言葉の違いを理解するとともに、敬語を社会生活の中で適切に使うこと。 ・慣用句・四字熟語などに関する知識を広げ、和語・漢語・外来語などの使い分けに注意し、語感を磨き語彙を豊かにすること。 ・学年別漢字配当表に示されている漢字について、文や文章の中で使い慣れること。 ・身の回りの多様な文字に関心をもち、効果的に文字を書くこと。

②　相互評価

多くの生徒をはぐくむ学校は互いに学び合う場にしなくてはならない。学び合う活動は、互いの学力伸長だけでなく、社会性の育成にもつながる。評価も同様に生徒同士で行わせることが増えてきた。**相互評価**の例として、個人に書かせた授業の感想や作品を印刷して配布し、互いに評価するとともに、新たな学びの資料にするといった実践がある。またグループ学習を行った後グループの構成員同士が評価を行う、グループ内評価がある。さらにグループ同士が学習の成果を発表会やプレゼンテーションという形で報告し、グループ同士評価する方法もある。

③　ポートフォリオ評価

ポートフォリオとは、もともと「紙ばさみ、折りカバン」を指すが、教育評価の中では学習活動で使用した様々な資料をまとめたものを指す。授業の内容を記したノートはもちろん、調べ学習で集めた資料や新聞記事、コピー、インタビューの記録、授業の感想や友人・教師からのコメントなどをひとまとめにし、単元の最後に提出させる。この時生徒には学習のふり返りを書かせるとよい。生徒の課題発見能力や自己評価力を高める効果が期待できるとともに、学習の足跡を残すことによって、生徒と教師の双方が学びに対する理解を深めることができる。また生徒の最終的な知識や理解を評価するのではなく、学習の過程を評価することも可能である。

④　ルーブリック評価

ルーブリックとは「評価指標」、評価のものさしという意味である。学習者の到達度を数段階設定し、さらにその項目がどれだけ達成できたかを具体的に記述した到達度尺度を使用する。これによれば、具体的な数値を記述した「基準」と質的な高まりに注目した「規準」のどちらもを含んだ評価を行うことができる。

(二) 新しい評価につながる実践例

① 授業の感想を書いて提出する

毎時間授業の最後に「今日の感想」を記述する時間をとり、提出させる。内容は単にその授業の感想である場合もあるし、何かテーマを持たせて書かせる場合もある。たった三行であるが、毎時間の内容を短時間でまとめる練習を続けることで「書く」力の育成にもつながるうえ、自分の学習をメタ認知する力をつけることができる。また教師はそのノートを読むことで生徒の理解度を把握し自身の授業の反省をすることができる。返却の時には文章の誤字を直し、コメントを書くなどして、評価に生かす。数名分をまとめてコピーし、次の授業の学習に使用するのもよい。

② 協同学習の導入

四人一組などのグループを学習の単位とする方法はよく行われるが、ここに**協同学習**の手法を取り入れる方法がある。協同学習とは、自分自身と他のメンバーたちの学びを最大にするために、グループを機能的に使う学習指導法のことで、バズ学習から発展した。グループに協同学習の基本的構成要素を取り入れることで学習の定着を図り、望ましい人間関係を学習指導の中で養っていく。協同学習の基本的構成要素の中には「個人の責任」や「グループの改善の手続き」などがある。「個人の責任」とはグループの構成員一人ひとりに役割を持たせるというものである。また「グループの改善の手続き」とは、互いの役割が果たされているかどうか、他者から評価をもらうことや、各自の役割や観点から問題を出して評価し合うなどして学習の内容を確認することを指す。このように機能的なグループ学習を有効に活用して、学習や評価を行うような授業を積極的に展開したい。

③ オープンエンドな活動とゴールフリーの評価

知識・理解の観点を主体とした学習を行うと、その評価は記憶した知識を問うゴールエンドな出題と評価にならざるを得ない。もちろん教育の目的と評価は明確なものであるべきだが、すべてが型にはまった学習内容と学習形態では、生徒の学習への動機付けをそいでしまう場合がある。そこで単元によってはオープンエンドな活動とその指導を行うとよい。生徒の興味・関心を優先してテーマを設定し、自主的に学習計画を立てさせて、教師は支援者となる。最後のまとめ方は自由度の高い形式を認め、それを評価する。ゴールフリーな評価である。こうすることで生徒は高い学習への動機付けを維持したまま、意欲的に学習をすすめることができる。

教師にとって評価はなかなか大変な仕事である。質的評価にしても量的評価にしても、評価をするということは、自分自身の中で明確な根拠が必要である。また生徒一人ひとりに対して責任を持って評価するためには、膨大な資料を分析したり、数値を入力したり、コメントを行ったりするなど大変な労力を必要とする。特に国語科の評価は複雑で個別的であり、分析に時間がかかるため困難な点が多い。しかし実は評価を考えるということは、授業を組み立てるということであり、さらには生徒の実態をつかみ、生徒との信頼関係を強めることでもある。評価を負担に思うのではなく、「評価と指導の一体化」を常に意識することで前向きにとらえ、自身の教育の質を高めることに役立てるべきである。

コラム　感性の評価

感性とは真、善、美など価値あるものを発見する感覚であり、知性と相互に働き合って表出してくるものだろう。その構成要素は、感受性、感情、想像力、共感などがあろうが、様々な考え方があり、定義できない。しかし、国語教室の中で子どもの感性や情緒をはぐくみ、評価するとなると、論理的思考力と知識・技能能力で構成される認知面と対をなして国語学力を形成する情意面の行動的態度とともにある感性的思考力に注目してよいのではないか。

益地憲一は、「『感性的思考力』は、言葉を通して心で主体的に受けとめ、価値づけ、判断し、個性的な感性を磨いていくことにつながる能力」と述べ、続けて「『論理的思考力は、言葉によって理性的に受けとめ、客観的に価値づけ、論理的に思考を磨くことにつながる能力」と述べている。そして、評価の観点として次の六点を上げている。a・作品に対して学習者なりの思いがあったかどうか。b・学習のねらいに合っているか。c・感性のよさや深さ・精度などの質はどうか。d・作品全体や既有知識などをふまえた視野の広さがあるか。e・新しい気付きか、個性的見方が出ているか。f・他の場面と調和と統一がとれ、首尾一貫しているかどうか（益地憲一『国語科評価の実践的探究』渓水社、一九九三）。この観点に従って生徒の姿を評価するのだ。

感性は、言語表現によって具体化されることが多いだろうが、言語化されない生徒の表情や仕草などを把握することが必要であるし、場合によっては、授業の瞬間ではなく、「あのときどう思っていたの？　感じていたの？」といったことを訊くことも必要になってくるだろう。

生徒を取り巻く環境はとどまることなく激しく変化している。だからこそ多感な時期に生きる生徒が、様々な文学作品と向き合い日常の生きる意味を考え、自分の言葉で思いを表現することを願う。国語科教育においてはとりわけ、文学の学習が生徒の感性や情緒を培うものであろう。生徒自身が自分自身の読みを作るという文学的体験をすることが、作中の登場人物の心情にふれ、自分自身のものの見方や考え方や生き方と比べることで、共感したり批判したりしながら自分自身の感性に取り入れていくことにつながっている。いわばそこには、言語による自己形成が行われているともいえる。文学の学習指導は、作品世界から人間を読み、人間を理解するという虚構体験によって人間の生き方・考え方を深めることで、自己をはぐくんでいくことにほかならない。そして、評価の持つ評価後の行動をコントロールし、情意面を刺激し、行動へ結びつける力を念頭に認知面と情意面の両者の評価をしていきたい。

第十五章　国語科教育の課題と発展

一　はじめに ― 世界標準の学力観へ ―

国語科教育を考える場合、浜本純逸は、不易（本質）と流行（変化）の二つの面から考えていく必要があると述べている。〈人の発達と言語習得との関係〉を明らかにしていくことが国語科教育の不易の部分であり、〈時代と共に変化する言語環境の変化〉に即した教育を探究していくことが流行の部分である。(注1)

今日、国語科教育が直面している課題の一つに、国際化のうねりの中、世界標準の学力観の模索がある。OECD（経済協力開発機構）は、一九九七年から二〇〇二年にかけて、二十一世紀に生きる自立した人間づくりを目指してDeSeCo計画を策定した。そこでは、①相互交流的に道具（言語や技術）を使用する、②異質集団内で相互交流する、③自律的に行動する、の三点がキー・コンピテンシーとして示された。これを受けて、二〇〇〇年から三年ごとに、義務教育段階を修了した十五歳を対象に、PISA調査（生徒の学習到達度調査）が実施されている。調査の内容は、知識や技能を使う思考力や応用力、世の中の進歩に応じて学び続ける学習力を測定するものであり、知識の量や技能の正確さ・速さを測定する伝統的な調査とはその内容を異にする。社会や経済のグローバル化にともなって、各国がＰＩＳＡ調査に沿った教育改革を進めたことから、ＰＩＳＡ調査で問う力がこれからの時代に世界標準として求められる学力とされるようになった。教師には、子どもたちが十五歳までに、どのような学力をつければ、国際社会で一市民としてよりよく生きていけるのかというグローバルな視点を持つことが求められる。

二　リーディング・リテラシーを育てる

国語科の内容に相当する「リーディング・リテラシー（Reading Literacy）」（日本では、初年度は「読解リテラシー」、以後「読解力」と訳されている）の結果については、調査問題が、これまでの国語科教育が子どもたちに培ってきた伝統的な読解力と異なる性質のものであったこともあり、国際順位の結果から学力低下の声が出るなどした。いわゆるＰＩＳＡショックと呼ばれるものである。読解力調査の問題は、以下の四点がその特徴とされる。

①テキストに書かれた「情報の取り出し」だけではなく、「理解・評価」（解釈・熟考）も含んでいること。
②テキストを単に「読む」だけではなく、テキストを利用したり、テキストに基づいて自分の意見を論じたりするなどの「活用」も含んでいること。
③テキストの「内容」だけではなく、構造・形式などの表現法も、評価すべき対象となること。
④テキストには、文学的文章や説明的文章などの「連続型テキスト」だけでなく、図、グラフ、表などの「非連続型テキスト」を含んでいること。

実際の問題を例に見ていこう。左に示すのは、日本の子どもたちの正答率がＯＥＣＤ平均より低く、無答率の高かった「ランニングシューズに関する問題」と、無答率が二八・八％でＯＥＣＤ平均より二〇％近く高かった「落書きに関する問題」である。

①「ランニングシューズに関する問題 問い3」（情報の取り出し）
課題文の一部に「よいスポーツシューズとは、次の四つの基準を満たしていなければなりません」と書いてあります。これらの基準を記してください。

②「落書きに関する問題 問い4」（熟考・評価）
手紙に何が書かれているか、内容について考えてみましょう。手紙がどのような書き方で書かれているか、スタイルについて考えてみましょう。どちらの手紙に賛成するかを別として、あなたの意見では、どちらの手紙がよい手紙だと思いますか。片方あるいは両方の手紙の書き方に触れながら、あなたの答えを説明してください。

これらの問題は、①全文の論理的な構造を理解して必要な情報を取り出す力や、②本文を評価しながら批判的に読み、本文に書いてあることを根拠にして自分の意見として表現する力を問うものである。

この学力観は、遠い将来、社会や経済の変化によって変わることも予想されるものではあるが、今後の授業改善の方向性として、「何が書かれているかを的確に読み取ると同時に、そのことを自分はどう解釈するのかを考えながら読むこと」、「書かれていることに対して、根拠を持った意見を言えること」、「書かれた文章の構造や表現等のメタ分析ができること」、「読んで考えたことを表現（書いたり話したり）できること」、「文章以外にも図やグラフ、表も読むことの教材と考えること」を組み入れていくことがあげられる。

〈授業例〉

次に、リーディング・リテラシーを育てるために行われた実践を紹介する。本谷千恵子教諭（前東京都江東区立第三亀戸中学校）が実践した単元『『モアイは語る』を読む・写真を読む」は、中学二年生を対象に全六時間で構成されている。(注2) 本谷はPISA調査を意識して、これまでの学習効率のよさを優先した指導者主導型授業からの脱皮を図り、子ども主体の授業づくりを行った。単元構想のねらいとして、次の三点をあげている。

・筆者の意図を想像しながら「比べて読む」
・写真（メディア）を読む
・「書く」目的をもって「読む」

単元概要は次のとおりである。同じ題名の、同じ筆者による作品を比べ読みすることで違いを読み取り、筆者の修正の意図を探り、筆者になりきって、その紹介文を書くという学習活動を設定している。

(1) 単元名―「モアイは語る」を読む・写真を読む

(2) 単元の目標
① 文章の内容を理解し、筆者が伝えたい事柄、そのための工夫を読みとる。
② 筆者になりきって、掲載したい写真・グラフを選び、その紹介文を書く。

(3) 指導計画
第一次（3時間）
・「モアイは語る」を読む。

・意味段落ごとに要約文を書く。
第二次（1時間）
・十四年度版（光村）「モアイは語る」と十八年度版「モアイは語る」を読み比べる。
・同じ題名で、同じ筆者が書いた文章の違いに、筆者の意図の違いがどのように反映しているのかを読み取る。
第三次（2時間）
・現行版に新たに加えられた写真二枚について、筆者の意図やその効果を考える。（考えて「書く」）
・「モアイは語る」に「入れたい写真」を一枚選び、その紹介文を書く。
・本単元をふり返り、学習内容をまとめる。

(4)　本単元で育てたい力
①　情報を比較して筆者の意図を読みとる力
　書き手の「意図の違い」によって情報内容（文章・写真）に違いが生まれることを理解する力
②　筆者の視点で読みとり、読みとったことを書く力
　筆者の立場に立って「真剣に読み」、友だちに向けて「真剣に書く」力

本実践の特徴として、次の諸点をあげることができる。
・筆者による加筆修正を施した二つの異なる文章を教材にするなどして学習者の意欲の醸成を大切にしている。
・読むことと書くこととを一連の学習としている。
・話し合わせたり、紹介文を書かせたりするなど言語活動の積極的な取り入れをしている。
・筆者の立場に立って表現の意図を読み取らせ、友だちに向けて紹介させたりして相手意識を明確にしている。
・文章や写真を〈比較する〉活動を通して、批判的思考を促している。

・写真やグラフも教材と考え、読み取らせている。

三　求められる教師のプロフェッショナル

子どもを取り巻く社会は、かつてないくらい急激に変化している。当然ながら学校社会、教師を取り巻く状況も大きな変革を求められている。先に述べたようなグローバリゼーションによる揺らぎの中で、国語科教育の不易の部分をどうとらえていくかもまた重要な課題である。

学校制度ができた明治時代当初の義務教育は、小学校四年までであった。やがてそれが六年、そして終戦後に中学校までの九年間となった。国語科単元学習を創造した大村はまの実践は、小学校を卒業した子どもたちが全員入学することになった終戦直後の新制中学校の教師として格闘する歩みでもある。高等学校は義務教育ではないが、現在では、中学校卒業者の高校への進学は、ほぼ全入というのが実状である。子どもの実態は多種多様である。次の二点は、教師にとって当たり前のこととして取り上げられることがなかったが、実践の場では最も強調される古くて新しい課題である。

①　エンターテイナーとしての教師——授業実践力・学びの空間をどうつくるか

近年、教師力とか授業力という言葉が巷間使われるようになったのは、教育内容を教えるだけ、つまり知の伝授だけでは授業は成立するものではないからであろう。教材を媒介とした教師と子どもの関係、すなわち学びの空間をどうつくっていくかは、大切なことである。教室には、必ずしも学ぶことに意欲的な子どもばかりではない。「なぜ？」「どうして？」という子どもの知的好奇心を喚起して、楽しい、おもしろい、よく分かるという学びへの意欲を醸成する力量が教師に問われている。話し方、言語行動の技、教具や板書の工夫の技量など、いかにして子どもを惹きつけ学習空間に導くか、わくわく感を抱かせながら学びに向かわせるかが重要である。その意味で教師はエンターテイナーである。

国立教育政策研究所内「学習意欲研究会」が中高校生を対象に実施した「学習意欲に関する調査研究」報告によれば、学習意欲が上昇する時と、反対に、低下する時の上位五位は次のとおりである。(注3)

「学習意欲に関する調査研究」

	■「とてもやる気になる」「やる気になる」ベスト5■	■「とてもやる気がなくなる」「やる気がなくなる」ワースト5■
中学校	1　授業がよく分かるとき 94.0％ 2　授業がおもしろいとき 91.8％ 3　将来つきたい職業に関心を持ったとき 90.5％ 4　成績が上がったとき 87.1％ 5　将来行きたい学校がはっきり決まったとき 86.8％	1　授業がつまらないとき 95.0％ 2　授業がよく分からないとき 77.2％ 3　家族の仲が悪かったりしていやなとき 75.4％ 4　母親に「勉強しなさい」といわれたとき 73.5％ 5　家の人に友だちと比べられたとき 69.4％
高等学校	1　授業がおもしろいとき 93.3％ 2　授業がよく分かるとき 93.0％ 3　将来つきたい職業に関心を持ったとき 89.7％ 4　将来行きたい学校がはっきり決まったとき 88.9％ 5　成績が上がったとき 86.8％ 5　級や段、資格などを取ろうと思ったとき 86.8％	1　授業がつまらないとき 94.88％ 2　授業がよく分からないとき 81.1％ 3　母親に「勉強しなさい」といわれたとき 78.3％ 4　父親に「勉強しなさい」といわれたとき 72.0％ 5　家族の仲が悪かったりしていやなとき 70.2％

学習意欲は、成績や将来のためといった外発的なものと学習自体がおもしろい、分かるといった内発的なもの

とに分けることができる。(注4)表からは、意欲が増す場合も減退する場合のいずれにも授業が大きな鍵となっていることが見てとれる。教師には、いかにして子どもの意欲を醸成し学力を定着させていくか、教材との出合わせ方を工夫するプロデューサーとしての力量も問われる。

② プロデューサーとしての教師——意欲の醸成から学力の定着へ

「〈教科書を教える〉のではなく〈教科書で教える〉のだ」という言葉を聞いたことがあろう。教科書を絶対とする考え方ではなく、子どもたちの実態を見とり、子どもたちに最もふさわしい教材を選び、子どもたちと教材とを出合わせて確かな言語能力を身に付けさせていく力が必要である。

国語科教育は、母語の教育として先人の知見や他学問の援用を受けながら、子どもの発達と言語習得との関係を明らかにしてきた。学習について、多くの教育書は、子どもの発達段階にともなって、量的にもより多くの、質的にもより高次の学力がついていくものであるという前提に立って編集されている。言語能力を身に付けるという意味では、入門期から順次、学年が進むにつれて、高次な言語力を獲得していくという編集になっている。小学校時に学ぶべき内容を学習し、身に付けるべき力を習得して中学校に入学するのだ、同様に、高等学校であれば、中学校までの義務教育段階で学ぶべきことを学び、高等学校での学習の基礎となる力を身に付けて入学した、という前提に立ちがちである。しかし、現実の子どもの実態は必ずしもそうではないことの方が多いものである。個人差もある。中学校・高等学校における学習指導を行う時、子どもは、入学以前の学習において、何らかの〈つまずき〉を体験しているという事実をふまえる必要がある。その際、個々の学習者の学びに対応することである。子どもの学びの姿を見とりながら、つまずきがいつの段階で起こったのかを確認し、学習者一人ひとりにつまずきの法則性があることを発見することである。

四　コミュニケーションとメディア・リテラシー

国語科教育の歴史的経緯をみていくと、コミュニケーション・メディアの進歩は国語科教育に大きな影響を与えてきたことが分かる。人間にとって最も原初的なメディア（media、媒体）は声である。声を媒介とするコミュニケーションでは、互いの顔を見ながら話したり聞いたりする対面コミュニケーションが中心となる。この場合、もちろん表情やジェスチャーなども重要な要素であり、コミュニケーションの範囲は限られた人々の間となる。文字の発達は、郵便制度を生み、比較的遠方の人々とのコミュニケーションを可能にした。読み書きができれば、手紙によって遠く離れた人とのコミュニケーションを可能にする。明治以来の学校国語科教育では、伝統的に、識字力の向上に重点が置かれてきた。リテラシーが「読み書き能力」とされてきた所以である。電話やラジオ放送が発達した昭和初期には、聞く力の育成や話す力の育成が注目され、視聴覚教育が進められた。

近年のパソコンやインターネット、携帯電話、ゲーム機器等の普及は、ワールドワイドで迅速なコミュニケーションを可能にしている。バーチャルな世界を体験することにもなる。機器に向かう時間が増えれば、対面コミュニケーションの機会は減少する。現代のメディア環境では、文字言語による意味構造以外に、肉声以外の音声言語（効果音、BGM）や映像（静止画、動画）など、様々なメディアによる意味の構造化がなされている。急速な技術革新の中で、教室における言語活用状況と実社会におけるそれとのギャップは確実に広がっているといっても過言ではないだろう。リテラシーの概念も拡大し、リテラシーと別の語を合わせた複合語として使われることが多くなっている。メディア・リテラシーもそのひとつである。リテラシーがマルチ（多様）な状況にあることからマルチ・リテラシー、あるいはマルチ・リテラシーズと複数形を使って表現されることもある。

① メディア・リテラシーの三要素と能力要素――分析力・批判力と創造力・創作力

メディア・リテラシーとは、「メディアによって伝達されている内容を理解したり、メディアを活用して表現したりする能力」（中村敦雄）(注5)であり、より具体的に言えば、「メディアが形作る「現実」を批判的に読み取るとともに、メディアを使って表現していく能力」（菅谷明子）(注6)である。その内容は、「メディア情報を読み解く力と批判的思考力を育てること」（浜本純逸）(注7)ということができる。批判的という語が共通するように、批判的思考力や批判的な読みはメディア・リテラシーの中心をなす概念である。しかしながら、クリティカルの対訳である「批判的」という語が否定的な内容を意味する場合もあることから嫌悪があるのも事実である。批判的思考とは、「それは本当だろうか?」「なぜ、そうなるのだろう?」といった疑問を持つことで、必要な情報を収集・取捨選択・吟味しながら分析的に考えていくことである。立田慶裕は、メディア・リテラシーの要素として「メディア操作力」・「分析力・批判力」・「創造力・創作力」の三点をあげている。(注8)これらの関係を次頁の図に示した。

② メディア・リテラシーと見ること

言語活動の構造は、理解行為である「読むこと」と「聞くこと」、表現行為である「書くこと」と「話すこと」の二対四面で示される。「話す」「聞く」「書く」「読む」のほかに、「見る」ことも言語行為のひとつに加えて国語科教育において指導する必要があるという動きがある。児童生徒のメディア・リテラシーの向上を図ることは国語科教育において大事な分野となっている。

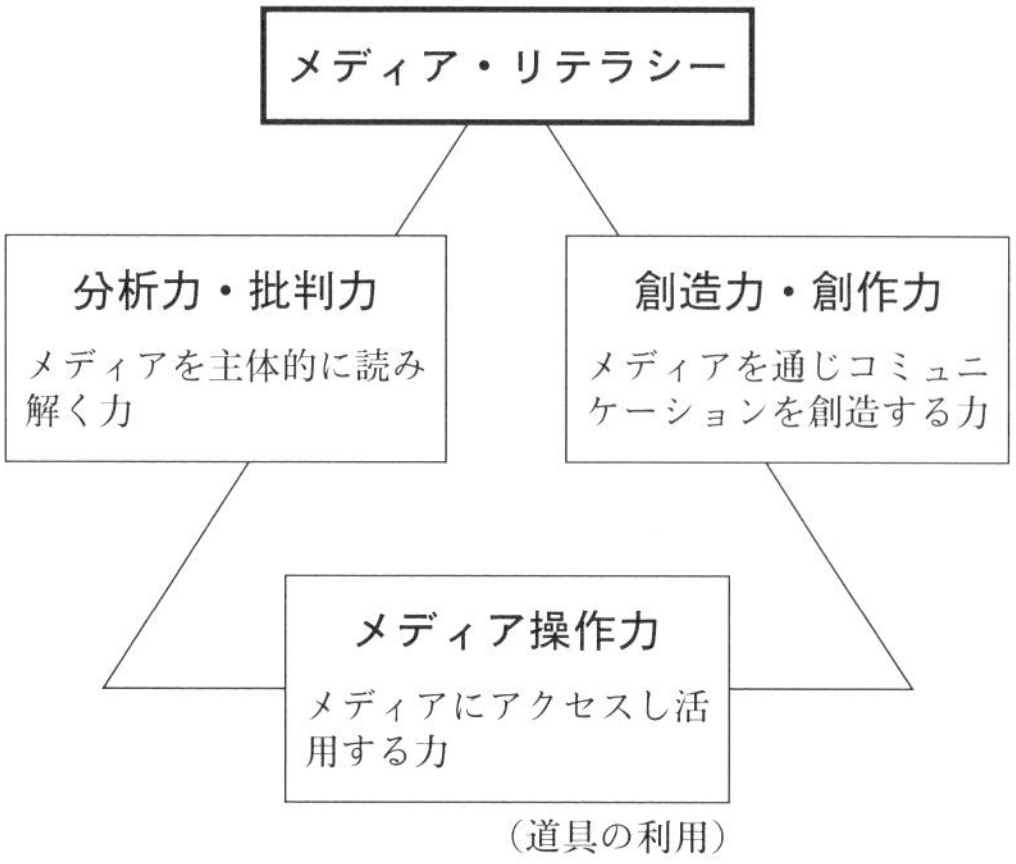

メディア・リテラシーの三要素

〈授業例〉

次に、メディア・リテラシーを国語科で育成する能力として位置づけ、「見ること」を国語科の四つの言語行為に融合させた実践を紹介する。遠藤瑛子教諭（前神戸大学発達科学部附属住吉中学校）が実践した単元「現代を読む」は、中学三年生を対象に全十五時間で構成したメディア・リテラシー教育の実践である[注9]。遠藤は、情報社会に生き、二十一世紀に活躍する子どもたちの将来を見すえ、メディア・リテラシーを現代の「基本的な読み書き能力」ととらえている。メディアと主体的にかかわっていく態度を育てるために、当時、中学生が関心を持っていたニューヨークでの同時多発テロ事件の新聞コラムなどを取り上げ、次の二点をねらいとしながら協同学習を行う国語科総合単元学習を展開した。

①キャッチコピーやボディコピーの言葉に注目するとともに、使われている写真や絵画を読み取る力を育てること

②メディアの伝える力や誇張されているもの、隠されているものなどを見抜く力を育てること

単元の展開については、教科書の読解 → 新聞や広告の読解 → 学校紹介の広告制作の一連の流れを作ることで、子どもたちの意欲を喚起する工夫をし、同時に、学習成果を意識させるためにポートフォリオを作成させている。単元概要は次のとおりである。

(1) 単元名　「現代を読む」

(2) 単元のねらい

① 新聞や新聞の全面広告から情報を集め、分析・批評しながら生活に役立て自己を向上させる。

② キャッチコピー等の表現を理解し、善し悪しが話し合える。

③ 自分の考えが効果的に伝わるような表現や接続詞を使って二〇〇字で意見を書く。

④ 文章、広告、ポスターを読んで、自分の意見を持つ。

⑤ 文章や広告に使われている語句の意味を理解し適切に使えるようになる。

(3) 指導計画

時	想定する単元の流れ	主な学習活動（教師の役割を含む）
1～2	「メディアとわたしたち」 「マスメディアを通した現実世界」	・接続詞、書き出しの言葉に注目し、段落構成を整理する。
3	「メディアとわたしたち」	・テレビと新聞の得意とする表現方法をとらえメディアとのつきあい方を説明する。
4～5	〔広告を読む〕 某化粧品会社のポスターを読む	・五年ごとのポスターを見てモデルを比較する。キャッチコピーの表現に注目して時代の特徴を説明する。キャッチコピーの言葉についての意見を二百字にまとめる。広告に必要な条件を整理する。
6	公共広告機構の広告を読む	・公共広告機構の広告の使命を説明する。作品を選んで意見を書く。
7	広告から学ぶ	・新聞広告の果たす意義を新聞記事から要約して述べる。

8〜9	新聞広告を審議する	・新聞の全面広告を持ち寄り、よい広告を選択し、プレゼンテーションを行う。
10〜13	［学校紹介の広告］企画・立案・分担・制作を行う	・新一年生に向けて何が必要か全員で話し合った後、小集団で役割を決めて広告を制作する。
14	批評会	・できあがった作品について批評項目に従って批評し合う。
15	まとめ	・学習の手引に従い単元のふり返りをする。

(4)　本単元で育てたい言語能力や見る力など

・話すこと・聞くこと　①〜⑤　略
・書くこと　①〜④　略
・読むこと　①〜④　略
・見ること　①ポスターの人物や色づかい、使われているモノに着目し、表現の意味を分析する。
　　　　　　②キャッチコピーと使われているヒト・コトの関連を指摘する。

この授業をふり返って、ある生徒は、次のような感想を述べている。

「現代を読む」の単元を通して私自身変わったと感じることが三つある。一つ目はよく新聞を読むようになったこと。（略）二つ目はポスターにだまされて無駄なものを買っていたのに、少しずつ「このポスターは何を訴えたいのか」と考えるようになったこと。三つ目はメディアに対する私の価値が変わったことで、テレビ、新聞ニュースから流れてくる情報が全てではなく真実は私が情報を見定めないといけないということ。このように私のメディアに対する価値観を変えてくれた。これからは、情報をうのみにせず、自分から選択できるようになっていきたいと思っている。

（波線部引用者注）

本実践の特徴として、次の諸点をあげることができる。

・メディア・リテラシーを国語科で育成すべき基本的な能力と位置づけている。
・話すこと・聞くこと・書くこと・読むことに、見ることを加えて、これらの言語行為が有機的に結びつく学習活動にしている。
・話合い、説明、意見文、要約文、プレゼンテーション、広告制作等の言語活動を充実させている。
・メディアに対して、批判的思考を働かせながら主体的に立ち向かう態度を身に付けさせている。

【課題】メディアにかかわる国語科学習指導のアイデアを、できるだけ多く書き出してみよう。

（注1）浜本純逸「世界認識の履歴を学ぶ古典学習」、記念論文集編集委員会編『国語教育を国際社会へひらく』渓水社、一―二頁、二〇〇八

（注2）本谷千恵子「『モアイは語る』を読む・写真を読む」、「国語科教育研究」（日本国語教育学会）四三二号、一六―二一頁、二〇〇八

（注3）文部科学省委託研究「学習意欲に関する調査研究」（学習意欲に関する研究会、冨岡賢治代表、平成十二～十三年度）

（注4）市川伸一『学ぶ意欲とスキルを育てる』小学館、三六―四二頁、二〇〇四

（注５）中村敦雄「国語科学習活動の新たな展開」、益地憲一編著『小学校国語科指導の研究』建帛社、二一三—二一五頁、二〇〇二

（注６）菅谷明子『メディア・リテラシー』岩波新書、ⅴ頁、二〇〇〇

（注７）由井はるみ編著『国語科でできるメディア・リテラシー学習』明治図書、三頁、二〇〇二

（注８）立田慶裕「高度化するメディア・リテラシー」、『メディア・リテラシーの総合的研究―生涯学習の視点から―』国立教育政策研究所、一五三—一六五頁、二〇〇三

（注９）遠藤瑛子「メディア・リテラシー教育の実践—協同学習と伝え合う力を育てる—」、『人を育てることばの力—国語科総合単元学習—』渓水社、二六六—三一一頁、二〇〇三

コラム

国語教育か日本語教育か

国際化の時代、「国語教育」から「日本語教育」という名称に変更したらどうかという議論がある。「国語」は英語や仏語、中国語と同じ文脈で語られる日本語とは違う。「国語教育」は、日本語を母語とする日本人になされる日本語の教育であるが、英語や仏語を母語とするからといって、そこで「国語教育」を行うということはないという。だからといって、外国語教育のように言語技術の体系化の中で「日本語教育」というべきと言えるのだろうか。

「日本語教育」は、すでに日本語を母語としない人に対して海外や国内で日本語を指導することを指しており、学校現場の中でさえ「日本語教育」と「国語教育」は併存しているのが現状である。中国帰国者三世が今、高校生や中学生など学校教育を受ける年代にさしかかっていたり、近隣アジア諸国やブラジルなどからの就労者が移入したりして、学校現場ではまさに「日本語教育」が必要に迫られ、実際に行われている。中学校の「日本語教育」は、「言葉がはっきり分からない」にもそれぞれにレベル差があり、小学校の国語の教科書を使ったり、会話を中心に行ったり個に応じたカリキュラムを編成している。試行錯誤もあるが、きちんとしたプログラムにのっとり、ステップを踏んで「日本語」習得の学習を積み上げている。それは、日本語を母語としたものが英語を習得していく道筋と大変似通っているのだ。しかも、「国語教育」とは、まるで違った教育がなされている。「国語教育」と「国語科教師」とともに「日本語教育」担当の教師が配置されている学校も多いだろう。

「国語科」には目標や役割があるが、梶田叡一は、日本の社会で生きていく子どもにとって国語の力として、四つの意義があることを指摘している。

①「認識と思考の基本枠組みを提供するものとして」
②「コミュニケーションの技能として」
③「日本の文化伝統を体現するものとして」
④「個々人を精神的に呪縛・解放・鼓舞するものとして」

（梶田叡一「育てたい『言葉の力』とは何か」金子書房『児童心理』NO883、二〇〇八）

日本語の語彙そのものが、国語を学ぶ生徒たちの感性や認識の基盤となるし、言葉は、思考の道具でもあるし、コミュニケーションの道具でもある。そしてまた言葉は、言霊が生きているわけではないだろうが、人の気持ちを高ぶらせたり、縛ったりすることもある。言葉は、日本人がはぐくんできた伝統的な文化そのものでもある。それらを学ぶことが「国語教育」の担っているものなのであり、「日本語教育」では学習できないものだろう。

付録

第九章　参考教材（中学第3学年）

故郷

魯迅

きびしい寒さのなかを、二千里のはてから、別れて二十年にもなる故郷へ、私は帰った。

もう真冬の候であった。そのうえ故郷へ近づくにつれて、空模様はあやしくなり、冷い風がヒューヒュー音を立てて、船のなかまで吹きこんできた。苫《とま》のすき間から外をうかがうと、鉛色の空の下、わびしい村々が、いささかの活気もなく、あちこちに横たわっていた。おぼえず寂寥の感が胸にこみあげた。

ああ、これが二十年来、片時も忘れることのなかった故郷であろうか。

私のおぼえている故郷は、まるでこんなふうではなかった。私の故郷は、もっとずっとよかった。その美しさを思いうかべ、その長所を言葉にあらわそうとすると、しかし、その影はかき消され、言葉は失われてしまう。やはりこんなふうだったかもしれないという気がしてくる。そこで私は、こう自分に言いきかせた。もともと故郷はこんなふうなのだ――進歩もないかわりに、私が感じるような寂寥もありはしない。そう感じるのは、自分の心境が変っただけだ。なぜなら、こんどの帰郷はけっして楽しいものではないのだから。

こんどは、故郷に別れを告げに来たのである。私たちが長いこと一族で住んでいた古い家は、今はもう他人の持ち物になってしまった。明け渡しの期限は今年いっぱいである。どうしても旧暦の正月の前に、住みなれた古い家に別れ、なじみ深い故郷をあとにして、私がいま暮らしを立てている異郷の地へ引っ越さねばならない。

あくる日の朝はやく、私はわが家の表門に立った。屋根には一面に枯草のやれ茎が、折からの風になびいて、この古い家が持ち主を変えるほかなかった理由を説きあかし顔である。いっしょに住んでいた親戚たちは、もう引っ越してしまったあとらしく、ひっそり閑としている。自宅の庭さきまで来てみると、母はもう迎えに出ていた。あとから八歳になる甥の宏児《ホンル》も飛び出した。

母は機嫌よかったが、さすがにやるせない表情は隠しきれなかった。私を坐らせ、休ませ、茶をついでくれなどして、すぐ引っ越しの話はもち出さない。宏児は、私とは初対面なので、離れたところに立って、じっと私のほうを見つめていた。

だが、とうとう引っ越しの話になった。私は、あちらの家はもう借りてあること、家具も少しは買ったこと、あとは家にある道具類をみんな売りはらって、その金で買い足せばよいこと、などを話した。母もそれに賛成した。そして、荷造りもほぼおわったこと、かさばる道具類は半分ほど処分したが、よい値にならなかったことなどを話した。

《一、二日休んだら、親戚回りをしてね、そのうえで発《た》つとしよう》と母は言った。

《ええ》

《それから、閏土《ルントー》ね。あれが、いつも家へ来るたびに、おまえの噂をしては、しきりに会いたがっていましたよ。おまえが着くおよその日取りは知らせておいたから、いまに来るかもしれない》

このとき突然、私の脳裡に不思議な画面がくりひろげられた——紺碧の空に金色の丸い月がかかっている。その下は海辺の砂地で、見わたすかぎり緑の西瓜がうわっている。そのまん中に十一、二歳の少年が、銀の首輪をつるし、鉄の刺叉《さすまた》を手にして立っている。そして一匹の「猹《チャー》」を目がけて、ヤッとばかり突く。すると「猹」は、ひらりと身をかわして、かれの股をくぐって逃げてしまう。

この少年が閏土である。かれと知りあったとき、私もまだ十歳そこそこだった。もう三十年近い昔のことである。そのころは、父もまだ生きていたし、家の暮らし向きも楽で、私は坊っちゃんでいられた。ちょうどその年は、わが家が大祭の当番にあたっていた。この祭の当番というのが、三十何年目にただ一回順番が廻ってくるとかで、ごく大切な行事だった。正月に、祖先の像を祭るのである。さまざまの供物をささげ、祭器もよく吟味するし、参詣の人も多かったので、祭器をとられぬように番をする必要があった。私の家には「忙月《マンユエ》」がひとりいるだけである（私の郷里では、雇い人は三種類ある。年間とおして決った家で働くのが「長年《チャンネン》」日ぎめで働くのが「短工《トアンクン》」自分でも耕作するかたわら、年末や節季や年貢集めのときなどに、決った家へ来て働くのが「忙月」とよばれた）。ひとりでは手が足りぬので、かれは自分の息子の閏土に祭器の番をさせたいが、と私の父に申し出た。

父はそれを許した。私もうれしかった。というのは、かねて閏土という名は耳にしていたし、おなじ年ごろなこと、また閏月《うるう》の生まれで、五行の土が欠けているので父親が閏土と名づけたことも承知していたから。かれは罠をかけて小鳥を取るのがうまかった。

それからというもの、来る日も来る日も新年が待ちどおしかった。新年になれば閏土がやってくる。待ちに待った年末になり、ある日のこと、母が私に、閏土が来たと知らせてくれた。飛んでいってみると、かれは台所にいた。つやのいい丸顔で、小さな毛織りの帽子をかぶり、キラキラ光る銀の首輪をはめていた。それは父親の溺愛ぶりを示すもので、どうか息子が死なないようにと神仏に願をかけて、その首輪でつなぎとめてあるのだ。かれは人見知りだったが、私にだけは平気で、そばに誰もいないとよく口をきいた。半日もせずに私たちは仲よくなった。

そのとき何をしゃべったかは、おぼえていない。ただ閏土が、城内へ来ていろいろ珍しいものを見たといって、はしゃいでいたことだけは記憶に残っている。

あくる日、鳥を捕ってくれと頼むと、かれは、

《だめだよ。大雪が降ってからでなきゃ。おいらとこ、砂地に雪が降るだろ。そうしたら雪をかいて、すこし空地をこしらえるんだ。それから、大きな籠を持ってきて、短いつっかえ棒をかって、くず籾《もみ》をまくんだ。そうすると、小鳥が来て食うから、そのとき遠くのほうから、棒にゆわえてある縄を引っぱるんだ。そうすると、みんな籠から逃げられないんだ。何だっているぜ。稲鶏《タオチー》だの、角鶏《チアオチー》だの、鳩だの、藍背《ランペイ》だの……》

それからは雪の降るのが待ちどおしくなった。

閏土はまた言うのだ。

《今は寒いけどな、夏になったら、おいらとこへ来るといいや。おいら、昼間は海へ貝がら拾いに行くんだ。赤いのも、青いのも、何でもあるよ。「鬼おどし」もあるし、「観音さまの手」もあるよ。晩には父ちゃんと西瓜の番に行くのさ。おまえも来いよ》

《泥棒の番？》

《そうじゃない。通りがかりの人が、喉がかわいて西瓜を取って食ったって、そんなの、おいらとこじゃ泥棒なんて思やしない。番するのは、あな熊や、はりねずみや、猹さ。月のある晩に、いいかい、ガリガリって音がしたら、猹が西瓜をかじってるんだ。そうしたら手に刺叉をもって、忍びよって……》

そのとき私はその「猹」というのがどんなものか、見当もつかなかった——今でも見当はつかない——が、ただ何となく、小犬のような、そして獰猛な動物だという感じがした。

《咬みつかない？》

《刺叉があるじゃないか。忍びよって、猹を見つけたら突くのさ。あん畜生、りこうだから、こっちへ走ってくるよ。そうして股をくぐって逃げてしまうよ。なにしろ毛が油みたいに滑っこくて……》

こんなにたくさん珍しいことがあろうなど、それまで私は思ってもみなかった。海には、そのような五色の貝がらがあるものなのか。西瓜には、こんな危険な経歴があるものなのか。私は西瓜といえば、果物屋に売っているものとばかり思っていた。

《おいらとこの砂地では、高潮の時分になると「跳ね魚」がいっぱい跳ねるよ。みんな蛙みたいな足が二本あって……》

ああ、閏土の心は神秘の宝庫で、私の遊び仲間とは大ちがいだ。こんなことは私の友だちは何も知ってはいない。

閏土が海辺にいるとき、かれらは私と同様、高い塀に囲まれた中庭から四角な空を眺めているだけなのだ。
惜しくも正月は過ぎて、閏土は家へ帰らねばならなかった。別れがつらくて、私は声をあげて泣いた。閏土も台所の隅にかくれて、いやがって泣いていたが、とうとう父親に連れてゆかれた。そのあと、かれは父親にことづけて、貝がらをひと包みと、美しい鳥の羽を何本か届けてくれた。私も一、二度何か贈り物をしたが、それきり顔を合わす機会はなかった。
いま、母の口からかれの名が出たので、この子どものころの思い出が、電光のように一挙によみがえり、私はやっと美しい故郷を見た思いがした。私はすぐこう答えた。
《そりゃいいな。で——いま、どんな？……》
《どんなって……やっぱり、楽ではないようだが……》そう答えて母は、戸外へ眼をやった。
《あの連中、また来ている。道具を買うという口実で、その辺にあるものを勝手に持って行くのさ。ちょっと見てくるからね》
母は立ちあがって出ていった。外では、数人の女の声がしていた。私は宏児をこちらへ呼んで、話し相手になってやった。字は書ける？　よそへ行くの、うれしい？　などなど。
《汽車に乗ってゆくの？》
《汽車に乗ってゆくんだよ》
《お船は？》
《はじめに、お船に乗って……》
《まあまあ、こんなになって、ひげをこんなに生やして》不意にかん高い声がひびいた。
びっくりして頭をあげてみると、私の前には、頬骨の出た、唇のうすい、五十がらみの女が立っていた。両手を腰にあてがい、スカートをはかないズボン姿で足を開いて立ったところは、まるで製図用の脚の細いコンパスそっくりだった。
私はドキンとした。
《忘れたかね？　よく抱っこしてあげたものだが》
ますますドキンとした。さいわい、母があらわれて口添えしてくれた。
《ながいこと家にいなかったから、見忘れてしまってね。おまえ、おぼえているだろ》と私に向って《ほら、筋むかいの楊《ヤン》おばさん……豆腐屋の》
そうそう、思い出した。そういえば子どものころ、筋むかいの豆腐屋に、楊おばさんという人が一日じゅう坐っていて、「豆腐屋小町」と呼ばれていたっけ。しかし、その人なら白粉を塗っていたし、頬骨もこんなに出ていないし、唇もこんなにうすくはなかったはずだ。それに一日じゅう坐っていたのだから、こんなコンパスのような姿勢は、見ようにも見られなかった。そのころ噂では、かの女のお蔭で豆腐屋は商売繁昌だとされた。たぶん年齢のせいだろうか、私はそういうことにさっぱり関心がなかった。そのため見忘れてしまったのである。ところがコンパスのほうでは、それがいかにも不服らしく、さげすむような表情を見せた。まるでフランス人のくせにナポレオンを知らず、アメリカ人のくせにワシントンを知らぬのを嘲けるといった調子で、冷笑をうかべながら、

《忘れたのかい？　なにしろ身分のあるおかたは眼が上を向いているからね……》

《そんな訳じゃないよ……ぼくは……》私はどぎまぎして、立ちあがった。

《それならね、お聞きなさいよ、迅《シュン》ちゃん。あんた、金持ちになったんでしょ。持ち運びだって、重くて不便ですよ。こんなガラクタ道具、じゃまだから、あたしにくれてしまいなさいよ。あたしたち貧乏人には、けっこう役に立ちますからね》

《ぼくは金持ちじゃないよ。これを売って、その金で……》

《おやおや、まあまあ、知事さまになっても金持ちじゃない？　げんにお妾が三人もいて、お出ましは八人かきの轎《かご》で、それでも金持ちじゃない？　フン、だまそうたって、そうはいきませんよ》

返事のしようがないので、私は口を閉じたまま立っていた。

《ああ、ああ、金がたまれば財布のひもをしめる。財布のひもをしめるからまたたまる……》コンパスは、ふくれっつらで背を向けると、ぶつぶつ言いながら、ゆっくりした足どりで出ていった。行きがけの駄賃に母の手袋をズボンの下へねじこんで。

そのあと、近所にいる親戚が何人も訪ねてきた。その応対に追われながら、ひまをみて荷ごしらえをした。そんなことで四、五日つぶれた。

ある寒い日の午後、私は食後の茶でくつろいでいた。表に人の気配がしたので、ふり向いてみた。思わずアッと声が出かかった。いそいで立ちあがって迎えた。

来た客は閏土である。ひと目で閏土とわかったものの、その閏土は、私の記憶にある閏土とは似もつかなかった。背丈は倍ほどになり、昔のつやのいい丸顔は、いまでは黄ばんだ色に変り、しかも深い皺がたたまれていた。眼も、かれの父親がそうであったように、まわりが赤くはれている。私は知っている。海辺で耕作するものは、一日じゅう潮風に吹かれるせいで、よくこうなる。頭には古ぼけた毛織りの帽子、身には薄手の綿入れ一枚、全身ぶるぶるふるえている。紙包みと長いきせるを手にさげている。その手も、私の記憶にある血色のいい、まるまるした手ではなく、太い、節くれ立った、しかもひび割れた、松の幹のような

手である。
私は感激で胸がいっぱいになり、しかしどう口をきいたものやら思案がつかぬままに、ひとこと、
《ああ、閏《ルン》ちゃん――よく来たね……》
つづいて言いたいことが、あとからあとから、数珠つなぎになって出かかった。角鶏、跳ね魚、貝がら、猹……だがそれらは、何かでせきとめられたように、頭のなかをかけめぐるだけで、口からは出なかった。
かれはつっ立ったままだった。喜びと寂しさの色が顔にあらわれた。唇が動いたが、声にはならなかった。最後に、うやうやしい態度に変って、はっきりこう言った。
《旦那さま!……》
私は身ぶるいしたらしかった。悲しむべき厚い壁が、ふたりの間を距ててしまったのを感じた。私は口がきけなかった。
かれはうしろを向いて、《水生《シュイション》、旦那さまにお辞儀しな》と言って、かれの背に隠れていた子どもを前へ出した。これぞまさしく三十年前の閏土であった。いくらか痩せて、顔色が悪く、銀の首輪もしていない違いはあるけれども。《これが五番目の子でございます。世間へ出さぬものですから、おどおどしておりまして……》
母と宏児が二階からおりてきた。話し声を聞きつけたのだろう。
《ご隠居さま、お手紙は早くに頂きました。まったく、うれしくてたまりませんでした、旦那さまがお帰りになると聞きまして……》と閏土は言った。
《まあ、何だってそんな、他人行儀にするんだね。おまえたち、むかしは兄弟の仲じゃないか。むかしのように、迅ちゃん、でいいんだよ》と母は、うれしそうに言った。
《めっそうな、ご隠居さま、なんとも……とんでもないことでございます。あのころは子どもで、なんのわきまえもなく……》そしてまたも水生を前に出してお辞儀させようとしたが、子どもははにかんで、父親の背にしがみついたままだった。
《これが水生? 五番目だね。知らない人ばかりだから、はにかむのも無理ない。宏児や、あちらでいっしょに遊んでおやり》と母は言った。
言われて宏児は、水生をさそい、水生もうれしそうに、そろって出ていった。母は閏土に席をすすめた。かれはしばらくためらったあと、ようやく腰をおろした。長ぎせるをテーブルに立てかけて、紙包みをさし出した。
《冬場は、ろくなものがございません。少しばかり、青豆の乾したのですが、自分とこのですから、どうか旦那さまに……》
私は、暮らし向きについて訊ねた。かれは首を振るばかりだった。

《とてもとても。今では六番目の子も役に立ちますが、それでも追っつけません……世間は物騒だし……どっちを向いても金は取られ放題、きまりも何も……作柄もよくございません。作ったものを売りに行けば、何度も税金を取られて、元は切れるし、そうかといって売らなければ、腐らせるばかりで……》

首を振りどおしである。顔にはたくさんの皺がたたまれているが、まるで石像のように、その皺は少しも動かなかった。苦しみを感じはしても、それを言いあらわすすべがないように、しばらく沈黙し、それからきせるを取りあげて、黙々とたばこをふかした。

母が都合をきくと、家に用が多いから、あすは帰らねばならぬという。それに昼飯もまだというので、自分で台所へ行って、飯をいためて食べるようにすすめた。

かれが出ていったあと、母と私とはかれの境遇を思ってため息をついた。子だくさん、凶作、重い税金、兵隊、匪賊、役人、地主、みんなよってたかってかれをいじめて、デクノボーみたいな人間にしてしまったのだ。母は、持っていかぬ品物はみんなくれてやろう、好きなように選ばせよう、と私に言った。

午後、かれは品物を選び出した。長テーブル二個、椅子四脚、香炉と燭台ひと組、大秤一本。そのほか藁灰もみんな欲しいといった（私たちのところでは、炊事のとき藁を燃す。その灰は砂地の肥料になる）。私たちが旅立つとき来て船で運ぶ、といった。

夜はまた世間話をした。とりとめのない話ばかりだった。あくる日の朝、かれは水生を連れて帰って行った。

それからまた九日して、私たちの旅立ちの日になった。閏土は朝から来ていた。水生は連れずに、五歳になる女の子に船の番をさせていた。それぞれに一日じゅういそがしくて、もう話をするひまはなかった。客も多かった。見送りに来るもの、品物を取りに来るもの、見送りがてら品物を取りに来るもの。夕方になって、私たちが船に乗りこむころには、この古い家にあった大小さまざまのガラクタ類は、すっかり片づいていた。

船はひたすら前進した。両岸の緑の山々は、たそがれのなかでうす墨色に変り、つぎつぎと船尾に消えた。

私といっしょに窓辺にもたれて、暮れてゆく外の景色を眺めていた宏児が、ふと問いかけた。

《おじさん、ぼくたち、いつ帰って来るの？》

《帰って来る？　どうしてまた、行きもしないうちに、帰るなんて考えたんだい？》

《だって、水生がぼくに、家へ遊びに来いって》

大きな黒い眼を見はって、かれはじっと考えこんでいた。

私も、私の母も、はっと胸をつかれた。そして話がまた閏土のことにもどった。母はこう語った。例の豆腐屋小町の楊おばさんは、私の家で片づけがはじまってから、毎日かならずやって来たが、おととい、灰の山から碗や皿を十個あまり掘り出した。あれこれ議論の末、それは閏土が埋めておいたにちがいない、灰を運ぶとき、いっしょに持ち帰れるから、という結論になった。楊おばさんは、この発見を手柄顔に、「犬じらし」(これは私たちのところで鶏を飼うのに使う。木の板に柵を取りつけた道具で、なかに食べものを入れておくと、鶏は首を伸ばして啄《ついば》むことができるが、犬にはできないので、見てじれるだけである)をつかんで飛ぶように走り去った。纏足用の底の高い靴で、よくもと思うほど早かったそうだ。

古い家はますます遠くなり、故郷の山や水もますます遠くなる。だが名残り惜しい気はしない。自分のまわりに眼に見えぬ高い壁があって、そのなかに自分だけ取り残されたように、気がめいるだけである。西瓜畑の銀の首輪の小英雄のおもかげは、もとは鮮明このうえなかったのが、今では急にぼんやりしてしまった。これもたまらなく悲しい。

母と宏児とは寝入った。

私も横になって、船の底に水のぶつかる音をききながら、いま自分は、自分の道を歩いているとわかった。思えば私と閏土との距離はまったく遠くなったが、若い世代はいまでも心がかよい合い、げんに宏児は水生のことを慕っている。せめてかれらだけは、私とちがって、たがいに隔絶することのないように……とはいっても、かれらがひとつ心でいたいがために、私のように、むだの積みかさねで魂をすりへらす生活を共にすることは願わない。また閏土のように、打ちひしがれて心が麻痺する生活を共にすることも願わない。また他の人のように、やけをおこして野放図に走る生活を共にすることも願わない。希望をいえば、かれらは新しい生活をもたなくてはならない。私たちの経験しなかった新しい生活を。

希望という考えがうかんだので、私はどきっとした。たしか閏土が香炉と燭台を所望したとき、私は相変らずの偶像崇拝だな、いつになったら忘れるつもりかと、心ひそかにかれのことを笑ったものだが、いま私のいう希望も、やはり手製の偶像に過ぎぬのではないか。ただかれの望むものはすぐ手に入り、私の望むものは手に入りにくいだけだ。

まどろみかけた私の眼に、海辺の広い緑の砂地がうかんでくる。その上の紺碧の空には、金色の丸い月がかかっている。思うに希望とは、もともとあるものともいえぬし、ないものともいえない。それは地上の道のようなものである。もともと地上には道はない。歩く人が多くなれば、それが道になるのだ。

一九二一年一月

(底本：魯迅文集第一巻、竹内好訳、筑摩書房、一九八三、新装版第一刷)

国語科教育キーワード

・**生きる力**　一九九六年第十五期中央教育審議会が提言した。自分で課題を見つけ、自ら学び、自ら考え、主体的に判断し、行動し、よりよく問題を解決する資源や能力。自らを律しつつ、他人と協調し、他人を思いやる心や感動する心などの豊かな人間性とたくましく生きるための健康や体力。「全人的な力」であり、生きていくための「知恵」ともいうべきもの。

・**一読総合法**　児童言語研究会によって一九六二年に提唱された読みの指導法。伝統的な読みの指導の一つの基本的パターンとなっている三読法を批判、否定する立場にあり、全文通読による内容の大まかな全体把握から部分の分析的理解へという方向を否定し、文章表現の順序に沿って、部分的に分析・総合を押し拡げていく方法をとるもの。

・**一斉学習**　近代学校教育では古くから最も広く基本の学習形態として行われているもの。この学習形態は、基本的には一人の教師が、一学級の児童生徒に対して、同一の教材を同一の学習指導方法により行うものである。一斉指導には、教師の独話形態による講義法、説明法や、教師と学習者の対話形態による問答法などがある。知識の伝達や思考の整理等に効率的であるが、学習者不在の一方的な指導に陥りやすいという欠点がある。

・**インタビュー**　社会生活の基本となる他者との対話の一つであり、他者を尊重しながら主体的・計画的に情報を収集・処理する言語活動。人と人とが直接会って互いに理解し合い、その人しか持っていない情報を十分に引き出すことを目指す。

・**音　読**　文章の内容を把握するために、またはそれを助けるために、声を出して読むこと。

・**学習指導案**　各学校の年間の指導計画に基づき、学習者が教育内容を的確に身に付けていけるように事前に指導内容を分析し、時間配分を含めて計画的に作成された単元の指導構成案。また、十分な教材研究や指導計画に基づいて一時間の授業の具体的な展開を構想し、その要点を簡潔に記したもの。指導者にとってはもちろんのこと、授業研究の場でも協議会のための資料となるものであるので、分かりやすく簡潔に記述する必要がある。現在教育の現場で広く作成されている指導案は、子どもの「学習活動」をどのように支援するか、また評価をどのように行っていくかに着目したものになっている。

・**関連指導**　一般的には、読み書き関連指導により双方の力を伸長することをねらいとする。双方を単に融合するのではなく、それぞれの目的意識を十分に持ち、読み書きの力を向上させることをねらいとする。話題・題材の関連、言語活動の関連、言語能力の関連等がみられる。

・**机間指導**　一斉指導や集団学習の際に行われる個別指導。子どもからの質問を受けたり、支援をするだけではなく、子ども一人ひとりの作業の進度や、理解の程度をはかったり、次の段階の設計に取り入れたり、教師の意図によって、授業を明確に形づくることができる。

・**キー・コンピテンシー**　教育の成果と影響に関する情報への関心が高まり、「キー・コンピテンシー（主要能力）」の特定と分析に伴うコンセプトを各国共通にする必要性が強調されている。ＯＥＣＤはプログラム「コンピテンシーの定義と選択」（ＤｅＳｅＣｏ）を一九九七年末にスタートし、二〇〇三年に最終報告があった。ＰＩＳＡ調査の概念枠組みの基本となっているもの。「コンピテンシー（能力）」とは、単なる知識や技能だけではなく、技能や態度を含む様々な心理的・社会的なリソースを活用して、特定の文脈の中で複雑な要求（課題）に対応することができる力のこと。キー・コンピテンシーは、社会・文化的、技術的ツールを相互作用的に活用する能力（個人と社会との相互関係）、多様な社会グループにおける人間関係形成能力（自己と他者との相互関係）、自律的に行動する能力（個人の自律性と主体性）があり、この三つのキー・コンピテンシーの枠組みの中心にあるのは、個人が深く考え、行動することの必要性である。深く考えることには、目前の状況に対して特定の定式や方法を反復継続的に当てはめることができる力だけではなく、変化に対応する力、経験から学ぶ力、批判的な立場で考え、行動する力が含まれる。

・**教材研究**　国語科における教材研究は、指導者と学習者の相互作用によって生みだされる国語科授業において、その学習活動の対象となる言語文化について、それに内在する学習価値を透視したり、創出したりする研究活動のこと。教材にしようとする素材を分析し、その特質をふまえて、学習材としての価値と問題点、及びその有効な生かし方を明らかにしようとするもの。子どもの能力や問題意識などの実態をふまえ、学習を成立させるはたらきを中心にあきらかにされなければならない。教師による学習を成立させる可能性の発見が、素材を教材にする。さらに、その素材をどのような学習材として生かすかといった教材化の研究が学習指導を導き出すことになる。

・**グループ（小集団）学習**　学級の中をいくつかのグループに分けて学習を進める形態を指す。教師からの情報を一方的に受けるのではなく、学習者が共通の目標に向かって、お互いに高め合いながら取り組む学習形態。相互学習法が中心になる。少人数での学習者相互の交流により気後れすることなく活動し、学習意欲を増すことができる。

・**群　読**　一つのテクストを複数の読み手によって、ある箇所は単独で、複数で、あるいは全員で朗読する行為。語り手になる読み（朗読）とも言われる。

・**言語環境**　言語発達、言語活動、言語生活に多大の影響を及ぼす生活環境のこと。子どもを取り巻く言語環境は、家庭、学校、地域社会に及び、ことに情報化社会の今日では、マスメディアによる影響、映像との関係も重要である。

・**国語学力**　国語によって適切に表現したり正確に理解したりする能力や態度であり、それは思考や想像、コミュニケーションなどに生きて働く力でなければならない。国語の学習は、学校の国語の指導場面に限定されない。日常生活や他教科の学習場面で育成される力も国語学力ということになる。近年、技能的能力に情意的能力も含めてとらえられるようになってきた。つまり「国語への関心」などの態度面も学力ととらえ、狭義の能力論から広義へと変化してきている。

・**古典の指導**　古典とは古い時代にできた本であるだけでなく、現在まで多くの人々に共感され、価値を認められ感動を生み続けている本であり、不朽の名作である。時代を越え、あらゆる人々を感動させる普遍性を持った芸術作品であり、国語科教育においては古典教材として日本の古文や中国の漢文の名作が選ばれている。古文は、虚構の文芸作品を含めて、時代状況を生きた人々の生活と精神の記録であり、時代を経て読み継がれ、今日に生きている。それは読む者に応じて様々な姿で立ち現れ、読む者の生活と精神とを相対化し、認識を新たにさせる。そこに価値がある。我が国の古典は豊かな蓄積を持っている。そのような古典としての古文や漢文を、後の時代の人間が学び、生かしていくことはきわめて価値あることであり、ここに古文教育、漢文教育の成立する根拠がある。

・**個別学習**　学習者が個人の能力、興味、関心、学習速度等に基づいて個別に学習するもの。学習者自らが考え、調べ、書く自習法が中心。自らの考えをあらかじめまとめたり、深化させたりして確かな学習の成立に役立つが、単独での学習のみに偏ると、狭いものになってしまう。

・**三読法（三層読み）**　読解過程を三段階に組織して、総合・分析・総合という形で読み進めていく読み方。垣内松三の形象理論に立つ指導過程、西尾実の作品研究的指導過程もその一例であるが、最も著名なのは石山脩平の解釈学に基づく指導過程（通読・精読・味読のいわゆる三読法）である。

・**授業研究**　学校での授業を対象とする研究で、教師が日常的な自己の授業を学習者の反応をみながら吟味し、授業の改善と教育力の向上をはかることを目的とする。そのために、目的を共有する複数の参加者によって時と環境の共通課題の下に、授業者と学習者、目標、内容、方法、評価という授業の各構成要素の関係や事象についての検討を行う。

・**授業びらき**　教室びらきとも言い、新学期初めての授業とも考えられるし、ある教材を学習するときの第一時間目の授業とも考えられる。子どもたちの出会いを大切に学習意欲を喚起し、基礎的・基本的な学習訓練をしながら、実態をとらえ、一人ひとりにどのような力をつけていくか考える初めての授業のこと。

・初発の感想（一次感想）　主に文学作品の読みの過程における、あるいは一読後の、直感的な印象のことをいう。また題名だけから内容を想像する活動中の発言や、非文学系の教材を初めて読んだ後に生じる疑問のたぐいにも使うことがある。

・スピーチ　多数の聞き手の前に出てする話。パブリックスピーキングの一形態。話、談話、演説、話術、独話などと訳される。

・ディベート　特定のテーマ（論題）に対し、無作為に肯定否定の二組に分かれ、一定のルールの下に、同じ持ち時間で立論、尋問、反駁を行い、相手や聴衆を説得する技術を競い、第三者である審判が勝負を宣する競技としての討論をいう。一つの論題に対して対立する立場を取る話し手が聞き手を論理的に説得することを目的として議論を添加するコミュニケーションの形態。

・ノート指導　学習のために、学習したことを残す学習記録。文字や作文を練習するための練習帳でもある。言葉集めや資料を集めたりする整理帳でもあり、また、調べたことや考えたことを整理したりするための研究構想ノートでもある。つまりノートには練習、整理、創造、備忘、表出などのはたらきがあり、一人ひとりがこのようないろいろなはたらきを盛り込みながら作り出すものといえる。ノート指導とは、ノートの内容を目的に合わせてよりよく記録させ、さらにこの記録が活用できるよう指導するということ。ノートは学習者にとって必然性のある記録の累積でなければならない。

・バズセッション　ハチなどが飛ぶときのぶんぶんという羽音（バズ）から名づけられたものであり、ある決められた時間内に小グループが一斉にガヤガヤと意見交換し合う学習。少人数のグループで話し合わせることにより、参加者全員を一人ひとり討議に積極的に参加させることができる。緊張や抵抗なしに意見を引き出せるという利点を持つ。

・発　問　子どもの知的開発を目的として発せられる教師からの問いあるいは問題である。教師がすでに分かっていることを問い、子どもの思考活動を促すもので、授業者が一連の授業過程を成立させるために発する問いかけを指す場合が多い。問いかけの内容によって、覚えていることを問う記憶発問、考えやその結果を問う思考発問、また準備の時期によって、授業計画に組み込まれている予定発問、学習者の状況に応じて行われる即時発問などに分類される。その良否は授業の成否を大きく左右する。

・話合い　互いに共有する課題や問題を持つ者同士が、課題を解決したり何らかの結論を導き出すために、それぞれの意見や情報を同時に、あるいは相互的に交流する話し言葉による言語行為。二、三人〜数人の小グループから一学級規模の人数で行われるのが一般的。

・パネルディスカッション　集団討議法の一つ。司会者と四〜五名の討論者によって構成された討論集団の議論を基に会場の参加者を交えた自由討議を交わす。パネルディスカッションが自由討議を重視するのに対して、シンポジウムは形式は似ているが、こちらは討論者の研究発表に重点が置かれている。

・板　書　黒板に書くこと。また黒板に書かれた文字など、とくに授業において正面黒板を利用して指導内容を意図的に書くこと。大きな特徴としては、子どもたち全員が一つの黒板を見るという学習状況がある。板書は学習活動の手段であり、学習をうながし創造することができる。またそれ自体を教材として活用することができ、最終的に学習をふり返るはたらきを持つ。

・ＰＩＳＡ型読解力　自らの目標を達成し、自らの知識と可能性を発達させ、効果的に社会に参加するために、書かれたテキストを理解し、利用し、熟考する能力のこと。すなわち、「読解力」とは、文章や資料から「情報を取り出す」ことに加えて、「解釈」「熟考・評価」「論述」することを含むものであり、以下のような特徴を有しているといえる。テキストに書かれた「情報の取り出し」だけではなく、「理解・評価」（解釈・熟考）も含んでいること。テキストを単に「読む」だけではなく、テキストを利用したり、テキストに基づいて自分の意見を論じたりするなどの「活用」も含んでいること。テキストの「内容」だけではなく、構造・形式や表現法も、評価すべき対象となること。テキストには、文学的文章や説明的文章などの「連続型テキスト」だけでなく、図、グラフ、表などの「非連続型テキスト」を含んでいること。なお、ＰＩＳＡ調査の「読解力」とは、「Reading Literacy」の訳であるが、わが国の国語科教育等で従来用いられてきた「読解」ないしは「読解力」という語の意味するところとは大きく異なる。

・ＰＩＳＡ調査　ＯＥＣＤ生徒の学習到達度調査（Programme for International Student Assessment, PISA）とは、ＯＥＣＤによる国際的な生徒の学習到達度調査のこと。日本では国際学習到達度調査とも言われる。頭文字からＰＩＳＡと呼ぶ。ＯＥＣＤ加盟国の多くで義務教育の修了段階にある十五歳の生徒を対象に、読解力、数学的リテラシー、科学的リテラシー、問題解決を調査するもの。国際比較により教育方法を改善し標準化する観点から、生徒の成績を研究することを目的としている。調査プログラムの開発が一九九七年に始まり、第一回調査は二〇〇〇年。以後三年ごとに調査している。

・**評価規準、評価基準**　それぞれ評価における質的な目標規準、量的な到達基準を表す。言い換えれば、前者は「何を」、後者は「どの程度」ということを表す。

・**フィンランドメソッド**　フィンランドは、ここ数年ＯＥＣＤが実施した学習到達度調査で好成績を収めており、特に読解力の分野では一位である。そこで、教育先進国として、授業内容が注目を集め、世界的な調査対象となっている。フィンランドでは、五つの鍛えるべき能力がある。まず、発想力・論理力で、頭の中に論理回路を作る。次に表現力。そして批判的思考力・コミュニケーション力は論理力応用編となっており、子どものときから練習を積んでいるところから、力がついたと考えられる。

・**プレゼンテーション**　「発表」のこと。問題やポイントに気付かせながら提案し、相手を説得していく、よく聞いて質問、反論していく、という話し言葉教育における学びの方法の一つ。

・**メディアの活用**　新聞やテレビなどの様々なメディアを学習活動に利用したり、コンピュータやデジタルカメラなどの情報機器を複合的に使い学習活動に利用したりすること。

・**メディア・リテラシー**　「リテラシー」はもともとは「読み書き能力」を意味しているが、「メディア・リテラシー」とは、テレビ、新聞、雑誌、マンガ、ポピュラー音楽、映画、ビデオゲーム、コンピュータネットワークなどのあらゆるメディアを使いこなし、メディアの提供する情報を読み解く能力のこと。文字を中心に据えた従来のリテラシー概念を超えて、映像及び電子形態のコミュニケーションの特性を理解し、創造する力を含んだ概念。ことに、情報機器の発達やインターネットの普及の結果、個人がメディアに自由にアクセスし、分析し、評価し、多様な形でコミュニケーションを創造する能力を指すようになった。

・**朗　読**　音読の領域の一つでその完成段階。「他人に伝える音読」の高度なもの。音声を通じて、ある作品の内容解釈などを、豊かに表現しようとするもの。聞き手を意識して音読をする活動ととらえてよい。

・**ワークシート**　教材文の内容を正しく深く理解させたり、書くことの意欲を駆り立てて豊かに表現させたりすることをねらいとして教師が学習者の実態に合わせて作成した作業用紙で、授業で使用される。形式や内容は多種多様であるが、一般には内容の読み取りや発想の手がかりを与えたり手順や解答例を示したり等して、学習がスムーズに展開するように個々の学習者を支援する方向で作成される。内容や形式は様々であるが、ワークシートの作り方によって授業の流れが決まると言っても過言ではないので、子どもの理解を助け、一人ひとりの学びを広げていくようなものを目指したい。

学生のための参考図書

青木幹勇『**第三の書く─読むために書く　書くために読む**』国土社、一九八六　＊「読むことの中における書くこと」の機能に注目した実践体系書。

秋田喜代美『**読書の発達心理学**』国土社、一九九八　＊子どもたちの読書の発達過程と読書環境について心理学的にアプローチした。

芦田恵之助『**芦田恵之助国語教育全集**』明治図書、一九八八　＊戦前から戦後を通じて、国語教育実践の最高峰。国語実践の達人・芦田先生の生きてきた姿の集大成。

池田修『**中等教育におけるディベートの研究─入門期の安定した指導法の開発─**』大学図書出版、二〇〇八　＊ディベートの入門書として最適な一冊。いかにディベートの指導を行えばよいか、丁寧に解説。

井上尚美『**21世紀型授業づくり100　国語教師の力量を高める発問・評価・文章分析の基礎**』明治図書、二〇〇五　＊著者は国語科教育に携わるすべての方々に、教育の専門家として根本原理を、理論を、勉強してほしい、と熱く語りかける。

井上尚美ほか編『**国語科メディア教育への挑戦**』全四巻（小学校編〜中学・高校編）明治図書、二〇〇三　＊国語科の守備範囲内で扱うべきメディア教育の核心。

今井康夫『**アメリカ人と日本人**』創流出版、一九九〇　＊日米の教育の違いが「なるほど」とよく分かる。

内田道雄・大井田義彰編『**文学のこゝろとことばII**』七月堂、二〇〇〇　＊教科書採録の多い文学作品に対する文学批評をまとめた一冊。教材研究の一助となる。

内田義彦『**読書と社会科学**』岩波新書、一九八五　＊文化系の学問の方法についてわかりやすく記した書。

大村はま『**大村はま国語教室**』全十五巻・別巻一、筑摩書房、一九八二〜一九八五　＊国語教育実践の宝庫。

大津由紀雄『**探検！ことばの世界**』ひつじ書房、二〇〇四　＊日本語の特徴や性質に関して、イラストを豊富に交えて解説。日本語という言語への興味を深められる。

大西忠治『**発問上達法**』民衆社、一九八八　＊発問をいかに組み立てればよいのか、丁寧な解説を加えている。一般的に言われる「発問」をより細かく分類、整理。

上條晴夫『**図解よくわかる授業上達法**』学陽書房、二〇〇七　＊授業中のちょっとしたつまずきの解決法を提示した本。図が効果的に用いられており、理解しやすい。

亀村五郎『**赤ぺん〈評語〉の書き方**』百合出版、一九七九　＊子どもの作品に対して、教師としてどう応えるべきかが示されている。小学校での実践を基にされているが、書くことの基礎となっている。

加留部謹一『**中学校国語科教育の実践像**』溪水社、二〇〇〇

六　＊中学校国語の様々な領域について論じられている。実践事例の単元計画や、一時間の授業の発言記録などが詳しく書かれている、おすすめの一冊。
木下是雄**『レポートの組み立て方』**ちくま学芸文庫、一九九四　＊レポートを書く上での章立ての仕方や注意点を詳しく解説。作文指導をする上でも、非常に役立つ。
釼持勉**『子どもが見える教師・見えない教師』**明治図書、二〇〇五　＊子どもが無意識に発するサインにどうすれば気付けるのか。学校生活の具体的な場面に即して解説がなされている。
国語教育実践理論研究会著**『読解力再考　すべての子どもに読む喜びを―PISAの前にあること―』**東洋館出版社、二〇〇七　＊「読み」の指導の本質を教えてくれる一冊。理論と実践の両面から論じられている。
斎藤喜博**『授業』**国土社、一九六三（新装版は二〇〇六）　＊教育が目指すべき理想の子ども像を独特の論調で情熱的に語る。斎藤喜博の教育観が溶け込んでいる一冊。
菅谷明子**『未来をつくる図書館―ニューヨークからの報告―』**岩波新書、二〇〇三　＊ニューヨークの図書館を例に、IT技術を取り入れた新しい図書館像を提唱する一冊。
鈴木二千六**『古典教育の史的展開―教育制度から見た古典の教育―』**近代文藝社、一九九四　＊日本人として、自国の文化や伝統を愛し、それを継承しようという意識を持つことは大切なこと、教育の対象として当然のことである。国民思想を涵養する道具とされた歴史を持つ古典について、国語科教育の中での位置を考える。
高橋俊三**『声を届ける　音読・朗読・群読の授業　CD付き』**三省堂、二〇〇八　＊著者の長年にわたる理論的・実践的研究の成果を凝縮。意味をとらえ、声を届けることの重要性を提起する。音声CD付き。
天道佐津子編著**『読書と豊かな人間性の育成』**青弓社、二〇〇五　＊読書指導のあり方について、実践例を交えながら丁寧に解説している。
永野賢**『若い教師のための文章論入門』**明治図書、一九九〇　＊永野賢が提唱する「文法論的文章論」の入門書。客観的な教材研究の必要性について考えさせられる。
中原國明・大熊徹編**『国語科授業用語の手引き　実践へのヒント』**教育出版、二〇〇六　＊国語科における用語についてそれぞれ解説がされている。「実践のヒント」として、実践事例がふんだんに紹介されている。
箱田忠昭**『成功するプレゼンテーション』**日本経済新聞社、一九九一　＊上手なプレゼンテーションの仕方を分かりやすく解説したビジネス書。解説されているプレゼンテーション能力は授業力と相通じるものがある。
浜本純逸**『戦後文学教育方法論史』**明治図書、一九七八　＊文学教育研究の礎石。

浜本純逸『国語科教育論　改訂版』溪水社、二〇〇六
　＊国語という科目の普遍的な意義について考えさせられる国語教育の根底を支える理論を紹介した一冊。
浜本純逸『文学教育の歩みと理論』東洋館出版社、二〇〇一　＊文学教育の変遷がまとめられた一冊。文学教育をめぐる論争についても論じられている。

古田拡『教師の話術』共文社、一九六三　＊教室での教師と子どものやりとりの機微を具体的、明晰にとらえる。

益地憲一『大正期における読み方教授論の研究―友納友次郎の場合を中心に』溪水社、二〇〇八　＊友納の唱えた読み方授業論の全体像とその今日的意義を見出す。

巳野欣一・柳瀬眞子『21世紀型授業づくり90　国語力を高める視写・聴写・暗写の指導』明治図書、二〇〇四
　＊戦前・戦後を通して継承されてきた視写・聴写の有効性を歴史的に跡づけ、基礎指導、問題追究の指導、表現力を伸ばす指導など豊富な事例で問題提起。
ヴォルフガング・イーザー『行為としての読書―美的作用の理論―』岩波現代選書、一九八二　＊文学の美的作用と受容をテクストあるいは読者のいずれにも還元できないことを究明。「読書」という行為の独特なコミュニケーション様態としての全貌がとらえられる。

ポール・ウィリス『ハマータウンの野郎ども』ちくま学芸文庫、一九九六　＊イギリスの学校での取材をベースに、社会における階級の意義を問い直した一冊。教師を目指すなら一読しておきたい本である。

リチャード・ビーチ『教師のための読者反応理論入門』溪水社、一九九九　＊―読むことの学習を活性化するために―テクスト志向、経験志向、心理学的、社会的、文化研究的の五つの反応理論によって教室での反応を引き出すための提言を行う。

ヴィゴツキー『新訳版　思考と言語』新読書社、二〇〇一
　＊思考と言葉に関する心理学的研究の名著。理論的・批判的研究に目を向けながら、児童期における言葉の意味の発達の基本的道程の解明と、子どもの科学的概念と自然発生的概念の発達の比較研究を行う。
ロラン・バルト『物語の構造分析』みすず書房、一九七九
　＊物語はまさに人類の歴史とともに始まるのだ。物語をもたない民族は存在せず、決して存在しなかった…バルト六〇年～七〇年代の軌跡を明らかにする評論集。

・国語教育の学習の基本となる辞典類

国語教育研究所編『国語教育研究大辞典』明治図書、一九九一
田近洵一・井上尚美編著『新訂　国語教育指導用語辞典』教育出版、一九九三
日本国語教育学会編『国語教育辞典』朝倉書店、二〇〇一

平成二十年版中学校学習指導要領

第1節　国　語

第1　目　標

国語を適切に表現し正確に理解する能力を育成し、伝え合う力を高めるとともに、思考力や想像力を養い言語感覚を豊かにし、国語に対する認識を深め国語を尊重する態度を育てる。

第2　各学年の目標及び内容

〔第1学年〕

1　目　標

(1)　目的や場面に応じ、日常生活にかかわることなどについて構成を工夫して話す能力、話し手の意図を考えながら聞く能力、話題や方向をとらえて話し合う能力を身に付けさせるとともに、話したり聞いたりして考えをまとめようとする態度を育てる。

(2)　目的や意図に応じ、日常生活にかかわることなどについて、構成を考えて的確に書く能力を身に付けさせるとともに、進んで文章を書いて考えをまとめようとする態度を育てる。

(3)　目的や意図に応じ、様々な本や文章などを読み、内容や要旨を的確にとらえる能力を身に付けさせるとともに、読書を通してものの見方や考え方を広げようとする態度を育てる。

2　内　容

A　話すこと・聞くこと

(1)　話すこと・聞くことの能力を育成するため、次の事項について指導する。

ア　日常生活の中から話題を決め、話したり話し合ったりするための材料を人との交流を通して集め整理すること。

イ　全体と部分、事実と意見との関係に注意して話を構成し、相手の反応を踏まえながら話すこと。

ウ　話す速度や音量、言葉の調子や間の取り方、相手に分かりやすい語句の選択、相手や場に応じた言葉遣いなどについての知識を生かして話すこと。

エ　必要に応じて質問しながら聞き取り、自分の考えとの共通点や相違点を整理すること。

オ　話合いの話題や方向をとらえて的確に話したり、相手の発言を注意して聞いたりして、自分の考えをまとめること。

(2)　(1)に示す事項については、例えば、次のような言語活動を通して指導するものとする。

ア　日常生活の中の話題について報告や紹介をしたり、

それらを聞いて質問や助言をしたりすること。
イ　日常生活の中の話題について対話や討論などを行うこと。

B　書くこと

(1)　書くことの能力を育成するため、次の事項について指導する。
ア　日常生活の中から課題を決め、材料を集めながら自分の考えをまとめること。
イ　集めた材料を分類するなどして整理するとともに、段落の役割を考えて文章を構成すること。
ウ　伝えたい事実や事柄について、自分の考えや気持ちを根拠を明確にして書くこと。
エ　書いた文章を読み返し、表記や語句の用法、叙述の仕方などを確かめて、読みやすく分かりやすい文章にすること。
オ　書いた文章を互いに読み合い、題材のとらえ方や材料の用い方、根拠の明確さなどについて意見を述べたり、自分の表現の参考にしたりすること。

(2)　(1)に示す事項については、例えば、次のような言語活動を通して指導するものとする。
ア　関心のある芸術的な作品などについて、鑑賞したことを文章に書くこと。
イ　図表などを用いた説明や記録の文章を書くこと。
ウ　行事等の案内や報告をする文章を書くこと。

C　読むこと

(1)　読むことの能力を育成するため、次の事項について指導する。
ア　文脈の中における語句の意味を的確にとらえ、理解すること。
イ　文章の中心的な部分と付加的な部分、事実と意見などとを読み分け、目的や必要に応じて要約したり要旨をとらえたりすること。
ウ　場面の展開や登場人物などの描写に注意して読み、内容の理解に役立てること。
エ　文章の構成や展開、表現の特徴について、自分の考えをもつこと。
オ　文章に表れているものの見方や考え方をとらえ、自分のものの見方や考え方を広くすること。
カ　本や文章などから必要な情報を集めるための方法を身に付け、目的に応じて必要な情報を読み取ること。

(2)　(1)に示す事項については、例えば、次のような言語活動を通して指導するものとする。
ア　様々な種類の文章を音読したり朗読したりすること。
イ　文章と図表などとの関連を考えながら、説明や記録の文章を読むこと。

ウ　課題に沿って本を読み、必要に応じて引用して紹介すること。

〔伝統的な言語文化と国語の特質に関する事項〕

(1)　「A話すこと・聞くこと」、「B書くこと」及び「C読むこと」の指導を通して、次の事項について指導する。

ア　伝統的な言語文化に関する事項

(ア)　文語のきまりや訓読の仕方を知り、古文や漢文を音読して、古典特有のリズムを味わいながら、古典の世界に触れること。

(イ)　古典には様々な種類の作品があることを知ること。

イ　言葉の特徴やきまりに関する事項

(ア)　音声の働きや仕組みについて関心をもち、理解を深めること。

(イ)　語句の辞書的な意味と文脈上の意味との関係に注意し、語感を磨くこと。

(ウ)　事象や行為などを表す多様な語句について理解を深めるとともに、話や文章の中の語彙《い》について関心をもつこと。

(エ)　単語の類別について理解し、指示語や接続詞及びこれらと同じような働きをもつ語句などに注意すること。

(オ)　比喩《ゆ》や反復などの表現の技法について理解すること。

ウ　漢字に関する事項

(ア)　小学校学習指導要領第2章第1節国語の学年別漢字配当表（以下「学年別漢字配当表」という。）に示されている漢字に加え、その他の常用漢字のうち300字程度から400字程度までの漢字を読むこと。

(イ)　学年別漢字配当表の漢字のうち900字程度の漢字を書き、文や文章の中で使うこと。

(2)　書写に関する次の事項について指導する。

ア　字形を整え、文字の大きさ、配列などについて理解して、楷《かい》書で書くこと。

イ　漢字の行書の基礎的な書き方を理解して書くこと。

〔第2学年〕

1　目　標

(1)　目的や場面に応じ、社会生活にかかわることなどについて立場や考えの違いを踏まえて話す能力、考えを比べながら聞く能力、相手の立場を尊重して話し合う能力を身に付けさせるとともに、話したり聞いたりして考えを広げようとする態度を育てる。

(2)　目的や意図に応じ、社会生活にかかわることなどについて、構成を工夫して分かりやすく書く能力を身に付けさせるとともに、文章を書いて考えを広げようとする態度を育てる。

(3) 目的や意図に応じ、文章の内容や表現の仕方に注意して読む能力、広い範囲から情報を集め効果的に活用する能力を身に付けさせるとともに、読書を生活に役立てようとする態度を育てる。

2 内　容

A 話すこと・聞くこと

(1) 話すこと・聞くことの能力を育成するため、次の事項について指導する。

ア 社会生活の中から話題を決め、話したり話し合ったりするための材料を多様な方法で集め整理すること。

イ 異なる立場や考えを想定して自分の考えをまとめ、話の中心的な部分と付加的な部分などに注意し、論理的な構成や展開を考えて話すこと。

ウ 目的や状況に応じて、資料や機器などを効果的に活用して話すこと。

エ 話の論理的な構成や展開などに注意して聞き、自分の考えと比較すること。

オ 相手の立場や考えを尊重し、目的に沿って話し合い、互いの発言を検討して自分の考えを広げること。

(2) (1)に示す事項については、例えば、次のような言語活動を通して指導するものとする。

ア 調べて分かったことや考えたことなどに基づいて説明や発表をしたり、それらを聞いて意見を述べたりすること。

イ 社会生活の中の話題について、司会や提案者などを立てて討論を行うこと。

B 書くこと

(1) 書くことの能力を育成するため、次の事項について指導する。

ア 社会生活の中から課題を決め、多様な方法で材料を集めながら自分の考えをまとめること。

イ 自分の立場及び伝えたい事実や事柄を明確にして、文章の構成を工夫すること。

ウ 事実や事柄、意見や心情が相手に効果的に伝わるように、説明や具体例を加えたり、描写を工夫したりして書くこと。

エ 書いた文章を読み返し、語句や文の使い方、段落相互の関係などに注意して、読みやすく分かりやすい文章にすること。

オ 書いた文章を互いに読み合い、文章の構成や材料の活用の仕方などについて意見を述べたり助言をしたりして、自分の考えを広げること。

(2) (1)に示す事項については、例えば、次のような言語活動を通して指導するものとする。
ア　表現の仕方を工夫して、詩歌をつくったり物語などを書いたりすること。
イ　多様な考えができる事柄について、立場を決めて意見を述べる文章を書くこと。
ウ　社会生活に必要な手紙を書くこと。

Ｃ　読むこと

(1)　読むことの能力を育成するため、次の事項について指導する。
ア　抽象的な概念を表す語句や心情を表す語句などに注意して読むこと。
イ　文章全体と部分との関係、例示や描写の効果、登場人物の言動の意味などを考え、内容の理解に役立てること。
ウ　文章の構成や展開、表現の仕方について、根拠を明確にして自分の考えをまとめること。
エ　文章に表れているものの見方や考え方について、知識や体験と関連付けて自分の考えをもつこと。
オ　多様な方法で選んだ本や文章などから適切な情報を得て、自分の考えをまとめること。

(2)　(1)に示す事項については、例えば、次のような言語活動を通して指導するものとする。
ア　詩歌や物語などを読み、内容や表現の仕方について感想を交流すること。
イ　説明や評論などの文章を読み、内容や表現の仕方について自分の考えを述べること。
ウ　新聞やインターネット、学校図書館等の施設などを活用して得た情報を比較すること。

〔伝統的な言語文化と国語の特質に関する事項〕

(1)　「Ａ話すこと・聞くこと」、「Ｂ書くこと」及び「Ｃ読むこと」の指導を通して、次の事項について指導する。
ア　伝統的な言語文化に関する事項
(ア)　作品の特徴を生かして朗読するなどして、古典の世界を楽しむこと。
(イ)　古典に表れたものの見方や考え方に触れ、登場人物や作者の思いなどを想像すること。
イ　言葉の特徴やきまりに関する事項
(ア)　話し言葉と書き言葉との違い、共通語と方言の果たす役割、敬語の働きなどについて理解すること。
(イ)　抽象的な概念を表す語句、類義語と対義語、同音異義語や多義的な意味を表す語句などについて理解し、語感を磨き語彙《い》を豊かにすること。
(ウ)　文の中の文の成分の順序や照応、文の構成などについて考えること。
(エ)　単語の活用について理解し、助詞や助動詞などの働きに注意すること。

(オ) 相手や目的に応じて、話や文章の形態や展開に違いがあることを理解すること。

ウ 漢字に関する事項

(ア) 第1学年までに学習した常用漢字に加え、その他の常用漢字のうち350字程度から450字程度までの漢字を読むこと。

(イ) 学年別漢字配当表に示されている漢字を書き、文や文章の中で使うこと。

(2) 書写に関する次の事項について指導する。

ア 漢字の行書とそれに調和した仮名の書き方を理解して、読みやすく速く書くこと。

イ 目的や必要に応じて、楷《かい》書又は行書を選んで書くこと。

〔第3学年〕

1 目 標

(1) 目的や場面に応じ、社会生活にかかわることなどについて相手や場に応じて話す能力、表現の工夫を評価して聞く能力、課題の解決に向けて話し合う能力を身に付けさせるとともに、話したり聞いたりして考えを深めようとする態度を育てる。

(2) 目的や意図に応じ、社会生活にかかわることなどについて、論理の展開を工夫して書く能力を身に付けさせるとともに、文章を書いて考えを深めようとする態度を育てる。

(3) 目的や意図に応じ、文章の展開や表現の仕方などを評価しながら読む能力を身に付けさせるとともに、読書を通して自己を向上させようとする態度を育てる。

2 内 容

A 話すこと・聞くこと

(1) 話すこと・聞くことの能力を育成するため、次の事項について指導する。

ア 社会生活の中から話題を決め、自分の経験や知識を整理して考えをまとめ、語句や文を効果的に使い、資料などを活用して説得力のある話をすること。

イ 場の状況や相手の様子に応じて話すとともに、敬語を適切に使うこと。

ウ 聞き取った内容や表現の仕方を評価して、自分のものの見方や考え方を深めたり、表現に生かしたりすること。

エ 話合いが効果的に展開するように進行の仕方を工夫し、課題の解決に向けて互いの考えを生かし合うこと。

(2) (1)に示す事項については、例えば、次のような言語活動を通して指導するものとする。

ア 時間や場の条件に合わせてスピーチをしたり、それを聞いて自分の表現の参考にしたりすること。

イ　社会生活の中の話題について、相手を説得するために意見を述べ合うこと。

B　書くこと

(1)　書くことの能力を育成するため、次の事項について指導する。

ア　社会生活の中から課題を決め、取材を繰り返しながら自分の考えを深めるとともに、文章の形態を選択して適切な構成を工夫すること。

イ　論理の展開を工夫し、資料を適切に引用するなどして、説得力のある文章を書くこと。

ウ　書いた文章を読み返し、文章全体を整えること。

エ　書いた文章を互いに読み合い、論理の展開の仕方や表現の仕方などについて評価して自分の表現に役立てるとともに、ものの見方や考え方を深めること。

(2)　(1)に示す事項については、例えば、次のような言語活動を通して指導するものとする。

ア　関心のある事柄について批評する文章を書くこと。

イ　目的に応じて様々な文章などを集め、工夫して編集すること。

C　読むこと

(1)　読むことの能力を育成するため、次の事項について指導する。

ア　文脈の中における語句の効果的な使い方など、表現上の工夫に注意して読むこと。

イ　文章の論理の展開の仕方、場面や登場人物の設定の仕方をとらえ、内容の理解に役立てること。

ウ　文章を読み比べるなどして、構成や展開、表現の仕方について評価すること。

エ　文章を読んで人間、社会、自然などについて考え、自分の意見をもつこと。

オ　目的に応じて本や文章などを読み、知識を広げたり、自分の考えを深めたりすること。

(2)　(1)に示す事項については、例えば、次のような言語活動を通して指導するものとする。

ア　物語や小説などを読んで批評すること。

イ　論説や報道などに盛り込まれた情報を比較して読むこと。

ウ　自分の読書生活を振り返り、本の選び方や読み方について考えること。

〔伝統的な言語文化と国語の特質に関する事項〕

(1)　「A話すこと・聞くこと」、「B書くこと」及び「C読むこと」の指導を通して、次の事項について指導する。

ア　伝統的な言語文化に関する事項

(ア)　歴史的背景などに注意して古典を読み、その世界に親しむこと。

(イ) 古典の一節を引用するなどして、古典に関する簡単な文章を書くこと。

イ 言葉の特徴やきまりに関する事項

(ア) 時間の経過による言葉の変化や世代による言葉の違いを理解するとともに、敬語を社会生活の中で適切に使うこと。

(イ) 慣用句・四字熟語などに関する知識を広げ、和語・漢語・外来語などの使い分けに注意し、語感を磨き語彙《い》を豊かにすること。

ウ 漢字に関する事項

(ア) 第2学年までに学習した常用漢字に加え、その他の常用漢字の大体を読むこと。

(イ) 学年別漢字配当表に示されている漢字について、文や文章の中で使い慣れること。

(2) 書写に関する次の事項について指導する。

ア 身の回りの多様な文字に関心をもち、効果的に文字を書くこと。

第3 指導計画の作成と内容の取扱い

1 指導計画の作成に当たっては、次の事項に配慮するものとする。

(1) 第2の各学年の内容の指導については、必要に応じて当該学年の前後の学年で取り上げることもできること。

(2) 第2の各学年の内容の「A話すこと・聞くこと」、「B書くこと」、「C読むこと」及び〔伝統的な言語文化と国語の特質に関する事項〕について相互に密接な関連を図り、効果的に指導すること。その際、学校図書館などを計画的に利用しその機能の活用を図るようにすること。また、生徒が情報機器を活用する機会を設けるなどして、指導の効果を高めるよう工夫すること。

(3) 第2の各学年の内容の「A話すこと・聞くこと」の指導に配当する授業時数は、第1学年及び第2学年では年間15～25単位時間程度、第3学年では年間10～20単位時間程度とすること。また、音声言語のための教材を積極的に活用するなどして、指導の効果を高めるよう工夫すること。

(4) 第2の各学年の内容の「B書くこと」の指導に配当する授業時数は、第1学年及び第2学年では年間30～40単位時間程度、第3学年では年間20～30単位時間程度とすること。

(5) 第2の各学年の内容の「C読むこと」に関する指導については、様々な文章を読んで、自分の表現に役立てられるようにすること。

(6) 第1章総則の第1の2及び第3章道徳の第1に示す

道徳教育の目標に基づき、道徳の時間などとの関連を考慮しながら、第3章道徳の第2に示す内容について、国語科の特質に応じて適切な指導をすること。

2 第2の各学年の内容の〔伝統的な言語文化と国語の特質に関する事項〕については、次のとおり取り扱うものとする。

(1) 〔伝統的な言語文化と国語の特質に関する事項〕の(1)に示す事項については、次のとおり取り扱うこと。

ア 知識をまとめて指導したり、繰り返して指導したりすることが必要なものについては、特にそれだけを取り上げて学習させることにも配慮すること。

イ 言葉の特徴やきまりに関する事項については、日常の言語活動を振り返り、言葉の特徴やきまりについて気付かせ、言語生活の向上に役立てることを重視すること。

(2) 〔伝統的な言語文化と国語の特質に関する事項〕の(2)に示す事項については、次のとおり取り扱うこと。

ア 文字を正しく整えて速く書くことができるようにするとともに、書写の能力を学習や生活に役立てる態度を育てるよう配慮すること。

イ 硬筆及び毛筆を使用する書写の指導は各学年で行い、毛筆を使用する書写の指導は硬筆による書写の能力の基礎を養うようにすること。

ウ 書写の指導に配当する授業時数は、第1学年及び第2学年では年間20単位時間程度、第3学年では年間10単位時間程度とすること。

3 教材については、次の事項に留意するものとする。

(1) 教材は、話すこと・聞くことの能力、書くことの能力、読むことの能力などを偏りなく養うことや読書に親しむ態度の育成をねらいとし、生徒の発達の段階に即して適切な話題や題材を精選して調和的に取り上げること。また、第2の各学年の内容の「A話すこと・聞くこと」、「B書くこと」及び「C読むこと」のそれぞれの(2)に掲げる言語活動が十分行われるよう教材を選定すること。

(2) 教材は、次のような観点に配慮して取り上げること。

ア 国語に対する認識を深め、国語を尊重する態度を育てるのに役立つこと。

イ 伝え合う力、思考力や想像力を養い言語感覚を豊かにするのに役立つこと。

ウ 公正かつ適切に判断する能力や創造的精神を養うのに役立つこと。

エ 科学的、論理的な見方や考え方を養い、視野を広げるのに役立つこと。

オ 人生について考えを深め、豊かな人間性を養い、たくましく生きる意志を育てるのに役立つこと。

カ　人間、社会、自然などについての考えを深めるのに役立つこと。

キ　我が国の伝統と文化に対する関心や理解を深め、それらを尊重する態度を育てるのに役立つこと。

ク　広い視野から国際理解を深め、日本人としての自覚をもち、国際協調の精神を養うのに役立つこと。

(3)　第2の各学年の内容の「C読むこと」の教材については、各学年で説明的な文章や文学的な文章などの文章形態を調和的に取り扱うこと。

(4)　我が国の言語文化に親しむことができるよう、近代以降の代表的な作家の作品を、いずれかの学年で取り上げること。

(5)　古典に関する教材については、古典の原文に加え、古典の現代語訳、古典について解説した文章などを取り上げること。

平成二十年版高等学校学習指導要領

第1節　国　　語

第1款　目　標

国語を適切に表現し的確に理解する能力を育成し、伝え合う力を高めるとともに、思考力や想像力を伸ばし、心情を豊かにし、言語感覚を磨き、言語文化に対する関心を深め、国語を尊重してその向上を図る態度を育てる。

第2款　各科目

第1　国語総合

1　目　標

国語を適切に表現し的確に理解する能力を育成し、伝え合う力を高めるとともに、思考力や想像力を伸ばし、心情を豊かにし、言語感覚を磨き、言語文化に対する関心を深め、国語を尊重してその向上を図る態度を育てる。

2　内　容

A　話すこと・聞くこと

(1)　次の事項について指導する。

ア　話題について様々な角度から検討して自分の考えをもち、根拠を明確にするなど論理の構成や展開を工夫して意見を述べること。

イ　目的や場に応じて、効果的に話したり的確に聞き取ったりすること。

ウ　課題を解決したり考えを深めたりするために、相手の立場や考えを尊重し、表現の仕方や進行の仕方などを工夫して話し合うこと。

エ　話したり聞いたり話し合ったりしたことの内容や表現の仕方について自己評価や相互評価を行い、自分の話し方や言葉遣いに役立てるとともに、ものの見方、感じ方、考え方を豊かにすること。

(2)　(1)に示す事項については、例えば、次のような言語活動を通して指導するものとする。

ア　状況に応じた話題を選んでスピーチしたり、資料に基づいて説明したりすること。

イ　調査したことなどをまとめて報告や発表をしたり、内容や表現の仕方を吟味しながらそれらを聞いたりすること。

ウ　反論を想定して発言したり疑問点を質問したりしながら、課題に応じた話合いや討論などを行うこと。

B　書くこと

(1)　次の事項について指導する。

ア　相手や目的に応じて題材を選び、文章の形態や文体、語句などを工夫して書くこと。

イ　論理の構成や展開を工夫し、論拠に基づいて自分の考えを文章にまとめること。

ウ　対象を的確に説明したり描写したりするなど、適切な表現の仕方を考えて書くこと。

エ　優れた表現に接してその条件を考えたり、書いた文章について自己評価や相互評価を行ったりして、自分の表現に役立てるとともに、ものの見方、感じ方、考え方を豊かにすること。

(2)　(1)に示す事項については、例えば、次のような言語活動を通して指導するものとする。

ア　情景や心情の描写を取り入れて、詩歌をつくったり随筆などを書いたりすること。

イ　出典を明示して文章や図表などを引用し、説明や意見などを書くこと。

ウ　相手や目的に応じた語句を用い、手紙や通知などを書くこと。

C　読むこと

(1)　次の事項について指導する。

ア　文章の内容や形態に応じた表現の特色に注意して読むこと。

イ　文章の内容を叙述に即して的確に読み取ったり、必要に応じて要約や詳述をしたりすること。

ウ　文章に描かれた人物、情景、心情などを表現に即して読み味わうこと。

エ　文章の構成や展開を確かめ、内容や表現の仕方について評価したり、書き手の意図をとらえたりすること。

オ　幅広く本や文章を読み、情報を得て用いたり、ものの見方、感じ方、考え方を豊かにしたりすること。

(2) (1)に示す事項については、例えば、次のような言語活動を通して指導するものとする。

ア　文章を読んで脚本にしたり、古典を現代の物語に書き換えたりすること。

イ　文字、音声、画像などのメディアによって表現された情報を、課題に応じて読み取り、取捨選択してまとめること。

ウ　現代の社会生活で必要とされている実用的な文章を読んで内容を理解し、自分の考えをもって話し合うこと。

エ　様々な文章を読み比べ、内容や表現の仕方について、感想を述べたり批評する文章を書いたりすること。

〔伝統的な言語文化と国語の特質に関する事項〕

(1)「Ａ話すこと・聞くこと」、「Ｂ書くこと」及び「Ｃ読むこと」の指導を通して、次の事項について指導する。

ア　伝統的な言語文化に関する事項

(ア) 言語文化の特質や我が国の文化と外国の文化との関係について気付き、伝統的な言語文化への興味・関心を広げること。

(イ) 文語のきまり、訓読のきまりなどを理解すること。

イ　言葉の特徴やきまりに関する事項

(ア) 国語における言葉の成り立ち、表現の特色及び言語の役割などを理解すること。

(イ) 文や文章の組立て、語句の意味、用法及び表記の仕方などを理解し、語彙《い》を豊かにすること。

ウ　漢字に関する事項

(ア) 常用漢字の読みに慣れ、主な常用漢字が書けるようになること。

3　内容の取扱い

(1) 総合的な言語能力を養うため、内容のＡ、Ｂ、Ｃ及び〔伝統的な言語文化と国語の特質に関する事項〕について相互に密接な関連を図り、効果的に指導するようにする。

(2) 内容のＡに関する指導については、次の事項に配慮するものとする。

ア　話すこと・聞くことを主とする指導には15～25単位時間程度を配当するものとし、計画的に指導すること。

イ　口語のきまり、言葉遣い、敬語の用法などについて、必要に応じて扱うこと。

(3) 内容のＢに関する指導については、次の事項に配慮するものとする。

ア　書くことを主とする指導には30～40単位時間程度を配当するものとし、計画的に指導すること。

(4)　内容のCに関する指導については、次の事項に配慮するものとする。

ア　古典を教材とした授業時数と近代以降の文章を教材とした授業時数との割合は、おおむね同等とすることを目安として、生徒の実態に応じて適切に定めること。なお、古典における古文と漢文との割合は、一方に偏らないようにすること。

イ　文章を読み深めるため、音読、朗読、暗唱などを取り入れること。

ウ　自分の読書生活を振り返り、読書の幅を広げ、読書の習慣を養うこと。

(5)　内容の〔伝統的な言語文化と国語の特質に関する事項〕については、次の事項に配慮するものとする。

ア　中学校の指導の上に立って、内容のA、B及びCの指導の中で深めること。

イ　(1)のアの(イ)については、読むことの指導に即して行うこと。

(6)　教材については、次の事項に留意するものとする。

ア　教材は、話すこと・聞くことの能力、書くことの能力、読むことの能力などを偏りなく養うことや読書に親しむ態度の育成をねらいとし、生徒の発達の段階に即して適切な話題や題材を精選して調和的に取り上げること。また、内容のA、B及びCのそれぞれの(2)に掲げる言語活動が十分行われるよう教材を選定すること。

イ　古典の教材については、表記を工夫し、注釈、傍注、解説、現代語訳などを適切に用い、特に漢文については訓点を付け、必要に応じて書き下し文を用いるなど理解しやすいようにすること。また、古典に関連する近代以降の文章を含めること。

ウ　教材は、次のような観点に配慮して取り上げること。

(ア)　言語文化に対する関心や理解を深め、国語を尊重する態度を育てるのに役立つこと。

(イ)　日常の言葉遣いなど言語生活に関心をもち、伝え合う力を高めるのに役立つこと。

(ウ)　思考力や想像力を伸ばし、心情を豊かにし、言語感覚を磨くのに役立つこと。

(エ)　情報を活用して、公正かつ適切に判断する能力や創造的精神を養うのに役立つこと。

(オ)　科学的、論理的な見方や考え方を養い、視野を広げるのに役立つこと。

(カ)　生活や人生について考えを深め、人間性を豊かにし、たくましく生きる意志を培うのに役立つこと。

(キ) 人間、社会、自然などに広く目を向け、考えを深めるのに役立つこと。

(ク) 我が国の伝統と文化に対する関心や理解を深め、それらを尊重する態度を育てるのに役立つこと。

(ケ) 広い視野から国際理解を深め、日本人としての自覚をもち、国際協調の精神を高めるのに役立つこと。

第2 国語表現

1 目　標

国語で適切かつ効果的に表現する能力を育成し、伝え合う力を高めるとともに、思考力や想像力を伸ばし、言語感覚を磨き、進んで表現することによって国語の向上や社会生活の充実を図る態度を育てる。

2 内　容

(1) 次の事項について指導する。

ア 話題や題材に応じて情報を収集し、分析して、自分の考えをまとめたり深めたりすること。

イ 相手の立場や異なる考えを尊重して課題を解決するために、論拠の妥当性を判断しながら話し合うこと。

ウ 主張や感動などが効果的に伝わるように、論理の構成や描写の仕方などを工夫して書くこと。

エ 目的や場に応じて、言葉遣いや文体など表現を工夫して効果的に話したり書いたりすること。

オ 様々な表現についてその効果を吟味したり、書いた文章を互いに読み合って批評したりして、自分の表現や推敲《こう》に役立てるとともに、ものの見方、感じ方、考え方を豊かにすること。

カ 国語における言葉の成り立ち、表現の特色及び言語の役割などについて理解を深めること。

(2) (1)に示す事項については、例えば、次のような言語活動を通して指導するものとする。

ア 様々な考え方ができる事柄について、幅広い情報を基に自分の考えをまとめ、発表したり討論したりすること。

イ 詩歌をつくったり小説などを書いたり、鑑賞したことをまとめたりすること。

ウ 関心をもった事柄について調査したことを整理して、解説や論文などにまとめること。

エ 相手や目的に応じて、紹介、連絡、依頼などのための話をしたり文章を書いたりすること。

オ 話題や題材などについて調べてまとめたことや考えたことを伝えるための資料を、図表や画像なども用いて編集すること。

3 内容の取扱い

(1) 生徒の実態等に応じて、話すこと・聞くこと又は書くことのいずれかに重点を置いて指導することができる。

(2) 内容の(1)のエについては、発声や発音の仕方、話す速度、文章の形式なども必要に応じて扱うようにする。

(3) 内容の(1)のカについては、文や文章、語句、語彙《い》及び文語の表現法なども必要に応じて関連的に扱うようにする。また、現代社会における言語生活の在り方について考えさせるようにする。

(4) 教材は、思考力や想像力を伸ばす学習活動に役立つもの、情報を活用して表現する学習活動に役立つもの、歴史的、国際的な視野から現代の国語を考える学習活動に役立つものを取り上げるようにする。

第3 現代文A

1 目標

近代以降の様々な文章を読むことによって、我が国の言語文化に対する理解を深め、生涯にわたって読書に親しみ、国語の向上や社会生活の充実を図る態度を育てる。

2 内容

(1) 次の事項について指導する。

ア 文章に表れたものの見方、感じ方、考え方を読み取り、人間、社会、自然などについて考察すること。

イ 文章特有の表現を味わったり、語句の用いられ方について理解を深めたりすること。

ウ 文章を読んで、言語文化の特質や我が国の文化と外国の文化との関係について理解すること。

エ 近代以降の言語文化についての課題を設定し、様々な資料を読んで探究して、言語文化について理解を深めること。

(2) (1)に示す事項については、例えば、次のような言語活動を通して指導するものとする。

ア 文章の調子などを味わいながら音読や朗読をしたり、印象に残った内容や場面について文章中の表現を根拠にして説明したりすること。

イ 外国の文化との関係なども視野に入れて、文章の内容や表現の特色を調べ、発表したり論文にまとめたりすること。

ウ 図書館を利用して同じ作者や同じテーマの文章を読み比べ、それについて話し合ったり批評したりすること。

3 内容の取扱い

(1) 文章を読む楽しさを味わったり、近代以降の言語文化に触れることの意義を理解したりすることを重視し、読書への関心を高め、読書の習慣を付けるようにする。

(2) 教材については、次の事項に留意するものとする。

ア　教材は、特定の文章や作品、文種や形態などについて、まとまりのあるものを中心として適切に取り上げること。

イ　教材は、近代以降の様々な種類の文章とすること。また、必要に応じて実用的な文章、翻訳の文章、近代以降の文語文及び演劇や映画の作品などを用いることができること。

第４　現代文Ｂ

1　目　標

近代以降の様々な文章を的確に理解し、適切に表現する能力を高めるとともに、ものの見方、感じ方、考え方を深め、進んで読書することによって、国語の向上を図り人生を豊かにする態度を育てる。

2　内　容

(1)　次の事項について指導する。

ア　文章を読んで、構成、展開、要旨などを的確にとらえ、その論理性を評価すること。

イ　文章を読んで、書き手の意図や、人物、情景、心情の描写などを的確にとらえ、表現を味わうこと。

ウ　文章を読んで批評することを通して、人間、社会、自然などについて自分の考えを深めたり発展させたりすること。

エ　目的や課題に応じて、収集した様々な情報を分析、整理して資料を作成し、自分の考えを効果的に表現すること。

オ　語句の意味、用法を的確に理解し、語彙《い》を豊かにするとともに、文体や修辞などの表現上の特色をとらえ、自分の表現や推敲《こう》に役立てること。

(2)　(1)に示す事項については、例えば、次のような言語活動を通して指導するものとする。

ア　文学的な文章を読んで、人物の生き方やその表現の仕方などについて話し合うこと。

イ　論理的な文章を読んで、書き手の考えやその展開の仕方などについて意見を書くこと。

ウ　伝えたい情報を表現するためのメディアとしての文字、音声、画像などの特色をとらえて、目的に応じた表現の仕方を考えたり創作的な活動を行ったりすること。

エ　文章を読んで関心をもった事柄などについて課題を設定し、様々な資料を調べ、その成果をまとめて発表したり報告書や論文集などに編集したりすること。

3　内容の取扱い

(1)　総合的な言語能力を養うため、話すこと・聞くこと、書くこと及び読むことについて相互に密接な関連を図り、効果的に指導するようにする。

(2) 生徒の読書意欲を喚起し、読書の幅を一層広げ、文字・活字文化に対する理解が深まるようにする。

(3) 近代以降の文章や文学の変遷について、必要に応じて扱うようにする。

(4) 教材は、近代以降の様々な種類の文章とする。その際、現代の社会生活で必要とされている実用的な文章を含めるものとする。また、必要に応じて翻訳の文章や近代以降の文語文などを用いることができる。

第5 古典A

1 目 標

古典としての古文と漢文、古典に関連する文章を読むことによって、我が国の伝統と文化に対する理解を深め、生涯にわたって古典に親しむ態度を育てる。

2 内 容

(1) 次の事項について指導する。

ア 古典などに表れた思想や感情を読み取り、人間、社会、自然などについて考察すること。

イ 古典特有の表現を味わったり、古典の言葉と現代の言葉とのつながりについて理解したりすること。

ウ 古典などを読んで、言語文化の特質や我が国の文化と中国の文化との関係について理解すること。

エ 伝統的な言語文化についての課題を設定し、様々な資料を読んで探究して、我が国の伝統と文化について理解を深めること。

(2) (1)に示す事項については、例えば、次のような言語活動を通して指導するものとする。

ア 古文や漢文の調子などを味わいながら音読、朗読、暗唱をすること。

イ 日常の言語生活の中から我が国の伝統と文化に関連する表現を集め、その意味や特色、由来などについて調べたことを報告すること。

ウ 図書館を利用して古典などを読み比べ、そこに描かれた人物、情景、心情などについて、感じたことや考えたことを文章にまとめたり話し合ったりすること。

3 内容の取扱い

(1) 古文と漢文の両方又はいずれか一方を取り上げることができる。

(2) 古典を読む楽しさを味わったり、伝統的な言語文化に触れることの意義を理解したりすることを重視し、古典などへの関心を高めるようにする。

(3) 教材については、次の事項に留意するものとする。

ア 教材は、特定の文章や作品、文種や形態などについて、まとまりのあるものを中心として適切に取り上げること。

イ 教材には、古典に関連する近代以降の文章を含めること。また、必要に応じて日本漢文、近代以降の文語文や漢詩文などを用いることができること。

ウ　教材は、次のような観点に配慮して取り上げること。

(ア)　古典を進んで学習する意欲や態度を養うのに役立つこと。

(イ)　人間、社会、自然などに対する様々な時代の人々のものの見方、感じ方、考え方について理解を深めるのに役立つこと。

(ウ)　様々な時代の人々の生き方や自分の生き方について考えたり、我が国の伝統と文化について理解を深めたりするのに役立つこと。

(エ)　古典を読むのに必要な知識を身に付けるのに役立つこと。

(オ)　現代の国語について考えたり、言語感覚を豊かにしたりするのに役立つこと。

(カ)　中国など外国の文化との関係について理解を深めるのに役立つこと。

第6　古典B

1　目　標

古典としての古文と漢文を読む能力を養うとともに、ものの見方、感じ方、考え方を広くし、古典についての理解や関心を深めることによって人生を豊かにする態度を育てる。

2　内　容

(1)　次の事項について指導する。

ア　古典に用いられている語句の意味、用法及び文の構造を理解すること。

イ　古典を読んで、内容を構成や展開に即して的確にとらえること。

ウ　古典を読んで、人間、社会、自然などに対する思想や感情を的確にとらえ、ものの見方、感じ方、考え方を豊かにすること。

エ　古典の内容や表現の特色を理解して読み味わい、作品の価値について考察すること。

オ　古典を読んで、我が国の文化の特質や我が国の文化と中国の文化との関係について理解を深めること。

(2)　(1)に示す事項については、例えば、次のような言語活動を通して指導するものとする。

ア　辞書などを用いて古典の言葉と現代の言葉とを比較し、その変遷などについて分かったことを報告すること。

イ　同じ題材を取り上げた文章や同じ時代の文章などを読み比べ、共通点や相違点などについて説明すること。

ウ　古典に表れた人間の生き方や考え方などについて、

文章中の表現を根拠にして話し合うこと。

エ　古典を読んで関心をもった事柄などについて課題を設定し、様々な資料を調べ、その成果を発表したり文章にまとめたりすること。

3　内容の取扱い

(1)　古文及び漢文の両方を取り上げるものとし、一方に偏らないようにする。

(2)　古典を読み深めるため、音読、朗読、暗唱などを取り入れるようにする。

(3)　文語文法の指導は読むことの学習に即して行い、必要に応じてある程度まとまった学習もできるようにする。

(4)　教材については、次の事項に留意するものとする。

ア　教材は、言語文化の変遷について理解を深める学習に資するよう、文種や形態、長短や難易などに配慮して適当な部分を取り上げること。

イ　教材には、日本漢文を含めること。また、必要に応じて近代以降の文語文や漢詩文、古典についての評論文などを用いることができること。

第3款　各科目にわたる指導計画の作成と内容の取扱い

1　指導計画の作成に当たっては、「国語表現」、「現代文A」、「現代文B」、「古典A」及び「古典B」の各科目については、原則として、「国語総合」を履修した後に履修させるものとする。

2　内容の取扱いに当たっては、次の事項に配慮するものとする。

(1)　教材については、各科目の3の内容の取扱いに示す事項のほか、「国語表現」及び「現代文A」は「国語総合」の3の(6)のウに示す事項について、「現代文B」は「国語総合」の3の(6)のア及びウに示す事項について、「古典A」及び「古典B」は「国語総合」の3の(6)のイに示す事項について、「古典B」は「古典A」の3の(3)のウに示す事項について留意すること。

(2)　学校図書館を計画的に利用しその機能の活用を図ることなどを通して、読書意欲を喚起し幅広く読書する態度を育成するとともに、情報を適切に用いて、思考し、表現する能力を高めるようにすること。

(3)　音声言語や画像による教材、コンピュータや情報通信ネットワークなども適切に活用し、学習の効果を高めるようにすること。

国語教育略年表

西暦	元号	教育・国語教育関係事項	思潮・キーワード
一八七二	明治5	○「学制」頒布（大学校—中学校—小学校の学校系統の設定。「中学ハ小学ヲ経タル生徒ニ普通ノ学科ヲ教ル所ナリ」と規定、国語に関する学科は「国語・古言・習字と呼称」） ○「中学教則略」公布	素読主義 物による直感教授
一八八一	14	○「中学校教則大綱」制定（国語に関する学科は、「和漢文」別に「習字」。「高等ノ普通学科ヲ授クル所」と規定）	功利主義と自由主義を折衷した勧学主義、
一八八三	16	○日本教育会成立	開発主義
一八八四	17	○「中学校通則」制定	
一八八六	19	○「中学校令」公布　○「尋常中学校ノ学科及其程度」制定（修業年限五カ年、国語に関する学科は、国語及漢文、漢字交リ文及漢文ノ講読書取作文、別に習字）	コンペーレ ヘルバルト学派
一八九一	24	○「中学校令」改正（高等女学校を中学校の一種とした）	折衷的一元観
一八九九	32	○「中学校令」改正（「高等女学校令」も制定、制度上、中等教育は男女に分化した） ○「中学校施行規則」制定（学科目は「国語及漢文」、「習字」はこの中に入る）	統合主義 自由発表主義
一九〇一	34	○「中学校教授要目」制定	形式重視、内容重視形式内容折衷
一九〇二	35	○第一次国定読本「尋常小学読本」（イエスシ読本）	自学輔導
一九〇三	36	○第二次国定読本「尋常小学読本」（ハタタコ読本）	人格主義、理想主義
一九一〇	43	○「中学校教授要目」改正（学科「国語及漢文」は、国語講読、漢文講読、作文、文法及習字の五分野となり、「話方」が国語講読に加えられた）	
一九一一	44		
一九一三	大正2	○芦田恵之助による随意選題主義綴方の主張 ○友納友次郎による課題主義綴方の主張	デモクラシー 教材中心
一九一六	5	○雑誌「国語教育」創刊	
一九一八	7	○第三期国定読本「尋常小学国語読本」（ハナハト読本） ○雑誌「赤い鳥」（鈴木三重吉）創刊　○文芸主義の綴方教授	自由主義
一九一九	8	○「中学校令」改正　○「中学校令施行規則」改正（国民道徳の重視）	
一九二一	10	○八大教育主張	文化教育学的
一九二二	11	○「国語の力」（垣内松三）	
一九二三	12	○臨時国語調査会「常用漢字表」発表　○プロジェクト・メソッド　○ダルトン・プラン	

一九二四	13	◦雑誌「国語と国文学」創刊	形象理論、行的認識
一九二六	15	◦雑誌「綴方教育」「綴方研究」創刊	
一九二八	昭和3	◦「言語学原論」(ソシュール、小林英夫訳)	調べる綴り方
一九二九	4	◦生活綴方運動の台頭　◦雑誌「綴方生活」創刊　◦「国語国文の教育」(西尾実)	
一九三〇	5	◦雑誌「北方教育」創刊	作業主義の綴方
一九三一	6	◦「中学校令施行規則」改正(「国語漢文」に改称、精神主義的傾向が顕著)	
一九三三	8	◦第四期国定読本「小学国語読本」(サクラ読本)	
一九三四	9	◦国語教育学会創立　◦雑誌「実践国語教育」創刊	
一九三五	10	◦「教育的解釈学」石山修平	七変化の教式
一九三六	11	◦「国語の力」垣内松三	解釈学の指導法
一九三七	12	◦「中学校・師範学校・高等女学校及実科高等女学校・高等学校高等科・実業学校教授要目」改正(「国体ノ本義」に一元化)	皇国主義
一九四一	16	◦第五期国定読本「小学国語読本」(アサヒ読本)	錬成中心
一九四三	18	◦「中等学校令」公布(従来の中学校・高等女学校・実業学校を「中等学校」として統合する方向が打ち出された)　◦「中学校教科教授及修練指導要目」制定(「国民科国語」の成立、「習字」は「芸能科」書道として「音楽・図画・工作」とまとめられた)	
一九四四	19	◦国語学会創立	
一九四五	20	◦文部省「新日本建設の教育方針」発表　◦墨ぬり教科書使用	民主主義教育(経験主義・生活主義)
一九四六	21	◦米国教育使節団報告書　◦文部省「新教育指針」公示　◦日本国憲法公布 ◦当用漢字・現代かなづかい告示	言語生活
一九四七	22	◦学習指導要領国語科編(試案)発表　◦「国語の力」再稿(垣内松三) ◦「言葉とその文化」(西尾実)　◦こくごの学習指導(輿水実他)	カリキュラム・ガイダンス
一九四八	23	◦国立国語研究所設置　◦「国語学習指導の方法」(倉澤栄吉)	単元
一九四九	24	◦検定教科書使用開始	能力別学習指導
一九五〇	25	◦全国大学国語教育学会創立　◦「国語カリキュラムの基本問題」(増田三良)	
一九五一	26	◦小学校、中学校・高等学校「学習指導要領国語科編(試案)」発表　◦「山びこ学校」 ◦「国語教育学の構想」(西尾実)　◦「日本人の読み書き能力」(読み書き調査委員会)	生活綴り方の復興 文学教育の提唱
一九五二	27	◦金子書房「生活綴方と作文教育」	
一九五三	28	◦国語審議会「ローマ字つづり方の単一化について」　◦学校図書館法制定	基礎学力

		○牧書店「国語教育実践講座」全十二巻	
一九五四	29	○文部省「単元学習の理解のために」　○「国語教育の方法」（時枝誠記） ○日本国語教育学会創立　○「入門期の言語能力」（国立国語研究所）	個人差
一九五五	30	○「毎日の国語教育」（藤原与一）	系統学習
一九五六	31	○文部省第一回全国学力調査（国語・算数）	
一九五七	32	○文部省「漢字の学習指導に関する研究」	教育漢字
一九五八	33	○小学校・中学校「学習指導要領」告示　○「教育基本語彙」（阪本一郎）	読解指導
一九五九	34	○「送りがなのつけ方」告示　○雑誌「教育科学国語教育」創刊	
一九六〇	35	○高等学校「学習指導要領」告示　○文部省「小学校ローマ字指導資料」	基礎学力　思考力
一九六一	36	○話しことばの会結成	
一九六二	37	○「思考と言語」（ヴィゴツキー・柴田義松訳）	プログラム学習
一九六三	38	○文部省「書くことの学習指導」　○「文章構成法」（森岡健二）	教育の科学化
一九六四	39	○「分類語彙表」「小学生の言語能力の発達」（ともに国立国語研究所）	コンポジション
一九六五	40	○「国語教育方法論史」（飛田多喜雄）　○「国語科の基本的指導過程」全五巻（輿水実）	
一九六六	41	○「一読総合法入門」（児童言語研究会編）	
一九六七	42	○「条件作文と客観評価」（和多史雄）	
一九六八	43	○小学校「学習指導要領」告示	創造性　教育構造
一九六九	44	○中学校「学習指導要領」告示　○「国語教育学原論」（平井昌夫）	
一九七〇	45	○高等学校「学習指導要領」告示　○「読解読書指導論」（滑川道夫） ○「国語教室の機微創造」（古田拡）	授業研究
一九七一	46	○「中学生の漢字習得に関する研究」（国立国語研究所）	
一九七二	47	○「幼児の読み書き能力」（国立国語研究所）	
一九七三	48	○「当用漢字音訓表」「送り仮名の付け方」告示 ○「文芸作品の主題の理論と指導」（蓑手重則）　○「説明的文章の指導過程論」（渋谷孝）	
一九七四	49	○「西尾実国語教育全集」　○「世界の作文教育」（野地潤家編）	
一九七五	50	○「波多野完治国語教育著作集」上下　○「言語行動主体の形成」（田近洵一） ○「近代国語教育論大系」全十五巻（井上・倉澤・野地・飛田・望月編）	
一九七六	51	○「青木幹勇授業技術集成」	ゆとりある教育と基本的事項の精選
一九七七	52	○小学校・中学校「学習指導要領」告示　○「自己変革に導く文学教育」（森本正一）	

一九七八	53	○「言語論理教育への道　国語科における思考」（井上尚美） ○「日本作文綴方教育史1明治編」（滑川道夫） ○高等学校「学習指導要領」告示 ○「ひとり学びを育てるノート・レポート学習」（齋藤喜門） ○「児童の表現力と作文」（国立国語研究所）	日本語教育 言語教育としての国語教育　二領域一事項表現力重視 関連事項
一九七九	54	○「近代国語教育史」（高森邦明）	
一九八〇	55	○「話しことば教育史研究」（野地潤家）	
一九八一	56	○「常用漢字表」告示　○「増淵恒吉国語教育論集」全三巻	学力　評価
一九八二	57	○「国語教育史資料」全六巻（倉澤・野地他編）　○雑誌「月刊国語教育」（東京法令）創刊 ○「井上敏夫国語教育著作集」　○「大村はま国語教室」　○「読書感想の指導」（増田信一）	読者論
一九八三	58	○「国語学力論と実践の課題」（全国大学国語教育学会）　○「語彙指導の方法」（甲斐睦朗）	自己教育力
一九八四	59	○「新しい詩教育の理論」（足立悦男）　○「芦田恵之助研究」（野地潤家） ○「国語教育方法論大系」全十巻（飛田多喜雄）　○「国語教育の記号論」（井関義久）	
一九八五	60	○「戦後作文教育史」（大内善一） ○「形成的評価における国語科授業改革」（陣川桂三・梶田叡一編）	教育技術の法則化
一九八六	61	○「文学教育の構想」（田近洵一） ○「国語科表現指導の研究」（中洌正堯）　○「説明教材の授業改革論」（小田迪夫）	個別化・個性化
一九八七	62	○「文章論と国語教育」（永野賢）　○「国語教育と読者論」（関口安義） ○「第三の書く―読むために書く　書くために読む」（青木幹勇） ○臨時教育審議会第四次（最終）答申　○「倉澤栄吉国語教育全集」全十二巻	
一九八八	63	○「国語教育研究大辞典」（国語教育研究所） ○「児童生徒の常用漢字の習得」（国立国語研究所） ○「文学教育基本論文集」全四巻（西郷・浜本・足立編）	基礎学力 生涯学習
一九八九	平成1	○小学校・中学校・高等学校「学習指導要領」告示 ○「日本児童詩教育の歴史的研究」（弥吉菅一）	
一九九〇	2	○「意見文指導の研究」（大西道雄）　○「群読の指導」（高橋俊三） ○「課題条件法による作文指導」（奈良国語教育実践研究会）	ホール・ランゲージ
一九九一	3	○国語審議会答申「外来語の表記」　○「戦後国語教育問題史」（田近洵一） ○「大久保忠利著作選集」全五巻	

一九九二	4	○「ホール・ランゲージ」（桑原隆）　○「小学校文学教材への新視角」（森田信義） ○「国語単元学習の新展開」全七巻（日本国語教育学会）	リテラシー コミュニケーション
一九九三	5	○「国語学習入門」（増田信一） ○「小学校国語指導資料新しい学力観に立つ国語科の学習創造」（文部省） ○「大村はま国語教室の探究」（野地潤家）　○「国語科評価の実践的探究」（益地憲一） ○「国語教育基本論文集成」全三〇巻（飛田・野地編）	
一九九四	6	○「講座　音声言語の授業」全五巻（高橋俊三）　○「音声言語教育実践史研究」（増田信一）	
一九九五	7	○『読者論』に立つ読みの指導」全四巻（田近・浜本・府川）	
一九九六	8	○「国語科教育論」（浜本純逸）　○「言語技術教育としての文学教材の指導」（鶴田清司） ○「認知心理学からみた読みの世界―対話と協同的学習をめざして」（佐藤公治）	
一九九七	9	○「読者論で国語の授業を見直す」（上谷順三郎）　○「読書教育実践史研究」（増田信一） ○「音声言語授業の年間計画と展開　中学校編」（巳野欣一・奈良県国語教育研究協議会編）	伝え合う力 生きる力
一九九八	10	○小学校・中学校「学習指導要領」告示　○「教師のための読者反応理論入門―読むことの学習を活性化するために」（リチャード・ビーチ、山元隆春訳）	
一九九九	11	○高等学校「学習指導要領」告示　○「音声言語指導大事典」（高橋俊三編）	
二〇〇〇	12	○教育課程審議会答申「児童生徒の学習と教育課程の実施状況の評価の在り方について」 ○OECD生徒の学習到達度調査（PISA）	絶対評価
二〇〇一	13	○文部省、文部科学省に改組	フィンランドメソッド
二〇〇二	14	○「メディア・リテラシーを育てる国語の授業」（井上尚美・中村敦夫編）	キー・コンピテンシー
二〇〇三	15	○個別指導　○OECD生徒の学習到達度調査（PISA）	三位一体
二〇〇四	16	○国立大学法人化	
二〇〇五	17	○確かな学力と豊かな心	活用力
二〇〇六	18	○教育改革・道徳教育の充実・読解力向上プログラム ○OECD生徒の学習到達度調査（PISA）	伝統的な言語文化と国語の特質に関する事項
二〇〇七	19	○教育基本法改正	
二〇〇八	20	○教育再生　○全国学力調査　○小学校・中学校「学習指導要領」告示	
二〇〇九	21	○高等学校「学習指導要領」告示	
二〇一〇	22	○「常用漢字表」告示	

索　引

欧文A-Z

あ

か

き・く

け

こ

さ

し

編著者

益《ます》地《ち》　憲《けん》一《いち》　元関西学院大学教育学部教授　第１章，第２章

著　者（執筆順）

鳴《なる》島《しま》　甫《はじめ》　筑波大学名誉教授　第３章

岩《いわ》間《ま》　正《まさ》則《のり》　鶴見大学文学部准教授　第４章

植《うえ》西《にし》　浩《こう》一《いち》　広島女学院大学国際教養学部教授　第５章

遠《えん》藤《どう》　瑛《えい》子《こ》　同志社大学文学部嘱託講師　第６章

宗《そ》我《が》部《べ》　義《よし》則《のり》　お茶の水女子大附属中学校教諭　第７章

小《お》川《がわ》　雅《まさ》子《こ》　山形大学地域教育文化学部教授　第８章

長《なが》崎《さき》　秀《ひで》昭《あき》　弘前大学教育学部教授　第９章

米《こめ》田《だ》　猛《たけし》　富山大学人間発達科学部教授　第10章

細《ほそ》川《かわ》　恒《ひさし》　長野県蟻ヶ崎高等学校教諭　第11章，同コラム

足《あ》立《だち》　幸《さち》子《こ》　新潟大学教育学部准教授　第12章，同コラム

澤《さわ》本《もと》　和《かず》子《こ》　日本女子大学名誉教授　第13章

小《お》嵜《ざき》　麻《ま》由《ゆ》　神戸大学附属中等教育学校教諭　第14章

渡《わた》辺《なべ》　通《みち》子《こ》　東北学院大学教養学部教授　第15章

松《まつ》下《した》　寿《ひさし》　小川村立小川中学校校長　章末コラム（除く第11章，12章）

森《もり》　顕《あき》子《こ》　東京学芸大学附属竹早中学校教諭
国語科教育キーワード，学生のための参考図書，国語教育略年表

中学校・高等学校　国語科指導法

2009年（平成21年）4月20日　初版発行
2018年（平成30年）1月25日　第4刷発行

編著者　益地憲一
発行者　筑紫和男
発行所　株式会社 建帛社
KENPAKUSHA

112-0011 東京都文京区千石4丁目2番15号
TEL (03) 3944－2611
FAX (03) 3946－4377
http://www.kenpakusha.co.jp/

ISBN 978-4-7679-2092-4 C3037　　亜細亜印刷／愛千製本所

（定価はカバーに表示してあります）